# 障害とは何か
## 戦力ならざる者の戦争と福祉

藤井 渉 Wataru Fujii

法律文化社

表紙の写真は，筆者がベルリンに行ったときに撮影した Gleis 17（17番線）というモニュメントである。かつて，ここはホロコーストの現場へとつながる引き込み線として使用され，収容所では大量のユダヤ人たちが犠牲になった。その犠牲の背後にあるのが優生政策で，ナチスが一方的に人に優劣を付け，「劣る」と見做した人たちを迫害したのである。その迫害は，実は障害者からはじまった経緯がある。本書は，国策によって国民が「戦力」の論理でランク付けられていった過程を明らかにし，そのなかで障害者が排除されるべき「劣る」存在として矢面に立たされてきた日本の歴史を明らかにしたものである。

# はしがき

　私たち社会は，障害にどう向き合ってきたのか。
　たとえば子どもが生まれることはとても喜ばしいことであり，祝福されるべきことである。その子どもにたまたまダウン症があることがわかると，たちまちまわりの反応が変わることがある。その反応は往々にして「不幸」といった性質のもので，障害児を出産した親の話を聞いたりエッセーなどを読んだりすると，悲嘆ともいえる思いをしている姿がある。
　本来は，障害がわかったらそれをできるだけ軽減していくことに加え，障害がありながら生活をどう成り立たせていくのか，そして，本人の幸せに向けてこれからをどう生きていくのかを考えていくことが大切になる。そのためにリハビリや介護，相談支援など適切な福祉サービスへとつなげ，本人やその家族が孤立せず，前へと進めるようまわりが支えていくことが重要になる。ところが社会は支えるどころか，逆に障害の発見を理由に不利益を被らせてきた過去がある。
　たとえば，障害児は保育所入所を断られてきた過去がある。保育所側としては障害児を受け入れると職員の手が回らなくなるという事情もあった。しかし，子どもにとって保育所は自分を成長させる場であり，親としては子どもを預けないと働けず，生活が成り立たない。そこで親たちは共同して障害児の保育所入所の必要性を社会に訴えかけ，つくられたのが職員加配のための費用を国が負担する制度であった。本人や家族からすれば，そこまでしなければ保育所にすら入れなかったのである[1]。
　それだけではない。就学年齢になると待ち構えていたのが，障害を理由にした学校からの排除である。通える学校が整備されず，就学を断念する親や子の

姿に加え，学校が親に就学義務の猶予・免除規定の適用を迫り，親自ら子どもの就学を辞退させる手続きをとらせていた姿もあった[2]。

1960年代に行われた社会調査によれば，学校から排除されてしまった障害児の死亡率が異常に高かったことが報告されている[3]。また，学校から排除されてしまうことによって一家心中などの悲劇的事件もみられた。このときの障害にかかわる悲劇的事件を整理すると，出生時に加え，ちょうど就学年齢である6歳，中学校にさしかかる12歳に集中して発生していたことから「生活史上の三つの危機」と呼ばれていた[4]。

つまり，学校から排除された障害児は成長や発達が脅かされるとともに生命をも脅かされていた過去がある。親は，成長する子どもを間近に眺めながら自分の子どもだけが学校に通わせられない現実に大きな疑問や悲しみを抱いていたに違いない。とくに本人からすれば，自分の親の手によって殺されたことの心情は千言万語を費やしても表現し得ない。さらに注意すべきは，当時はこの排除をあたかも「善意」や「配慮」のようにして迫っていた節がみられることである。その陰で障害児が多大な苦しみを被ってきたのであれば，なお重大な過ちとして省みる必要がある。

いずれにせよ，保育所入所や就学といったライフサイクルの基本的なことでさえ，本人や家族には厳しい現実が待ち構え，さまざまな働きかけの上に少しずつ状況が改善されてきた過去がある。しかし問題は繰り返されている。一家心中などの事件は未だに起こり，障害者施設の設置反対運動やネットでの辛辣な書き込み，そして2016年に起こった相模原の障害者殺傷事件など，むき出しの差別が未だ厳然とある。このような障害の発見が排除の論理として作用している根底にはいったい何があるのだろうか。

障害の発見が排除に最も強く結びつきやすい典型が，あるいは顕著に現れやすいのが戦争である。相模原事件をきっかけにして優生思想の問題が挙げられているが，優生思想は戦争と絡みあって展開してきたものである。

戦争になると国はできるだけ国民を鍛え上げ，戦力たりうる良質な兵士を得ようとする。その良質な兵士と対極に置かれるのが障害者である。国にとって障害者は「社会的負担」であり，「コスト」として映ることになり，障害者は「無用な存在」として捉えられるようになる。国はその存在を減らすことに思

考をめぐらし，そこで結びついた考えが，良質な精神や肉体は遺伝によって決まり，障害者は優生手術によって減らすことができるとする優生思想であった。このような論理の先に待ち構えていたのが断種法であった。

　国の思惑と当時広まりを見せていた優生思想が結びつき，国が生まれる命に直接介入し，ふるい分けることを目的にしてつくられたのが1940年の国民優生法である。つまり，優生思想が戦争と結びついて産み落とされたのが国民優生法であり，戦後に優生保護法として生まれ変わり，実に半世紀に及ぶ1996年まで障害者を苦しめた。

　注意すべきなのが，国民優生法が成立した1940年はドイツでAktion T4（T4計画）が本格的にスタートした年でもあることである。Aktion T4は「安楽死」の名の下にドイツ本国と占領国下の障害者約7万人を殺戮したもので，計画終了後にも殺害が現場レベルで続行され，犠牲者は20万人に及ぶとの報告もある[5]。日本が目指していたドイツでは，断種はおろか殺害にまで及んでいたのである。

　また，ドイツ，イタリアとともに日本が直面していた社会体制がファシズムである。ファシズム体制にあった日本では，すべてにおいて国家の思惑が優先され，国民の命も国に奉仕すべきものとされた。このとき「国民」としてのあるべき姿や枠組みが国家によって決められてしまい，支配的になる現象が見られる。国家が求める人間の姿，あるいは理想型といった人間モデルが広く一般社会のなかで支配力を持ち，人間の多様性を認めない社会へと変貌していった。それがファシズムの特徴の一つであり，その人間モデルからこぼれ落ちる人たちには排除が待ち構えてしまう。その排除対象とされる典型的な存在が障害者ではないか，という問題意識が筆者にある。

　このような障害の発見が排除の論理と結びつく根底には，権力者や支配者にとって使い物になるかどうか，つまりは「戦力」として役立つかどうかという一貫した姿勢があるように思えてならない。本書の第一の目的は，このような問題意識から国家政策が障害にどう向き合ってきたのかを探ることで，今日における障害の捉え方の背景と問題を明らかにすることである。いいかえれば，障害について戦争をキーワードに歴史的な検証を行うことで，今日の障害の捉え方に戦争がどのような影を落としてきたのかを考えたい。そして，国家政策

が捉えてきた障害の捉え方は，広く社会一般の障害者イメージに多大な影響を与えてきたものと思われる。そこで，本書では国家政策によって形作られてきた，あるいは想定されてきた障害者とはどのようなものであったのかを考えたい。

一方で，障害の発見に対して社会はさまざまな福祉制度を整備し，展開してきた。障害者は整備された福祉制度をどう活用し，自分らしい生活をいかに実現していくかに思考をめぐらすことになる。

たとえば，障害者生活にとって柱になる福祉制度に障害年金や障害者総合支援法のサービス，障害者雇用促進法などがある。しかしその利用には障害者手帳の取得や障害支援区分の認定，サービス等利用計画の作成など，複雑で難解を極める申請手続き，障害の程度別に細かく設定された要件などが，ある意味「壁」となって本人の前に現れることになる。

中途障害など，障害の発見は場合によっては本人に大きな心理的動揺をもたらす。障害を自覚し，受け入れ，いろんな複雑な思いや悩みを抱えながらもなんとか福祉サービスの利用を決断し，申請に至る人もめずらしくない。ところが，障害の種類がたまたま特殊であったり程度が少し軽いと判断されたりしただけで，窓口からは「あなたは自立しているので福祉の対象外」という乾いた返事が返ってきたのではたまったものではないだろう。

現行の障害認定にかかわる行政手続き自体は，必ずしも否定されるべきものではない。しかし，その仕組みが難解を極め，実際には選択肢の範囲や利用条件がやたらと狭かったり，利用できたとしても生活が大きく縛られたり自由が制限されたりすると，本人からすれば，あくまで国から与えられた範囲内で生活をしなさいといわれているように感じても不思議ではない。その場合，国や社会による支えを権利としてではなく恩恵として捉えられかねず，長い時間をかけてさまざまな実践や運動を積み重ね，恩恵ではなく権利としての福祉へと発展を遂げてきたものを壊しかねない重大な問題が潜んでいる。

本書が課題とする2つ目は，福祉制度が定める障害概念の問題，とりわけ障害者福祉の制度・政策が考える障害範囲や分類に着目したものである。

最近の福祉政策では，発達障害や一部の難病を障害福祉サービスの対象とするなど，その問題状況に対応するかのような動きを見せ，ようやく光が当てられつつある。しかし，難病については一部が障害者総合支援法の障害福祉サー

ビスの対象にされているが，それ以外の大多数の難病については未だに対象外になっている。たまたま罹った難病の種類によってその後の生活が大きく左右されることは，本人からすれば不平等として見えるだろう。とくに身体障害者手帳の制度では未だに機能障害の種類や程度の基準にこだわり，実際に障害によって生活にどの程度困っているのかはあまり考慮されない。医療的なケアを必要とする重度障害者には，居宅介護や重度訪問介護，移動支援といった日常生活にとって基礎的なサービスの利用すら実際には難しく，本人や家族からすれば実質的にはサービスの対象外とされていると思われても不思議ではない。

　また，同様の問題は年齢によっても起こってくる。いま65歳以上の障害者は原則的に介護保険サービスを利用することとされている。つまり，障害福祉サービスでは対象を原則的に65歳未満に限定しているため，たとえば介護保険サービスには移動支援や就労支援などがなく，65歳以上の人からすれば不平等に見られかねない。とくに長らく障害者支援施設に入所していた重度の知的障害者からすれば，65歳から特別養護老人ホームに移行を迫られる場合は多大な精神的負担と労力をともなう。知的障害の特性として新しい環境や人間関係に適応することが難しい場合が多いからである。なぜ65歳で移行させられなければならないのか，本人たちが十分に理解できる説明が果たしてできるのだろうか。

　このように，福祉制度による保障という観点から障害を捉えた場合，複雑な線引きやさまざまな審査の段階が設けられ，実際には障害範囲は細かく絞られてくる様子が見られる。障害者にとっては保障を得るために，細かく設定された障壁をどううまく乗り越えていくのかの知恵が試されてしまう。このような線引きは，本人の意向や思いが十分に反映されて設定されているとは思えない。では，基本的にはどのような論理に基づいて障害の範囲は決められているのだろうか。

　そこで本書では，保障の観点から障害はどのように捉えられ，ふるい分けがなされてきたのか，そしてそこにはどのような論理があり，論点が含まれてきたのかを考えたい。これはいいかえると福祉政策における障害概念にかかわる問題でもある。周知の通り，障害概念についてはICF（国際生活機能分類）をはじめさまざまなモデルが示され，議論が積み重ねられてきた。しかし，福祉政策や制度ではどのように捉えられてきたのかという問いにはほとんど追求がな

されてこなかったのではないか。当然ながら，理論的な障害モデルと制度・政策で想定している障害は別物である。障害を制度・政策ではどのように捉えているのかがわからなければ論議がかみあわないし，これからどうあるべきかという議論もできない。そこで本書の2つ目の課題は，保障の観点から障害を取り上げ，政策が捉える障害の範囲や中身を検証したい。

実は，今日の福祉制度そのもののベースがつくられたのは戦時中になる。戦時にさまざまな社会政策立法が整備されたが，当然ながら戦争やファシズムといった影響を受けて登場する。ではそのなかで障害がどう捉えられ，今日にどう影響を及ぼしているのか。そしてそのような障害の捉え方には，1つ目の課題で取り上げた「戦力」という概念がどうかかわるかに注目して考えたい。

以上の課題を検討するため，本書の構成は次のようになっている。

第**1**章では，国家政策ではそもそも障害判定の仕組みや障害分類がどのようにして登場してきたのかについて述べる。具体的には軍事政策を取り上げ，詳細な障害の分類や診断基準が登場したものとして徴兵制を検討し，障害がどのように認識されていったかを明らかにする。

第**2**章では，軍事政策で明確にされた障害が，戦時ではどのように扱われていたのかについて述べる。徴兵制で浮き彫りにされていった障害の存在は，戦時になると強い兵士を必要とする軍事政策にとって脅威とされる。より多くの兵力を必要とする状況下で，政府は次々と対策を行っていった。その過程について述べたい。

第**3**章では，そのような時代状況のなか，社会政策では障害にどのように対峙していったのかについて述べる。戦時下で社会政策はおおきな変化を見せる。たとえば医療供給体制に関する大幅な整備や年金保険制度の創設など，今日の福祉体制の土台となる仕組みの整備が進められた。そのなかで障害がどのように扱われたのかについて述べる。

第**4**章では，今日の障害者福祉の土台となる身体障害者福祉法がどのようにして成立し，そのなかで障害はどのように考えられ，対象が規定されていったのかについて述べる。戦後つくられた身体障害者福祉法では障害はどう捉えられ，戦時までの積み重ねはどう反映されていったのか。とりわけ，戦後改革ではさまざまな制限がありながらも理念として非軍事化・民主化や，「無差別

平等」の原則が重視された。それが歴史的文脈のなかでどのような意味を持つものなのか，そして障害の概念規定にどのような影響があったのかを述べたい。

第**5**章では，身体障害者福祉法の具体的な対象規定になる身体障害者障害程度等級表に着目し，それがどこから来たものかについて明らかにする。戦後の障害者福祉の対象を具体的に規定したものが身体障害者福祉法施行規則に規定された身体障害者障害程度等級表であるが，そのルーツは定かでない。それを明らかにしたい。

第**6**章では，以上の歴史認識から障害の概念について考察を行う。戦前は「不具廃疾」と呼ばれていた障害が，戦時や戦後を通じてさまざまな捉え方がなされてきた。その歴史を振り返りながら障害認識の特徴として社会政策的障害観や「二重のふるい分け」を指摘したい。その過去を踏まえながら，生存権の課題としての障害の捉え方とは何か，そして今日の障害者の捉え方に戦争がどのような影を落としているのかを指摘したい。そのうえで，筆者なりの障害の定義について述べたい。

このように，本書では戦争の記憶を通して障害の捉え方にはどのような過去があるのか，政策では障害概念をどう認識してきたのかを歴史的に検討していく。それが今後の障害者福祉政策を考えるためのなんらかの素材となることを期待したい。

本書では研究方法をあえて障害にかかわる軍事政策や社会政策，医療政策といったキーワードの設定のみとし，障害者福祉の現状を強く意識しながら歴史的事実から考察できる内容を第**6**章で展開した。難解な言い回しや特徴的な用語，そして旧字体などを多用してしまっているため，それらがご負担であればまずは第**6**章から読み進め，必要に応じてその根拠を前章までに探っていただく読み方をおすすめしたい。

なお，本書は歴史的な事実を扱った研究書であるため，「廃疾」や「精神薄弱」といった当時の障害に関する表現をそのまま使用している場合があるが，歴史的用語として用いたものであり，差別的な意図によるものではないことをお断りしておきたい。

1） 保育所における障害児保育は，公害問題のまっただ中にあった1970年代に自治体が独自に対策を取り始めることではじめられた。その背景には障害があることで保育の場から閉め出

されていたことに対して、障害児にも保育の場、集団の場を求める運動があった。障害児保育事業への国家的取り組みがはじまったのは1974年であり、1978年の改定（厚生省児童家庭局長通知「保育所における障害児の受入れについて」）より本格的にスタートする。この規定では、対象を障害が中程度で、集団保育が可能で日々通所できるもの、「保育に欠ける」児童、特別児童扶養手当支給対象児という４つの条件を満たす必要があるとした。これらを満たす障害児を保育所が受け入れた場合に、人数に応じて助成を行うものであった。

特別児童扶養手当の対象は中度から重度までであることを踏まえると、一方で中度・重度を対象として規定しながらも、障害児保育では集団保育が可能な障害児と規定したため、実際にはそのなかでもわずかな障害児しか対象とならない仕組みになった。しかも「保育に欠ける」児童と規定しているが、障害が重度になれば介護は深夜まで及ぶ状況になり、そのなかで母親に就労要件を求めることには無理があったと思われる。さらに国の負担割合を障害児保育に要した費用の２分の１ないし３分の１と規定したため、財源も自治体に大きく負担を強いるものであった。厚生事務次官通知「障害児保育費の国庫補助について」（厚生省発児第83号），1979年４月23日。

2）　就学義務の猶予・免除が適用されていった背景には、障害児を通学させることがすべて親の負担となり、それを担うだけの余力や経済的条件がないことや、保育所や養護学校の教職員や医師らによって勧められるという状況があった。また、多くの親は医師の診断にまかせており、医師による安易な判断がなされていた状況もあった。教育委員会は医師による判断を無条件に認め、許可している状況があり、就学義務の猶予のまま３年もすると教育委員会から免除の手続を勧められていたという実態もあった。藤本文朗「障害児の教育権保障の実態と運動――未就学障害児を中心に」『教育学研究』第36巻第１号，福井大学教育学部，1969年３月，38-49頁。

3）　死亡した障害児の生活を見ると、たとえば、ほとんどテレビを見続けるだけの生活にあったことや、死亡していた障害児すべてが予防注射を受けていないこと、しかも障害児への予防接種は「禁忌」のために実施されていないといった状況があったとされている。藤本文朗「不就学障害児の死亡例の実態調査研究」『教育学研究』第41巻第１号，日本教育学会，1974年３月，73-81頁。

4）　たとえば次のような事件が起こっていた。38歳の父親が、６歳の脳性マヒがある長男を就学不能なのを苦にして母親、長女、次女とともに絞殺し、自身も首つり自殺をした。また、重度の脳性マヒで寝たきりにある長男を養う35歳の父親は市教育委員会から「就学猶予にする」と告げられたことを苦にして母親、長女とともに射殺し、猟銃自殺したというのもあった。大泉溥『障害者の生活と教育』民衆社，1981年，87-135頁。

5）　Ernst Klee, *Dokumente zur Euthanasie*, Fischer Taschenbuch Verlag, 2007.

6）　なお、このような観点からの障害概念の把握について重要な先行研究に、勝野有美「近代日本における身体障害像の変遷――貧困と労災に関する政策・調査の対象規定を通して」慶應義塾経済学会編『三田学会雑誌』第97巻第４号，2005年１月，135-176頁や、笛木俊一「法における『障害者』概念の展開――社会保障法領域を中心とする試論的考察　上」『ジュリスト』第740号，有斐閣，1981年５月，41-54頁。笛木俊一「法における『障害者』概念の展開――社会保障法領域を中心とする試論的考察　下」『ジュリスト』第744号，有斐閣，1981年６月，143-154頁。上田敏「『障害』および『障害者』概念の変遷――リハビリテーション医学の視点から」『ジュリスト増刊総合特集』第24号，有斐閣，1981年９月，40-44頁。そして、山田明『通史　日本の障害者――明治・大正・昭和』明石書店，2013年があり、本書作成にあたり参考にした。

# 目　次

はしがき
初出一覧

## 第1章　軍事政策における障害
　はじめに …………………………………………………………… 1
　1　徴兵制と障害 …………………………………………………… 2
　2　徴兵制の確立と障害 …………………………………………… 6
　3　兵役法下における障害 ………………………………………… 13
　4　除役と障害 ……………………………………………………… 18
　5　軍人恩給と障害 ………………………………………………… 23
　おわりに …………………………………………………………… 28

## 第2章　戦時政策における障害
　はじめに …………………………………………………………… 37
　1　国民体力の低下 ………………………………………………… 37
　2　農村の疲弊 ……………………………………………………… 46
　3　結核と障害 ……………………………………………………… 51
　4　人口政策と保健国策 …………………………………………… 55
　5　虚弱児問題と国民体力法 ……………………………………… 61
　6　国民体力法と国民優生法 ……………………………………… 65
　おわりに …………………………………………………………… 68

## 第3章　社会政策における障害

　はじめに ………………………………………………………………… *75*
　1　医療保険と障害 ……………………………………………………… *76*
　2　年金保険制度成立への助走 ………………………………………… *77*
　3　労働者年金保険法の制定 …………………………………………… *78*
　4　年金保険制度における障害 ………………………………………… *80*
　5　障害年金がつくられたねらいとは ………………………………… *83*
　おわりに ………………………………………………………………… *90*


## 第4章　障害者福祉における障害

　はじめに ………………………………………………………………… *94*
　1　戦後の社会福祉改革 ………………………………………………… *94*
　2　傷痍者保護対策 ……………………………………………………… *97*
　3　身体障害者福祉法の成立 …………………………………………… *100*
　4　身体障害者福祉法は元傷痍軍人対策か …………………………… *104*
　5　身体障害者福祉法における障害とは ……………………………… *110*
　おわりに ………………………………………………………………… *115*


## 第5章　障害概念はどこから来たか

　はじめに ………………………………………………………………… *122*
　1　身体障害者福祉法の障害概念 ……………………………………… *123*
　2　等級表の登場 ………………………………………………………… *123*
　3　等級表はどこから来たか …………………………………………… *129*
　4　等級表の比較検証 …………………………………………………… *130*
　5　等級表の特徴とは …………………………………………………… *134*
　6　等級表のその後 ……………………………………………………… *136*
　おわりに ………………………………………………………………… *138*

## 第6章　戦争と障害

　はじめに ……………………………………………………………………… *143*
　1　排除対象としての障害 …………………………………………………… *144*
　2　保障対象としての障害 …………………………………………………… *146*
　3　社会政策的障害観 ………………………………………………………… *150*
　4　障害原因による差別化 …………………………………………………… *154*
　5　生存権にとっての障害 …………………………………………………… *155*
　6　戦争と障害者観 …………………………………………………………… *158*
　おわりに ……………………………………………………………………… *160*

あとがき

巻末資料1　陸軍身体検査における体格等位基準
巻末資料2　身体障害者福祉法等級表案と厚生年金保険法・労働者災害補償保険法・恩給法の等級表との比較
巻末資料3　関係法による対象規定の比較分析

初出一覧

第1章 「戦争と障害者問題――徴兵制における兵役免除対象と障害者」『四天王寺国際仏教大学大学院研究論集』第2号，2008年3月。
「徴兵制と障害者」『医学史研究』第92号，2010年1月。
「軍事マンパワー政策と障害者」『四天王寺大学大学院研究論集』第4号，2010年3月。
第2章 「十五年戦争下の福祉政策」花園大学人権教育研究センター編『弱者に寄り添う――災害と被災者支援の実践から（花園大学人権論集21）』批評社，2014年。
第3章 「年金保険制度における『廃疾』概念の検討」花園大学人権教育研究センター『人権教育研究』第21号，2013年3月。
第4章 「身体障害者福祉法の成立に関する一考察――対象規定に着目して その1」『花園大学社会福祉学部研究紀要』第20号，2012年3月。
「身体障害者福祉法の成立に関する一考察――対象規定に着目して その2」花園大学人権教育研究センター『人権教育研究』第22号，2014年3月。
第5章 「身体障害者福祉法の成立に関する一考察――対象規定に着目して その2」花園大学人権教育研究センター『人権教育研究』第22号，2014年3月。
第6章 書き下ろし

第 1 章

# 軍事政策における障害

## はじめに

　近代において障害が国家政策のなかで取り上げられるようになった分野は種々考えられるが，とりわけ必要に迫られながら制度に取り上げられ，判定の仕組みが積極的に整備されていった分野が軍事政策であろう[1]。そして軍事政策で障害が具体的に取り上げられたのが軍隊の入口である徴兵制であり，徴兵制では被験者（壮丁）の健康状態を判定する仕組みが早い段階から登場した。

　徴兵制では，障害の近代的用語となる「不具廃疾」の中身を詳細に規定し，その判定基準が時代によって見直されていった。15年戦争期になると，徴兵検査で不合格になった場合は「臣民としての義務を果たせない存在」として侮蔑・蔑視の対象とされていくなど，その判定基準は社会的に大きな影響力を持った。日中戦争が勃発すると，陸軍はこの判定基準によって「不具廃疾」による不合格者が「増加」しているとして，広く国民の健康問題が問われ，医療保険の整備に結びついていくなど，社会政策にも大きな意味合いを持つものとなった。

　徴兵制は徴兵令，新徴兵令，兵役法の３つの時期に区分することができる。そこで，本章では徴兵令，新徴兵令，兵役法の各法の体制下において，「不具廃疾」として兵役免除対象となる徴兵検査基準を取り上げ，その中身と変遷を明らかにする。

　徴兵制では新徴兵令以降に甲，乙，丙，丁，戊種が登場し，壮丁は各種別にふるい分けられていく仕組みが登場する。そこで，兵役免除対象となる丁種を中心に取り上げ，徴兵制では「不具廃疾」をどう認識してきたかを検討する。

　また，徴兵制と密接にかかわるものとして除役，および軍人恩給制度があ

る。除役とは軍隊組織からの除外を意味し，軍隊組織からの出口に相当する。その出口を出た人たちに準備されていたのが軍人恩給における増加恩給である。そこで，除役や軍人恩給において「不具廃疾」がどのように扱われていたのかについても触れる。

先行研究としてこの種のものは非常に限られるが，清水寛による軍隊と障害者問題に関する研究が挙げられる。とくに清水寛「明治期における軍隊と障害者問題——徴兵制および陸軍懲治隊を中心に」では，徴兵免除は単なる軍務からの解放ではなく，「臣民の義務を果たし得ない"非国民"として，侮蔑・抑圧の対象」になりかねない問題を抱えていたことに留意しながら，明治期の選兵問題を取り上げて障害者が軍隊においてどのような立場に置かれていったかについて歴史研究を行っている[2]。本章ではこの研究を踏まえながら，「不具廃疾」が徴兵制でどう認識され，扱われていったかを述べていきたい。

## 1 徴兵制と障害

徴兵検査とは，日本国籍を有する20歳男性を対象に毎年行われる身体検査である。被検査者は壮丁と呼ばれ，壮丁は徴兵検査成績によって細かくふるい分けられた。そのふるい分けは徴兵令交付当初（1873年）から存在し，しかもその基準そのものは1872年から存在していた[3]。

選兵の目的を端的に示したものとして，海軍軍医学校編の『海軍選兵医学（部外秘）』での次のような説明がある[4]。

> 選兵ノ目的ハ海軍々人トシテ優良ナル健康状態ト好適ナル身体的能力ヲ有スル人員ヲ選択スルニアリ。即チ選兵検査ニ依リ不具，疾病，先天的異常等ノ存在ヲ検出除外シ，更ニ特殊兵種ニアリテハ積極的ニ優良ナル適性ノ有無ヲ検シ，以テ優秀ナル兵種ヲ選出スルニアリ。

選兵の要となる徴兵検査は，優良な健康状態と高い身体的能力を見極め，いわば「不良」な壮丁を除外する「ふるい分け」の過程に他ならない。そして，戦場などでどのような任務に就くかを想定しながら，適性がないとした人員をいかに除いていくかを課題とする。つまり，時代によって戦争のスタイルや兵器は変化し，それによって「優良ナル健康状態」と「好適ナル身体的能力」も

変化するのである。

　日本の徴兵制度は徴兵令，新徴兵令，兵役法の3つの時期に分類され，徴兵検査基準もそれぞれの時期によって変化している。

　その一番目にあたる徴兵令は1873年に制定される。徴兵令は満20歳男子を対象に常備軍に編入させ，3年間の任期の後，後備軍として4年間の服務を課した。しかし，明治維新後，新政府は強引に徴兵令の制定を推し進めたため，広範な免除規定を採用せざるを得ず，事実上皆兵とはならなかった。なぜなら，欧米列強に追いつくために遅れを取り戻すべく走り出した維新政府は，藩と軍事的緊張関係に直面し，中央集権化を行うことは決して容易なことではなかったからである。

　直属の軍隊を持っていなかった新政府に絶対的な権力を集中させるためには，諸藩を超えた強力な軍隊を組織する必要があった。各藩に徴兵の主導権を握られることは藩の軍事的増長につながりかねない。そこで，徴兵の前提として廃藩置県があり，四鎮台の設置による中央政府の直接的な徴兵体制の確立が必要不可欠であった。

　ところが，それは藩に忠誠を尽くしてきた士族階級の反発を招くものであり，しかも，四民平等のもと封建的階級を無視した農兵主体の軍隊の形成は，士族階級にとってなおさら屈辱的なことであった。また，農民にとっても徴兵は一家の重要な働き手を奪われてしまうことでもあり，反発があった。[5]

　このような背景から，さまざまな矛盾をもたらす結果となった徴兵制には免役規定が広範に盛り込まれ，事実上皆兵とはならなかった。陸軍省「陸軍省第三年報」（1878年）によれば，20歳壮丁総員は32万7289人であるのに対し，29万785人が免役を受け，徴兵名簿に掲載される者は減り続ける一方で，逆に免役名簿に掲載される者が増加していると報告している。そのうえ，「陸軍卿大山巌建議」（1881年）には，1880年では徴兵されるべき人たちが徴兵を免れるために全国で1万360人逃亡したとあり，徴兵忌避への対策の申立が綴られている。[6]

　免役規定は「徴兵令第三章常備兵免役概則」で定められており，12条もの規定がなされていた。その第2条において，「羸弱ニシテ宿痾及ヒ不具等ニテ兵役ニ堪ザル者」と規定され，この免役規定のなかに障害を示す文言が挿入されていた。つまり，徴兵制の成立とともに障害は12条の免役規定の一部として位

表1-1 徴兵令における兵役免除者数（1876〜1879年）

| | 第1年報 1876年 | 第2年報 1877年 | 第3年報 1878年 | 第4年報 1879年 |
|---|---|---|---|---|
| 身幹定尺未満者 | 13,984 | 11,080 | 8,241 | 6,739 |
| 羸弱ニシテ宿痾及ヒ不具等ノ者 | 3,754 | 3,358 | 3,643 | 2,685 |
| 官院省使廳府縣ニ奉職ノ者 | 594 | 629 | 561 | 763 |
| 陸海軍其他ノ公塾ニ学フ生徒 | 126 | 354 | 521 | 529 |
| 戸　主 | 66,592 | 72,024 | 88,481 | 88,772 |
| 嗣子及ヒ承祖ノ孫 | 155,659 | 161,012 | 188,264 | 186,879 |
| 獨子獨孫 | 1,068 | 569 | 297 | 183 |
| 罪科アル者 | 91 | 96 | 138 | 192 |
| 父兄ニ代リ家ヲ治ムル者 | 457 | 215 | 326 | 179 |
| 常備兵在役或ハ其兄弟 | 534 | 436 | 313 | 300 |
| 北海道ヘ全戸寄留ノ者 | | | | 8 |
| 計 | 242,859 | 249,773 | 290,785 | 287,229 |

※1　陸軍省「陸軍省年報」（第1年報〜第4年報）により筆者が作成した。
※2　「北海道ヘ全戸寄留ノ者」の項目は「第4年報」より登場したものである。

置づけられていたのである。[7]　同時に，徴兵令は農民全体にとっても負担を強いるものであり，しかも徴兵令そのものに対する不信があった。そのため，この段階では兵役が免除されることは必ずしも侮蔑・抑圧へと結びつかなかったものと思われる。

　つまり，徴兵令は近代国家へと展開させる手段の一つとして登場したが，廃藩置県や農兵主体による軍隊の形成は士族階級からの批判を招き，他方では農民にとってみれば貴重な働き手を奪われてしまうことに対する批判があったため，結果として広範な免役規定を採用せざるを得ず，事実上皆兵とはならなかった。一方で，徴兵令には障害を示す文言が含まれていたが，さまざまな兵役免除の規定が盛り込まれたため，兵役免除対象として障害が大きくクローズアップされていた訳ではなかった段階として位置づけられる。

　それでは，このときの免役の中身はどのようになっていたのか。それを示す統計として『陸軍省年報』（第1年報〜第10年報）から筆者が作成したものを**表1-1・表1-2**に示す。

表1-2 徴兵令における兵役免除者数（1880～1884年）

| | 第5年報 1880年 | 第6年報 1881年 | 第7年報 1882年 | 第8年報 1883年 | 第10年報 1884年 |
|---|---|---|---|---|---|
| 戸主及附籍主 | 85,946 | 90,539 | 76,171 | 77,332 | 82,884 |
| 獨子（獨孫） | 12,286 | 8,605 | 6,938 | 6,870 | 7,256 |
| 五十歳以上嗣子 | 39,789 | 46,077 | 40,442 | 44,453 | 49,403 |
| 同承祖ノ孫 | 773 | 1,020 | 850 | 866 | 785 |
| 同養嗣子 | 18,972 | 28,240 | 28,307 | 33,591 | 32,000 |
| 同承祖ノ養孫 | — | 26 | 91 | 103 | 52 |
| 同相続人 | 85 | 60 | 63 | 65 | 82 |
| 太政官裁可 | — | 3 | 9 | 16 | 12 |
| 官　吏 | 133 | 47 | 43 | 55 | 71 |
| 戸　長 | — | | 4 | 6 | 6 |
| 教導職試補以上 | 668 | 697 | 519 | 546 | 404 |
| 官公立学校教員 | 213 | 231 | 261 | 353 | 706 |
| 従来勤続等外吏 | — | 10 | 5 | 1 | |
| 廃疾不具者ノ嗣子 | 215 | 59 | 72 | 79 | 37 |
| 同養嗣子 | — | 93 | 54 | 204 | 142 |
| 同相続人 | — | 6 | 12 | 6 | 2 |
| 免役料上納 | 382 | 248 | 349 | 411 | 188 |
| 工部技手 | — | — | 10 | 1 | — |
| 廃　疾 | 1,857 | | | | |
| 不　具 | 822 | | | | |
| 疾　病 | — | 6,093 | 5,925 | 5,780 | 7,407 |
| 欠　損 | — | 985 | 677 | 1,041 | 493 |
| 犯　罪 | 374 | 384 | 328 | 317 | 229 |
| 検査不合格 | 2,274 | | | | |
| 計 | 164,789 | 183,423 | 161,130 | 172,096 | 182,159 |

※1　陸軍省「陸軍省年報」（第5年報～第10年報）により筆者が作成した。

　1876～1879年の状況を示した**表1-1**を見ると，障害が原因で免役となった者は少数であったことがわかる。「羸弱ニシテ宿痾及ヒ不具等ノ者」の数は3,754人，3,358人，3,643人，2,685人であったのに対し，「嗣子及ヒ承祖ノ孫」によって免役になった者は1876年では155,659人であった。1876年における全

体に占める割合を算出すると,「羸弱ニシテ宿痾及ヒ不具等ノ者」はわずか1.6％にすぎないのに対し,「嗣子及ヒ承祖ノ孫」によって免役を受けたものは64.1％を占めていたのである。

1880〜1884年の免役者数を示した**表1-2**でも,「戸主及附籍主」「獨子」の数が大きいのに対して,障害を示す「廃疾」,「不具」,「欠損」を見ると,全体に占める割合はわずかにすぎない。「廃疾」は1.1％にすぎず,「疾病」を含めたとしても割合としては少数である。つまり,徴兵令下においては免役となっていた者のほとんどは家の跡継ぎを理由とし,障害によって免役されていた人は全体からすればわずかであった。

## 2　徴兵制の確立と障害

1880年代は,西南戦争を経て新政府による国内における軍事的掌握が一段落し,外征軍隊の建設が開始される。この頃から積極的な海外侵攻の機運が高まり,そのなかでつくられたのが1889年の新徴兵令である。この新徴兵令によって徴兵制は大きな転機を迎える。それまでの免役条項が大きく削られ,必任義務としての徴兵制を確立した新徴兵令が制定されたのである[8]。

新徴兵令は17〜40歳男子を服役対象とし,常備兵役（陸軍3年,海軍4年),後備兵役,補充兵役,国民兵役を設定し,満20歳となった者に原則としてすべて兵役を課した[9][10]。

免役対象は「兵役ヲ免ズルハ,廃疾又ハ不具等ニシテ,徴兵検査規則ニ照シ兵役ニ堪ヘザル者ニ限ル」となった。1873年の徴兵令から大幅に免役規定が削除され,「廃疾又ハ不具等」として障害はここで兵役免除対象として浮き彫りにされたといえる。

■「廃疾又ハ不具等」の中身

では,このときの徴兵検査規則では「廃疾又ハ不具等」の中身をどのように規定していたのか。1889年3月2日に出された「徴兵検査規則」(陸軍省令第2号)では次のように規定していた。

　　第四条　兵役ニ堪フヘカラサル疾病畸形ハ大約左ノ如シ
　　　一　全身発育不全

二　骨，筋系瘦弱甚シキモノ
三　脂肪過多ニシテ運動ニ妨アルモノ
四　慢性腺種，慢性腺潰瘍
五　軟部ノ悪性若クハ著大ナル腺種，潰瘍
六　骨慢性炎，骨潰瘍，骨壊疽，骨腫瘍，骨軟化，佝僂病
七　瘢痕広大ナルモノ或ハ骨ト癒著シテ運動ニ妨アルモノ
八　象皮腫，癩
九　出血病，白血病
十　動脈瘤，静脈瘤及著大ナル脈腫
十一　慢性関節僂麻質斯，慢性痛風ニシテ著シキ器質ノ変化アルモノ
十二　癲癇，舞踏病
十三　脊髄労，進行性筋瘦小
十四　白痴，癲狂
十五　頭部畸形ノ著大ナルモノ
十六　眼瞼ノ内反，外反及涙瘻
十七　角膜虹彩膜ノ疾患ニシテ視力ニ妨アルモノ
十八　斜視ニシテ一眼直視スルトキ他眼ノ角膜緑内外眥ニ達スルモノ
十九　海軍兵ニ在テハ近視ニシテ視力二分ノ一以下ニ至ルモノ
　　　海軍兵ニ在テハ近視
二十　陸軍兵ニ在テハ視力乏弱二分ノ一以下ニ至ルモノ及夜盲
　　　海軍兵ニ在テハ視力乏弱及夜盲
二十一　失明
二十二　耳殻欠乏，慢性重聴，聾
二十三　鼻畸形ノ著大ナルモノ
二十四　鼻腔，前頭竇，上顎洞ノ慢性潰瘍，腫瘍
二十五　口内悪性潰瘍，唇頬癒着，口吻狭窄
二十六　唇又ハ歯牙ノ疾病欠損ニシテ咀嚼ニ妨アルモノ
二十七　口蓋ノ破裂，欠損，穿孔
二十八　舌若クハ唾腺ノ腫瘍，肥大，欠損又ハ扁桃腺ノ腫瘍，肥大ニシテ其著大ナルモノ及唾瘻
二十九　唖，聾唖
三十　喉頭及気管ノ畸形並ニ其慢性病
三十一　食道狭窄
三十二　斜頸及脊梁ノ畸形ニシテ運動ニ妨アルモノ

| 三十三 | 胸郭畸形ノ著大ナルモノ |
|---|---|
| 三十四 | 肺,胸膜ノ慢性病 |
| 三十五 | 心臓,心嚢ノ慢性病 |
| 三十六 | 腋臭及足汗ノ悪臭甚シキモノ |
| 三十七 | 骨盤畸形ノ著大ナルモノ |
| 三十八 | 歇兒尼亜 |
| 三十九 | 慢性脱肛,痔瘻又ハ著大ノ痔核ニシテ定期性出血,膿潰等アルモノ |
| 四十 | 尿瘻,尿石及尿道畸形 |
| 四十一 | 睾丸,副睾丸ノ慢性炎,肥大及睾丸腹輪中ニ在テ疼痛ヲ発スルコトアルモノ |
| 四十二 | 四肢ノ麻痺,削瘦,短縮,湾曲,仮関節 |
| 四十三 | 関節畸形 |
| 四十四 | 脱臼若クハ習癖脱臼又ハ関節痿頓 |
| 四十五 | 拇指若クハ示指又ハ他ノ三指ノ爪甲全欠 |
| 四十六 | 陸軍兵ニ在テハ剰指又ハ指ノ癒著及小指末節ヲ除クノ他指節ノ強剛<br>海軍兵ニ在テハ剰指又ハ指ノ癒著及指節ノ強剛 |
| 四十七 | 陸軍兵ニ在テハ環指若クハ小指ノ末節ヲ除クノ他一節以上又ハ環指小指共ニ一節以上ノ欠損<br>海軍兵ニ在テハ諸指一節以上ノ欠損 |
| 四十八 | 足ノ畸形 |
| 四十九 | 陸軍兵ニ在テハ大趾ハ一節以上他趾ハ一節以上他趾ハ二趾以上ニシテ一節以上ノ欠損<br>海軍兵ニ在テハ諸趾一節以上ノ欠損 |
| 五十 | 剰趾又ハ趾ノ著大ナル湾曲 |
| 第五条 | 前条各項ノ疾病畸形ト雖モ其軽症ニシテ服役シ得ヘキモノハ合格トシ爾余ノ疾病畸形ニシテ服役シ得ヘカラサルモノト認ムルトキハ不合格トス |

　このように,「盲」,「聾」はもとより「指節ノ強剛」や「習癖脱臼」,「畸形」,指の欠損に至る身体的な状態に加え,心臓疾患などの内部障害,「白痴,癲狂」や「癲癇」といった知的障害や精神障害に該当するものなど,50項もの非常に細部にわたる病類が挙げられていた。新徴兵令で示された「廃疾又ハ不

具等」とは，細部にわたる病類を含む広範なものであったのである。おそらくは，兵業になんらかの支障をきたす疾病や障害を当時として思い付く限り挙げていたように思われる。[11]

また，この頃から体格等位という基準による壮丁の階層化が行われる。二瓶士子治によれば，新徴兵令における徴兵検査手続においてはじめて，壮丁の体格等位概念として甲，乙，丙，丁，戊種が登場したとある。[12]

前述の1889年の「徴兵検査規則」には，このような体格等位を規定した条文は見あたらないが，1909年に出された「徴兵検査規則」（陸軍省令第6号）には体格等位を規定する条文が次のように定められていた。

　　第三条　体格ノ等位ヲ区別スルコト左ノ如シ
　　　一　甲種　身長五尺以上ニシテ身体強健ナル者
　　　二　乙種　身長五尺以上ニシテ身体甲種ニ亜ク者其ノ体格比較的良好ナ
　　　　　　　　ル者ヲ第一乙種トシ之ニ亜ク者ヲ第二乙種トス
　　　三　丙種　身長五尺以上ニシテ身体乙種ニ亜ク者及身長五尺未満四尺八
　　　　　　　　寸以上ニシテ丁種戊種ニ当ラサル者
　　　四　丁種　第二条ニ当ル者及身長四尺八寸ニ満タサル者
　　　五　戊種　徴兵令第二十条第一項第二項ニ当ル者
　　第四条　徴兵ハ前条ノ甲種，乙種丙種ヲ合格トシ其ノ甲種及乙種ハ現役ニ
　　　　　　徴スヘキ者丙種ハ国民兵役ニ入ルヘキ者トシテ丁種ヲ不合格戊種
　　　　　　ヲ徴集延期トス

壮丁は体格等位という新たな基準によって5つの階層に分けられ，甲種が最も優れ，その反対を丁種としたのである。丁種の「第二条ニ当ル者」とは，上述した「疾病畸形」の一覧表のことである。[13] すなわち「廃疾又ハ不具等」とは低身長で，「疾病畸形」を持つ者であり，これに該当する者は丁種不合格者として兵役免除対象に位置づけていったのである。[14]

なお，この時期は日露戦争を経て「軍令」が定められ，陸海軍が法令を独自に設定する権限を獲得し，軍部が大きな政治勢力として拡大していった時期である。[15] 壮丁を5つのランクにふるい分ける仕組みは，軍部の政治勢力の拡大とともに登場してきたことになる。

■ **体格等位の選別基準**

では、体格等位はどのような基準で設定され、選別されたのであろうか。

まず判断基準となったのが身長である。1909年の「徴兵検査規則」にあるように、身長が4尺8寸に満たない者は自動的に丁種不合格とされた。身長は体格等位にとって前提条件であったのである。

「疾病畸形」はどのように規定されたのだろうか。1909年の「徴兵検査規則」からより具体的な方法や基準を示した1910年2月19日の「陸軍身体検査手続」(陸達第5号) によれば、検査項目を身長体重の検査、視力検査、聴力検査、言語と精神の検査、全身の観察と既往や疾患の検査、関節の検査、各部の検査に分けて行うとした。その検査基準には詳細な病類が定められていた[16)17)][18)]。

このときの検査基準を**巻末資料1**（Aに該当する部分）に示す。なお、後に述べるが、**巻末資料1**は各年代における検査基準の変遷や比較検討を行うため別の検査基準3つ（B〜D）を加えて筆者が作成したものである。

この検査基準を眺めると、特徴として次の4点が指摘できる。

第一に、情報を掌る頭部の状態、視機能や眼病、聴覚、吃音などの検査項目の綿密さが際立っていることである。これは、選別で最も注意していたのが頭部機能、とくに視力や眼病などの視機能に関するものであったことをよく現している。たとえば視機能では近視、遠視、乱視、眼病、まぶたの状態に至るまで細やかに項目を設定し、視力測定では矯正視力0.3という基準をつくり、それ以下の場合は丁種不合格とするなど厳密に判定していた。

『軍医団雑誌』では徴兵における眼病の問題を扱った論文が出されるなど、徴兵検査における視機能の問題は高い関心を集めていた[19)]。ちなみに『海軍選兵医学（視器）』では視力、識色力、光覚力などの検査方法について綿密な研究成果が記載されている[20)]。そのなかには「視力詐偽看破法」という章がつくられ、徴兵忌避を意図して視力の不調を訴える者に対して、それを見破る方法について6頁を割いて科学的に論じていた。視力は軍隊にとって重要な機能であったが、徴兵忌避のため詐病としても使われていた形跡がうかがえる。

第二は、指に関する検査項目の綿密さが際立っていることである。指に関する分類だけでも4つの項目を設け、それぞれ拇指や中指、小指などが欠損しているのか、癒着しているのかといった状態まで細かに決めている。その合格基

準は厳しく，たとえば「示指ト中指若ハ其ノ以上ノ癒着」だけで丁種不合格に位置づけられている。明らかにこれは銃器など近代兵器を扱う兵士にとって指の状態が生命線になっていたことを示している。

　第三は，戦闘行為や行軍にとって基礎となる身体運動や機能面に着目した基準が具体的に設定されていることである。検査基準では「畸形」や「筋骨薄弱」を先頭に，関節の慢性病，胸廓変形，筋や腱の変常，斜頸，脊柱骨盤の変形，ヘルニア，四肢の骨の状態，翻足・馬足，さらには腫瘍や瘢痕の有無，脂肪過多に至るまで，身体の動作や機能にとって妨げがあるかどうかを基準に非常に細かく設定がなされている。また，今日でいう内部障害に該当する心臓や呼吸器にかかわる病類も細かく設定され，泌尿や脱肛，痔瘻など，長い兵業生活にとって支障をきたすおそれのある病類も定められている。

　第四は，知的障害や精神障害の項目はつくられているものの，全体から眺めた場合その判断基準はあいまいに設定されている印象が強く，軽視されていた傾向が読み取れる。

　以上の特徴を踏まえると，徴兵検査基準は一つ一つの兵業を想定しながら，綿密に判定基準が構築されている様が看取できる。兵業にはたとえば行軍，教練，作業，体操，剣術が求められ，修練では直立，行進，操銃，行軍，射撃，遊水などが行われる。場合によっては乗馬，砲兵業，工兵業，電信，気球兵業といった多岐にわたる兵業が待ち構えている。これら一つ一つの兵業に求められる身体的な機能と照らし合わせながら，当時の医学の知見を広く動員して作成された綿密さが見られる。[21]

　これは，徴兵検査基準は兵器の技術水準と戦争の形が強く影響することを意味している。当時，近代戦争における戦闘にまず求められるのが視機能と兵器を操作できる「手」であり，日々過酷な行軍や軍隊生活に堪え得る「肉体」であった。今日のように複雑な情報機器の操作が求められる現代戦争とは異なり，多少の知的障害や精神障害は兵業にとってそれほど重視されず，見過ごされがちになっていた点も指摘できる。

　このように，「廃疾又ハ不具等」とは低身長で「疾病畸形」を指し，「疾病畸形」では非常に細かい病類を程度別に並べ，詳細に規定していたのである。徴兵検査基準は視機能や身体機能を重視し，指の欠損の有無など，銃器の扱いが

意識された内容に組み立てられていた。一方で、これほど病類が広範にわたり、しかもその基準が細部にわたって細かく規定されていたことは、裏を返すと甲種合格者は必然的に少数に絞られてくることでもある。兵士を増やすためには徴兵検査基準を改定する必要が出てくる。新徴兵令下の徴兵検査基準では新たに乙種を第一乙種、第二乙種に分割し、甲種に次ぐ良好な体格の者を第一乙種、それに次ぐ者を第二乙種とした。第二乙種の新設は乙種に幅を持たすことで現役兵の合格者を増やす意図があった。

### ■ 1920年における徴兵検査規則

　1920年の「徴兵検査規則」（陸軍省令第5号）では、丁種とする疾病異常に新たに「全身畸形」や「筋骨薄弱」、内部疾患系を明示した[22][23]。その具体的な検査方法や基準を示した1920年の「陸軍身体検査手続」（陸達第9号）の内容を、前出の**巻末資料1**に整理（Bに該当する部分）した。

　1910年の「徴兵検査手続」に比べると、丙・丁種についてはほぼ変わっていないのに対して乙種の規定が大幅に増えている。つまり、ふるい分けがここで一段と厳密になったことを意味している。「近視」、「乱視」、「禿頭」、「難聴」など、第二乙種、丙種として規定されていた検査基準が、第一乙種、第二乙種へと繰り上げられているものも見られ、検査基準の厳密化とともに検査基準が緩和された部分も見られる。

　なお、感染症への検査が強化されており、1920年の「徴兵検査手続」では「『トラホーム』及花柳病ノ検査ハ全壮丁ニ就キ之ヲ行フモノトス」との規定が盛り込まれている。

　また、精神病については「特別ノ時間ト方法ヲ用ヰスシテ他ノ検査ニシ受検者ノ態度応答等ニ依リ判断スヘシ」としているのみで、特別な方法は用いず、徴兵検査場での検査医官による観察のみで判断していたものと思われる。1920年の「陸軍身体検査手続」（陸達第9号）の第25条では「左ノ各号ノ一ニ該当スル者ハ合格トシ壮丁名簿ニ其ノ意見ヲ記入スルモノトス」とあり、その一つに「精神病、癲癇、夜盲、夜尿其ノ他ノ身体変常ヲ訴フルモ其ノ徴候確実ナラス又ハ其ノ実否ヲ判定スルニ繁雑ニシテ長時間ヲ要スル者」と規定されている。判別に時間や手間のかかる場合はとにかく合格にするというスタンスであり、判別が難しい精神病者は軍隊内へと送り込まれていったことが考えられる。し

かし,『軍医団雑誌』でも精神病の検査方法が紹介されるなど,当時として精神病の検査方法はあったはずである。にもかかわらず,精神病は科学的根拠に基づいた判断がなされていなかったと思われる[25]。

　以上のように,徴兵令の段階では徴兵制そのものが抱えていた矛盾からさまざまな免除規定が存在し,障害の存在もそのなかに埋もれていた。それが新徴兵令で一気に浮き彫りにされていったのである。

　幕藩体制から天皇を中心とした中央集権体制,近代国家へと転換させていく手段として徴兵制は当時として欠かせないものであったが,強引に徴兵制を敷いたことで実際には皆兵とはならず,12条もの免役規定が置かれ,障害の存在はそのなかに埋没していた。それが,国家体制が比較的安定し,中央集権体制が整備されると,国民皆兵を実現するために免役規定が「廃疾又ハ不具等」に限定され,障害の存在が兵役免除対象として明確に浮き彫りにされていったのである。

　徴兵令で規定されていた「羸弱ニシテ宿痾及ヒ不具等ニテ兵役ニ堪ザル者」は,新徴兵令では「疾病又ハ廃疾等」となる。その対象は身長4尺8寸未満で「疾病畸形」を有する者であり,「疾病畸形」の中身は兵士として求められる能力を想定しながら細かく,そして幅広く規定され,程度別に壮丁のランク付けを行う仕組みがつくられていった。

　では,なぜここまで詳細な規定を作り上げる必要があったのだろうか。憶測の範囲を出ないが,より詳細に規定を作り上げることで「例外」を極力少なくし,国民皆兵を進めようとした意図があったのではないだろうか。徴兵制の理念の一つは国民皆兵を実現することである。その見地から細かく規定された「廃疾又ハ不具等」の意味を考えた場合,できるだけ例外を明確にすることで,皆兵を積極的に進めていくための手段にした側面があったように思われる。実際に新徴兵令では免除対象を限定したことで,多くの兵員を動員することを可能にした。結果的に日清戦争では24万616人,日露戦争では陸軍で108万8996人という大人数を兵隊として動員していったのである[26]。

## 3　兵役法下における障害

　日清・日露戦争,そして第一次世界大戦を経て徴兵制は大きく見直される。

新徴兵令は1927年に兵役法となり，朝鮮人など植民地支配下にあった民族を除き，日本国籍を有する男子全員への兵役義務を制度化した。兵役法では兵役を40歳を限度に現役（陸軍２年，海軍３年），予備役，補充兵役，国民兵役の段階に分けて課した。

　兵役法では義務教育をも取り込み，学校教練によって義務教育段階における軍事訓練も活発化させた。さらに在郷軍人会が組織され，地域における公安の維持を目的に地域社会へ軍隊秩序が持ち込まれた。以後，大きな制度改正は行われず，兵役法は４年後に控える15年戦争を支える根幹を担うことになる。

　徴兵検査における兵役の免除対象に目を向けると，身体検査で「兵役ニ適セザル者」となった者とあり，その具体は兵役法施行令で「身長一・五〇メートル未満ノ者及左ニ掲グル疾病其ノ他身体又ハ精神ノ異常アル者」と規定された。

　兵役法がつくられたときは，身長の乙種合格基準を1.52メートルから1.55メートルへと３センチ引き上げ，合格基準の大幅な引き締めが行われたが，後に基準の緩和が進められた。具体的には第一，第二乙種に分類されていた乙種に新たに第三乙種を加え，丙種であった者の一部を繰り上げさせた。さらに日中戦争勃発となる1937年にはさらに大幅な基準緩和が行われ，合格身長を５センチも引き下げている。その背後には徴兵検査成績が「悪化」する一方で，戦争の泥沼化にともない大量に兵士を継続的に必要としていた事情が見られる。以下，その具体的な状況を見ていくことにする。

■ **兵役法における「兵役ニ適セザル者」**

　兵役法では，徴兵検査で壮丁を次の４種に選別することとした。現役兵として駆り出される「現役ニ適スル者」，現役兵として徴集を受けない「国民兵役ニ適スルモ現役ニ適セザル者」，兵役を免除する「兵役ニ適セザル者」，徴集を延期し，再検査を受ける「兵役ノ適否ヲ判定シ難キ者」である。

　このときの「兵役ニ適セザル者」とはどういう者なのか。これまで省令で定められていた体格等位の規定は兵役法では施行令に格上げされている。その兵役法施行令では「身長一・五〇メートル未満ノ者及左ニ掲グル疾病其ノ他身体又ハ精神ノ異常アル者トス之ヲ丁種トス」とあった[27]。つまり，新徴兵令で示された「廃疾又ハ不具等」は，「疾病其ノ他身体又ハ精神ノ異常アル者」という

規定に変わったのである。

　新徴兵令下の徴兵検査手続では，乙種合格身長が「五尺以上」という規定であったが，兵役法施行令では「一・五五メートル以上」という規定に変わっている。1尺は0.3030メートルなので，1.52メートルから1.55メートルへと基準が約3センチ引き上げられたことになる。後に述べるが，基本的にはこのことが徴兵検査成績の「悪化」に影響している。

　「疾病其ノ他身体又ハ精神ノ異常」の内容は，1920年の「徴兵検査規則」（陸軍省令第5号）とほぼ変わっていない。「疾病其ノ他身体又ハ精神ノ異常」の具体的な選別基準は施行令では「体格ノ程度及疾病其ノ他身体又ハ精神ノ異常ニ因リ第一乙種，第二乙種，丙種又ハ丁種ト為スベキ細部ノ標準ハ陸軍大臣之ヲ定ム」とあり，その規定を「陸軍身体検査規則」に委ねている。

　そこで，「陸軍身体検査規則」（陸軍省令第9号，1928年3月26日）を前出の**巻末資料1**（Cに該当する部分）に整理した。特徴的なのは，1920年の基準から1910年の基準に揺り戻しを見せていることである。緩和された傾向も見られた1920年の基準にくらべ，より対象を絞り込んだ印象を受ける。軍縮ムードのさなか，兵士をあまり必要としない姿勢がここに現れたように思われるが，日中戦争に進むと今度は検査基準が緩和の方向へ大きく改定されていく。

■ 合格基準の緩和

　兵役法施行令は日中戦争勃発の年になる1937年に合格身長の大幅な緩和が行われた。甲種・乙種合格に必要な身長が1.55メートルから1.50メートルに引き下げられ，丁種とする身長が1.50メートル未満から1.45メートル未満に引き下げられた。1937年の20歳男子（東京市）の平均身長は1.65メートルであったことを鑑みると，5センチメートルの引き下げは大幅な緩和であったものと思われる。

　この背景を説明する資料に医事課課内案「極秘　軍備改善ニ依ル壮丁増微ノ対策」（1936年10月22日）がある。ここでは次のような計画の説明がなされていた。

　「今回ノ軍備拡充」にとって必要となる現役兵25万人を徴収するには，第一補充兵に35万を必要とするが，推計では1942年以降は第一乙，第二乙をあわせても23万で，12万人足らない。その不足を補うためには丙種の一部から繰り上

げざるを得ない,という計画である。つまり,このままの徴兵検査基準で行くと,軍備拡充のために動員できる甲種・乙種合格者が確保できない。そのため,より多くの兵士を動員するために徴兵検査基準の緩和を計画したのである。

具体的には,身体検査規則を改正し,甲・丙・丁種の身長基準を各5センチメートル引き下げること[33],徴募区で甲種合格者が不足した場合,現行では他の徴募区から補塡することはできないためこれを改正し,他の過剰甲種を融通する制度にすること,入営前に短期間加療をすれば等位を引き上げられる者は強制的に治療を行わせて入営させること,また,トラホームやヘルニア,痔核などは放置すると兵役に服せなくなるが,私費では経済的な負担がともなう,そのため官費で衛戍病院に入院させることである。そして,丙種には兵業的要素から見て多少の性能低下を忍べばなかには戦闘員として用いられる者がいるとして,第一乙と第二乙で構成されていた乙種に丙種と判定されていた者の一部を繰り上げることである。しかし,そのまま丙種を第二乙種に繰り上げることは,壮丁体格の推移を把握するうえで貴重な資料を失わせてしまうことになる。そこで第三乙種を新設し,第三乙種と丙種をあわせればこれまで通り丙種の数を把握することができる。このような事情から第三乙種が新設され,丙種の一部を乙種として繰り上げた,とのことである[34]。

つまり,第三乙種とは内実は丙種の一部で,従来通りの統計的な観察ができるように第三乙種を新設したもので,あくまで形式的に乙種合格者を増やした意図が示されているのである。ちなみにこの文書の発行は1936年であるが,このときからすでに戦争を見込んだ兵員の確保のため準備が進められていたことを示すものでもある[35]。

徴兵検査の病類に関する基準でも,視力や聴器,畸形といった部分をできる限り緩和させていった。具体的には陸軍身体検査規則附録第二の規定を,兵業を考慮してできる限り緩和することとした。たとえば「視力」では射撃に支障のある乱視を除き,眼鏡による矯正視力を可とした[36]。また,「聴器,聴能及鼻腔,副鼻腔ノ障碍」では対話に妨げない者を可とし,「軽度ノ欠損,畸形等」では兵業に支障のない指の欠損や畸形,禿頭,瘢痕などは判定を上位に繰り上げることとした[37]。これらを緩和することで,1942年度は1936年現在よりも兵士

を86,000人増加させ、延べ275,000人を得ることを計画していたのである。

このような計画の末、「徴兵検査規則」が改正される。その内容を前出の**巻末資料1**のDに該当する部分に示す。

ここでは第三乙種が新たに登場し、「筋骨薄弱」や「関節慢性病」、「瘢痕拇指」、「トラホーム」など、それまで丙種として位置づけられていた疾病異常の一部が第三乙種へとシフトしている。丁種についても、「筋骨甚薄弱」や「視器ノ疾病」、「脱肛、肛門畸形」、「トラホーム」など、一部丙種等への繰り上げが見られる。つまり、第三乙種は丙種から乙種へと繰り上げる目的で位置づけられ、不合格者の基準がより限定的になったことが確認できる。

その結果、1937年以降の徴兵検査成績は合格率が96％以上に回復し、1940年は97％、1941年も同率を推移し、数値の上ではこれまでの最高値を推移したとされる。徴兵検査成績の推移だけを見れば、国民の健康状態はすこぶる改善しているように見えるが、その背景には軍事政策的な要請から検査項目を恣意的に修正した影響があったことに注意しなければならない。

一方で、一連の徴兵検査基準の緩和の背景には、軍備拡充によって多くの兵員を必要とするにもかかわらず、出生率の減少や高い水準にあった乳児死亡率で、兵力の供給源となる人口そのものに問題が生じつつあったことが指摘できる。出生率の減少は「民族自滅の危険性がある」という指摘がなされるなど、兵力の供給源となる人口そのものに問題が指摘され、あるいは実際に生じつつあったことが指摘できる。1937年には政府はこのことを大きな政策課題として認識しはじめ、人口政策が人口過剰への対応から人口増殖政策へと大転換を見せた時期でもあった。

このように、徴兵令から新徴兵令、そして兵役法へと徴兵制が展開していくなかで、兵役免除対象も変化を見せていた。徴兵令では「羸弱ニシテ宿痾及ヒ不具等ニテ兵役ニ堪ザル者」を含めた12条に及ぶ規定から、新徴兵令では「廃疾又ハ不具等」に限定され、兵役法では「疾病其ノ他身体又ハ精神ノ異常」となった。兵役法の「疾病其ノ他身体又ハ精神ノ異常」は兵士にとって求められる能力を基準に、新徴兵令に増して基準が具体化していった。そして、兵役法では徴兵検査基準が限定されたり、大きく緩和されたりといった基準の変化が見られた。このような変化の背後には戦時へと突入していく時代状況があり、

第1章 軍事政策における障害　17

日中戦争以降はより多くの兵員を必要とするなかで，第三乙種を新設して丙種の一部を繰り上げるといった軍事政策的な都合による操作が行われていたのである。

以上のように，徴兵制では軍事政策的な観点から必要な兵員数が要請され，その必要な兵員が確保できるように徴兵検査の基準を限定したり緩和したりと操作していたのである。徴兵制で決められた疾病異常はある意味「不健康」を示す状態である。あくまで徴兵検査の内実は軍事政策の都合によって修正が加えられ，その意味で「健康」の捉え方も時々の政策の思惑を反映したものになる。仮にこれを「軍事政策的健康観」とした場合，当然ながら国民生活にとって意味のある健康とは別のものとして捉える必要がある。

しかし，戦時ファシズム下は「臣民」としての健康が強制された時代であり，軍事政策が求める健康観は国民間の価値規範にまで強く影響力を持つことになる。[41]国民生活の実情とは乖離した健康観が一人歩きし，「不健康」とされた存在は場合によっては攻撃的に扱われる。そればかりか，「兵員の不足」という大義名分だけで，兵士として本来動員すべきでない病者や障害者をも「健康」だとして駆り出されることになるのである。

一方で，徴兵制と並んで障害が深くかかわるのが廃兵基準である。廃兵は15年戦争期になると傷痍軍人の名前に変わる。廃兵や傷痍軍人として軍隊組織から排除する現場，つまり除役に焦点を当てると何が見えるのか，次節で扱いたい。

## 4　除役と障害

徴兵検査が軍隊への入口となるのに対し，除役はいわば軍隊からの出口となる。除役とは，陸軍省『陸軍省年報』では「患者ノ其性溷慢ナルモノ或ハ畸形ヲ遺シ寛ニ兵役ニ堪エ難ク除役セシメタル」[42]との説明がある。疾病が長引いたり奇形が残ったりするなど，障害等によって兵役に堪えることができないと判断された場合に除役となると解することができる。

軍隊を抜け出したいと願う兵士にとっても，その出口が除役となる。除役は軍隊の士気にかかわるものであるから，軍事政策ではかなり慎重に扱われていたものと思われる。そのためか，除役に関する資料は非常に限られており，実

表1-3 除役者数の推移（1888～1892年）

| | 兵役免除 | | 常備後備免除 | | 現役免除 | | 計 | |
|---|---|---|---|---|---|---|---|---|
| | 実数 | 兵員毎千比例 | 実数 | 兵員毎千比例 | 実数 | 兵員毎千比例 | 実数 | 兵員毎千比例 |
| 1888年 | 570 | 11.67 | | | 190 | 3.98 | 760 | 15.56 |
| 1889年 | 634 | 12.38 | | | 194 | 3.79 | 828 | 16.17 |
| 1890年 | 621 | 12.50 | | | 188 | 3.79 | 809 | 16.29 |
| 1891年 | 697 | 13.69 | | | 177 | 3.48 | 874 | 17.17 |
| 1892年 | 443 | 8.38 | 68 | 1.00 | 263 | 4.97 | 774 | 14.64 |
| 平　均 | 593 | 11.72 | 68 | 1.00 | 202 | 4.00 | 809 | 15.97 |

※1 陸軍省『陸軍省年報』（1888～1892年版）から筆者が作成した。
※2 空欄はデータがない部分を意味する。

態を検証するための十分な資料が見当たらない。また，除役の対象規定は傷痍軍人とも直結する。障害を負って除役となった兵士には，早い段階から軍人恩給制度が準備されていた。その対応はかなり細やかで，障害の程度などによって分類された増加恩給を権利として国家が給付する仕組みがつくられていた。ある種除役の基準は傷痍軍人の中身を決定づけるものであり，また，戦後の身体障害者福祉法には元傷痍軍人対策の側面が指摘されている点を踏まえると，戦後の身体障害者福祉法における障害概念にもかかわってくる可能性がある。

除役の具体的な基準は管見の限り見当たらないが，除役に関する統計が陸軍省『陸軍省年報』に収められている。そこで，ここでは陸軍省『陸軍省年報』でとられていた除役統計に着目し，それを整理したものを表1-3から表1-5に示す。

表1-3，表1-4は日清・日露戦争期のデータが欠落しているため，平時のデータとなる。

1888～1892年の除役者数は平均809人で，兵員全体の約1.60％程度にすぎなかった。日露戦争後となる1909年以降を見ると，除役者数は1909～1921年までの平均は3,351人である。1922年以後は『陸軍省年報』では実数を示す項目が削られているが，除役の割合は平均1.94％であった。したがって，除役者数は平時においては全兵の約2％の比率であったものと思われる。ただし，何によって増減するのかはこの表からはいまいち判断できない。1920年前後に除役

表1-4 除役者数の推移（1909〜1937年）

| | 兵役免除 | 平均1日（千分比） | 現役・予備役及び後備役免除 | 平均1日（千分比） | 現役免除 | 平均1日（千分比） | 補充兵役免除 | 平均1日（千分比） | 兵役免除実数計 | 平均1日（千分比）計 |
|---|---|---|---|---|---|---|---|---|---|---|
| 1909年 | 1216 | | 1135 | | 993 | | 3 | | 3347 | 18.5 |
| 1910年 | 1181 | | 967 | | 933 | | 3 | | 3084 | 17.1 |
| 1911年 | 1136 | | 963 | | 845 | | 2 | | 2946 | 16.4 |
| 1912年 | 1169 | | 769 | | 851 | | 4 | | 2793 | 15.6 |
| 1913年 | 1115 | | 767 | | 1137 | | 6 | | 3025 | 16.2 |
| 1914年 | 979 | | 677 | | 948 | | 3 | | 2607 | 14.4 |
| 1915年 | 954 | | 681 | | 944 | | 4 | | 2583 | 14.2 |
| 1916年 | 1061 | | 645 | | 1091 | | 2 | | 2799 | 15.0 |
| 1917年 | 1047 | 5.6 | 602 | 3.2 | 1124 | 6.0 | 2 | 0.0 | 2775 | 14.7 |
| 1918年 | 1375 | 7.3 | 836 | 4.5 | 1760 | 9.3 | 9 | 0.1 | 3980 | 21.2 |
| 1919年 | 1157 | 6.7 | 757 | 4.4 | 2283 | 13.3 | 16 | 0.1 | 4213 | 24.5 |
| 1920年 | 1040 | 6.0 | 648 | 3.8 | 2991 | 17.4 | 14 | 0.1 | 4693 | 27.2 |
| 1921年 | 996 | 5.5 | 598 | 3.3 | 3104 | 17.0 | 17 | 0.1 | 4715 | 25.8 |
| 1922年 | | 5.7 | | 5.1 | | 22.7 | | 0.1 | | 33.7 |
| 1923年 | | 4.9 | | 3.8 | | 17.4 | | 0.1 | | 26.2 |
| 1924年 | | 4.6 | | 3.2 | | 14.3 | | 0.1 | | 22.3 |
| 1925年 | | 4.9 | | 4.0 | | 14.8 | | | | 23.7 |
| 1926年 | | 4.7 | | 3.8 | | 12.4 | | 0.1 | | 21.0 |
| 1927年 | | 4.6 | | 3.6 | | 11.9 | | 0.1 | | 20.3 |
| 1928年 | | 3.9 | | 2.6 | | 10.8 | | 0.1 | | 17.4 |
| 1929年 | | 4.4 | | 3.2 | | 10.5 | | 0.0 | | 18.1 |
| 1930年 | | 4.5 | | 3.1 | | 10.8 | | 0.1 | | 18.4 |
| 1931年 | | 4.4 | | 3.3 | | 10.6 | | 0.0 | | 18.3 |
| 1932年 | | 4.3 | | 3.3 | | 9.1 | | 0.0 | | 16.6 |
| 1933年 | | 3.8 | | 2.5 | | 9.2 | | 0.0 | | 15.6 |
| 1934年 | | 4.6 | | 3.4 | | 8.9 | | 0.0 | | 16.9 |
| 1935年 | | 4.1 | | 3.5 | | 9.4 | | 0.1 | | 17.1 |
| 1936年 | | 5.0 | | 3.2 | | 10.3 | | 0.0 | | 18.5 |
| 1937年 | | 4.6 | | 3.0 | | 9.4 | | | | 16.9 |
| 平　均 | 1110 | 5.0 | 773 | 3.5 | 1462 | 12.2 | 7 | 0.1 | 3351 | 19.4 |

※1　陸軍省『陸軍省統計年報』（1909〜1937年版）から筆者が作成した。
※2　空欄部はデータがない部分を意味する。

表 1-5 除役病類の推移（1878〜1931年）

| | 伝染病 | 全身病 | 伝染病及全身病 | 神経系病 | 呼吸器病 | 血行器病 | 循環器病 | 消食器病 | 栄養器病 | 泌尿器病 | 愛憐病（アイレン） | 花柳病 | 運動器病 | 皮膚病（外被病） |
|---|---|---|---|---|---|---|---|---|---|---|---|---|---|---|
| 1878年 | 4 | | | 31 | 68 | 12 | | 15 | | 6 | | | 27 | 1 |
| 1879年 | 167 | | | 44 | 65 | 9 | | 23 | | 4 | | | 10 | 1 |
| 1880年 | 114 | | | 43 | 109 | 23 | | 23 | | 7 | | | 22 | 0 |
| 1881年 | 61 | | | 44 | 106 | 17 | | 16 | | 5 | | | 15 | 1 |
| 1882年 | 80 | | | 40 | 136 | 14 | | 27 | | 9 | | | 18 | 1 |
| 1883年 | 95 | | | 37 | 112 | 18 | | 19 | | 2 | | | 20 | 1 |
| 1884年 | 111 | | | 47 | 115 | 21 | | 28 | | 4 | | | 24 | 1 |
| 1891年 | 42 | | | 66 | 276 | 33 | | 26 | | 18 | | 58 | 33 | 13 |
| 1895年 | 1 | | | 14 | 27 | 4 | | 7 | | | | 3 | 3 | 3 |
| 1906年 | | 514 | | 220 | 1290 | 108 | | 187 | | 55 | | 139 | 117 | 46 |
| 1910年 | | | 975 | 196 | 1127 | 106 | | 92 | | 62 | | 68 | 69 | 35 |
| 1915年 | | | 833 | 213 | 923 | 64 | | 87 | | 63 | | 35 | 49 | 29 |
| 1920年 | | | 1614 | 344 | 2927 | 105 | | 87 | | 46 | | 38 | 60 | 23 |
| 1931年 | | | 1840 | 336 | 1826 | 60 | | 74 | | 62 | | 21 | 51 | 18 |

| | 外傷 | 全身栄養失常 | 体内寄生動物 | 炎症並炎症継発病 | 異物贅生病 | 畸形病 | 耳病 | 眼病 | 中毒病 | 血液病 | 梅毒 | 其ノ他 | 除役計 | 兵員千分比 |
|---|---|---|---|---|---|---|---|---|---|---|---|---|---|---|
| 1878年 | 44 | | | 23 | 0 | 0 | 7 | 49 | | 17 | 4 | | 308 | |
| 1879年 | 43 | | | 43 | 1 | 0 | 11 | 35 | | 18 | 5 | | 478 | |
| 1880年 | 44 | | | 25 | 0 | 2 | 16 | 45 | 0 | 22 | 6 | | 501 | |
| 1881年 | 23 | | | 24 | 1 | 1 | 11 | 61 | 0 | 28 | 5 | | 419 | |
| 1882年 | 24 | | | 30 | 1 | 2 | 8 | 81 | 0 | 17 | 14 | | 502 | |
| 1883年 | 32 | | | 35 | 1 | 0 | 21 | 50 | | 16 | 11 | | 470 | |
| 1884年 | 27 | | | 19 | 1 | 4 | 11 | 65 | 0 | 20 | 5 | | 503 | |
| 1891年 | 109 | 9 | 22 | 28 | 4 | 16 | 36 | 85 | | | | | 874 | 17.2 |
| 1895年 | 36 | | 7 | 7 | 1 | | 2 | 11 | | | | | 127 | 9.0 |
| 1906年 | 192 | | | | | | 173 | 180 | | | | | 3221 | |
| 1910年 | 186 | | | | | | 58 | 109 | | | | 1 | 3084 | |
| 1915年 | 150 | | | | | | 34 | 99 | | | | 4 | 2583 | |
| 1920年 | 129 | | | | | | 37 | 79 | | | | | 5489 | |
| 1931年 | 140 | | | | | | 23 | 60 | | | | 2 | 4513 | 19.2 |

※1 陸軍省『陸軍省年報』（1888〜1892年版）および陸軍省『陸軍省統計年報』（1909〜1937年版）から筆者が作成した。

※2 1931年のデータは千分比のみしか公表されていない。そのため，1931年のデータは『昭和国勢総覧』東洋経済新聞社による1931年時の陸軍総数230,000人を用いて割り出した値である。

者数が増えている傾向にあるが，感冒との関係や，あるいは兵士をあまり必要としなかった事情も関係しているのかも知れない。

　表1-5は，病類ごとで除役数とその推移を示したものである。この表を見る限りでは，除役される病類のほとんどは内科的病類であり，とりわけ呼吸器病と伝染病が大部分を占めてきていることがわかる。呼吸器病の中身は結核と関係することを踏まえると，やはり除役の第一条件は，放っておくと軍隊内で感染するおそれのあるものであったといえる。

　神経系病がそれに次いで大きな割合を占めていたのも特徴的である。表には示せていないが，「神経系病」の内訳を見ると，その多くを占めるのは「神経衰弱」と「癲癇」，「痴呆」，「躁鬱」，「ヒステリー」である。これは，軍隊生活のなかで精神面に打撃を受け，除役になる兵士が少なからずいたことを意味する。ここからは，兵業では精神病の問題も深刻にあった様子がうかがえるが，それに対し徴兵制ではこの部分に対する検査はかなり雑であったといえる。出口で顕わとなっていた精神病の問題に対し，入口である徴兵制での扱いにある種のギャップを感じさせる。

　一方で，意外と少ないのが外傷によるものである。日露戦争期も含め，平時でも過酷な兵業が待ち構え，事故も多かったはずである。あるいは，少々の外傷では除役とはしなかったのだろうか。外傷が具体的に何を意味していたのかは検討しなければならないが，たとえば傷痍軍人としてイメージしやすい四肢切断や手指の欠損などはかなり少数であった可能性がある。

　このように，除役の中心は呼吸器病や伝染病，加えて神経系病がほとんどであった。呼吸器病や伝染病が多かったのは，軍隊生活は常に集団で行動をともにするため，感染を予防する防衛策として除役の手段を執らざるを得なかった事情が考えられる。

　このとき呼吸器病の多くは結核との関係が指摘できる。つまり除役の原因となっていた結核をいかに減らすかが，軍隊組織を維持するために重大なポイントになってくる。軍隊に結核の保菌者をどう入り込まないようにするのか，そのために軍隊の入口である徴兵検査でどう排除するかが軍部でも問われたはずである。実際に1940年の兵役関係法改正では，徴兵検査にレントゲン胸部間接撮影法が初めて実施されるが，そのような事情があったことも考えられよう。

なお，外傷の数は少ないが，おそらく戦時では戦闘行為による損傷が多発し，外傷を中心に外科的病類の数値が大きく伸びたことは容易に予測できる。とくに，徴兵検査では「指節ノ欠損，強剛」や「趾ノ欠損，強剛」など，戦闘行為にかかわる機能が細かく規定され，不合格と位置づけられていたことを踏まえると，除役においてもこの点が基準にされていた可能性がある。

## 5　軍人恩給と障害

軍事政策では，障害を負って除役された兵士には軍人恩給制度のなかの増加恩給によって対応が準備されてきた。

恩給制度自体は明治期に軍人を対象として陸軍や海軍毎で整備され，それが西南戦争や大日本帝国憲法の制定，内閣制度の発足，日清・日露戦争などを経て発展し，文官や学校職員にまで対象を広げていった。それらを統一した恩給法が1923年に登場し，恩給制度は確立に至る。

恩給制度は戦闘などで傷痍を受けたり死亡したりした場合に国家補償を基本として年金給付などを行うものであり，恩給の一つに「不具廃疾」を対象にした増加恩給がある。ここでは，恩給制度では「不具廃疾」をどのように捉え，具体的にどのような状態を対象にしていたかを明らかにする。

### ■ 軍人恩給の登場

軍人を対象にした恩給制度は早くから整備され，公務によって傷痍を負った場合に終身給付を行うものとしては，1870年の「給俸定則　振恤金定則　扶助金定則」および1871年の「陸軍士官兵卒給俸諸定則」にはじまるとされている[43]。そこでは傷痍の程度によって扶助される恩給（扶助金）が変わる仕組みにあった。その程度は3つに区分され，「終身不具ニシテ自己ノ用ヲ弁スル能ハサル者」（一等傷痍），「漸ク自己ノ用ヲ弁スルニ足ル者」（二等傷痍），「兵役ニ堪エスト雖モ自己ノ用弁並ニ産業ニ差支無之者」（三等傷痍）としていた[44]。

その後，1875年に「陸軍武官傷痍扶助及ビ死亡ノ者祭粢並ニ其家族扶助概則」が制定され，日本最初の恩給制度がスタートする。ここでは戦闘や公務によって傷痍を負って退隠を命じられた場合に，その程度と階級に応じて支払われる傷痍扶助料が規定されていた。その翌年には恩給用語が初めて使われた「陸軍恩給令」が制定された。恩給制度は，その後大日本帝国憲法の成立や，

政府発足を契機に急速に整備が進められ，軍人以外の公務員にも対象を広げつつ，1890年の軍人恩給法では恩給を権利として位置づけていった[45]。

軍人恩給法では，恩給法における障害等級表の原型と見られる傷痍疾病の条文がすでに存在していた[46]。軍人恩給法では増加恩給の対象を戦闘および戦時平時にかかわらず公務のために傷痍を受けた者とし，「陸軍軍人傷痍疾病恩給等差例」(1892年12月24日陸達第96号)によってその対象を詳細に分類し，規定していた。原文では条文で書かれたものであるが，それを表に整理しなおしたものを表1-6に示す。

ここで規定されている傷痍疾病を大きく分類すると，視機能，肢体の欠損・運動機能，内蔵機能，咀嚼言語機能，生殖機能などが定められていたといえる。つまり，単に四肢の状況だけでなく，生殖機能といった，今日でも福祉施策の対象となりにくい部分にまで想定が及んでいたといえる。

また，単に各身体の状況だけでなく，「不具若ハ廃疾トナリ常ニ介護ヲ要スルモノ」との規定があり，傷痍疾病の判断基準に常に介護を必要とするかどうかを据えていた点も見られる。つまり，部分的であるにせよ，介護の必要性を基準にした判定が少なくとも政府が発足して間もない1892年に登場していたことになる。

加えて，徴兵検査における体格等位基準と同様，指に関して細かな規定が見られる。親指や人差し指といった指の各機能面を詳細に取り上げ，欠損した本数や部位によって注意深く等級を定めている点が特徴的である。

■ 恩給法の制定

軍人を対象にスタートした恩給制度は，順次他の公務員へと拡大していった。官吏を対象にした恩給制度は1884年公布の官吏恩給令から始まる。その背景にはもともと官吏の社会的地位は高く，給与が世間一般と比較して高い水準にあったなかで，新政府が発足して勤務してきた者がそろそろ退隠の時期にさしかかっていたことが指摘されている[47]。

官吏恩給令では公務により不治の疾病にかかって退職した場合，恩給に加えて支給される増加恩給が規定されていた。その後1890年には官吏恩給法と官吏遺族扶助法が制定され，恩給を権利として位置づけ，遺族にも扶助対象を拡大した[48]。そして，軍人と官吏がバラバラに扱われてきた恩給制度を統一したもの

表1-6 「陸軍軍人傷痍疾病恩給等差例」に規定された傷痍疾病の程度

| 項 | 傷痍疾病の状況 |
|---|---|
| 第1項 | 不具若ハ廃疾トナリ常ニ介護ヲ要スルモノ<br>咀嚼言語ノ機能ヲ併セ廃シタルモノ<br>内蔵器ノ機能ヲ大ニ妨クルニ至リタルモノ |
| 第2項 | 不具若ハ廃疾トナリ常ニ介護ヲ要スルモノ<br>咀嚼言語ノ機能ヲ大ニ妨クルニ至リタルモノ<br>内蔵器ノ機能ヲ大ニ妨クルニ至リタルモノ |
| 第3項 | 不具若ハ廃疾トナリ常ニ介護ヲ要セサルモノ<br>生殖器ヲ失シ其ノ機能ヲ廃シタルモノ<br>両耳ノ機能ヲ廃シタルモノ<br>咀嚼言語ノ機能ヲ大ニ妨クルニ至リタルモノ<br>内蔵器ノ機能ヲ妨クルニ至リタルモノ |
| 第4項 | 不具若ハ廃疾トナリ常ニ介護ヲ要セサルモノ<br>生殖器ヲ失シ其ノ機能ヲ大ニ妨クルニ至リタルモノ<br>一眼一耳ノ機能ヲ併セ廃シタルモノ<br>咀嚼言語ノ機能ヲ大ニ妨クルニ至リタルモノ<br>内蔵器ノ機能ヲ妨クルニ至リタルモノ<br>拇指ヲ併セ三指以上ヲ失シタルモノ若ハ示指中指環指小指ヲ併セ失シタルモノ<br>踝関節ノ下概ネ三分ノ一以上ヲ失シタルモノ |
| 第5項 | 不具若ハ廃疾トナリ介護ヲ要セサルモノ<br>生殖器ヲ失シ其ノ機能ヲ大ニ妨クルニ至リタルモノ<br>鼻ヲ失シ其ノ機能ヲ大ニ妨クルニ至リタルモノ<br>咀嚼言語ノ機能ヲ大ニ妨クルニ至リタルモノ<br>内蔵器ノ機能ヲ妨クルニ至リタルモノ<br>頸若ハ腰ノ運動ヲ廃シタルモノ<br>四肢ノ運動ヲ廃シタルモノ若ハ其ノ運動ヲ大ニ妨クルニ至リタルモノ<br>拇指ヲ併セ三指以上ヲ失シタルモノ若ハ示指中指環指小指ヲ併セ失シタルモノ<br>拇指示指ヲ併セ失シタルモノ若ハ示指中指環指ヲ併セ失シタルモノ<br>拇指ヲ併セ三指以上ノ用ヲ廃シタルモノ若ハ示指中指環指小指ノ用ヲ併セ廃シタルモノ<br>踝関節ノ下概ネ三分ノ一以上ヲ失シタルモノ |
| 第6項 | 不具若ハ廃疾トナリ介護ヲ要セサルモノ<br>生殖器ヲ失シ其ノ機能ヲ大ニ妨クルニ至リタルモノ<br>鼻ヲ失シ其ノ機能ヲ大ニ妨クルニ至リタルモノ<br>咀嚼言語ノ機能ヲ大ニ妨クルニ至リタルモノ<br>内蔵器ノ機能ヲ妨クルニ至リタルモノ<br>頸若ハ腰ノ運動ヲ大ニ妨クルニ至リタルモノ<br>四肢ノ運動ヲ廃シタルモノ若ハ其ノ運動ヲ大ニ妨クルニ至リタルモノ<br>拇指示指ヲ併セ失シタルモノ若ハ示指中指環指ヲ併セ失シタルモノ<br>拇指ヲ失シタルモノ若ハ示指中指ヲ併セ失シタルモノ若ハ拇指示指ヲ除キ他ノ三指ヲ失シタルモノ<br>拇指ヲ併セ三指以上ノ用ヲ廃シタルモノ若ハ示指中指環指小指ノ用ヲ併セ廃シタルモノ<br>拇指示指ノ用ヲ併セ廃シタルモノ若ハ示指中指環指ノ用ヲ併セ廃シタルモノ<br>第一趾ヲ併セ三趾以上ヲ失シタルモノ |

※1 「陸軍軍人傷痍疾病恩給等差例」から筆者が作成した。原資料では条文で述べられているものを，見やすいように表に落とし込んで作成した。

として，1923年に恩給法が制定されたのである。

このとき，恩給法における「不具廃疾」の概念について次のような解説がなされていた[49]。「不具トハ身体一部ノ有形的永久的欠損ヲ謂ヒ疾病トハ身体機能ノ一部的永久的喪失ヲ謂フ……恩給法上不具廃疾トハ一肢ノ用ヲ失ヒタル程度以上ノ身体ノ有形的欠損又ハ其ノ機能ノ喪失ヲ意味シ其レ以下ニ於テハ永続的ナル不具廃疾ト認メス」。つまり，「不具」とは身体的な側面での永久的な欠損を指し，恩給法での「不具廃疾」とは身体の一肢以上の欠損や機能の喪失を指すとのことである。

具体的に「不具廃疾」の程度を見ていくと，6段階に分けられ，**表1-7**のように規定されていた[50]。

この表で規定された内容を見ると，恩給法で「不具廃疾」と想定していたものとは，傷痍疾病のなかでも治癒可能性の乏しいものを想定していたことが考えられる。また，基本的には前述した「陸軍軍人傷痍疾病恩給等差例」の内容と共通するといえよう。つまり，「陸軍軍人傷痍疾病恩給等差例」で見られた視機能，肢体の欠損・運動機能，内蔵機能，咀嚼言語機能，生殖機能の分類は，今回の「不具廃疾」の内容に基本的に踏襲されている。それに加えるように，「失神者ハ精神錯乱シテ常ニ看護ヲ要スルトキ」や「痴呆若ハ健忘症ヲ遺スモ常ニハ看護ヲ要セサルモノニシテ中等度ナルトキ」など，精神疾患を具体的に規定していたといえる。なお，この表に規定されていない障害は必ずしも対象外となるものではなく，あくまで例示であるとしていた。そのため，実際には判定はある程度柔軟に対応していた可能性がある。

このように，恩給制度では権利の文言が明確に位置づけられ，一般の国民からすれば，明らかに扱いを異にする特権として見えたように思われる。それは戦争を通じて軍人を中心に拡充し，また組織における地位によっても差が設けられ，富国強兵政策に基づき国民を新たに差別化する装置としても機能していったといえよう。そのなかで恩給制度では，「不具廃疾」によって職を辞することになった人たちに対して権利性の観点からその補償をきめ細かく定め，「不具廃疾」の程度によって細かくふるい分ける手段として障害等級表が登場してきた過程があったことが指摘できる。ただし，15年戦争の終了とともに恩給の支払いは停止させられ，その動きは「廃疾」を対象にした増加恩給にも影

表1-7 恩給法における「不具廃疾」

| 程　度 | 「不具廃疾」の内容 |
|---|---|
| 第一項症 | 両眼ヲ盲シ又ハ二肢以上ヲ亡シタル程度ノモノニシテ<br>（イ）失神者ハ精神錯乱シテ常ニ看護ヲ要スルトキ<br>（ロ）一肢ヲ亡シ且他肢ノ用ヲ全廃シタルトキ又ハ<br>（ハ）不治病ニシテ常ニ看護ヲ要ス重症ナルトキ |
| 第二項症 | 第一項症ニ次クヘキ程度ノ傷痍又ハ疾病ニシテ<br>（イ）偏眼両耳ノ官能ヲ併セ廃スルモノニシテ重キトキ<br>（ロ）一眼ヲ亡シ他ノ一眼昧睹シ僅ニ自己ノ用ヲ弁スルヲ得ルトキ<br>（ハ）咀嚼言語ノ両機ヲ併セ軽キトキ<br>（ニ）咀嚼ノ用ヲ廃シ重キトキ<br>（ホ）胃腸膀胱等ニ瘻管ヲ遺シ重キトキ又ハ<br>（ヘ）不治病ノ為常ニ看護ヲ要スルモ比較的軽キトキ |
| 第三項症 | 一肢ヲ亡シ若ハ二肢ノ用ヲ失ヒタル程度ノモノニシテ<br>（イ）偏眼両耳ノ官能ヲ併セ廃スルモ軽キトキ<br>（ロ）咀嚼ノ用ヲ廃スルモ軽キトキ<br>（ハ）痴呆若ハ健忘症ヲ遺スモ常ニハ看護ヲ要セスシテ其ノ症状重キトキ<br>（ニ）言語ノ機能ヲ廃スルトキ<br>（ホ）胃腸膀胱等ニ瘻管ヲ遺スモ軽キトキ<br>（ヘ）陰茎若ハ睾丸ヲ全失スルトキ<br>（ト）肩関節ヨリ腕関節ニ至ル間ニ於テ一上肢ヲ失フトキ<br>（チ）股関節ヨリ■関節（踝関節か―筆者）ニ至ル間ニ於テ一下肢ヲ失フトキ又ハ<br>（リ）不治病常ニ看護ヲ要スルニ非サルモ歩行スル能ハサルトキ |
| 第四項症 | 第三項症ニ次クヘキ程度ノ傷痍又ハ疾病ニシテ<br>（イ）偏眼ヲ盲シ又ハ全鼻ヲ失シ之ニ偏耳ノ官能ヲ併セ廃スルトキ<br>（ロ）両耳ヲ聾スルトキ<br>（ハ）痴呆若ハ健忘症ヲ遺スモ常ニハ看護ヲ要セサルモノニシテ中等度ナルトキ<br>（ニ）一手ニ於テ四指以上ヲ失スルトキ<br>（ホ）■骨ヨリ蹠蹠骨ニ至ル部ヲ失スルトキ又ハ<br>（ヘ）不治症ナルモ常ニ看護ヲ要セス且歩行シ得サルニアラス唯自己ノ用弁ニ妨碍アルトキ |
| 第五項症 | 一眼ヲ盲シ又ハ一肢ノ用ヲ失シタル程度ノモノニシテ<br>（イ）偏眼ヲ盲シ又ハ全鼻ヲ失シタルトキ<br>（ロ）咀嚼ニ重キ障害アルトキ<br>（ハ）痴呆又ハ健忘症ヲ遺スモ常ニハ看護ヲ要セサルモノニシテ軽キモノナルトキ<br>（ニ）神経痛ヲ遺スモ常ニ看護ヲ要セサルトキ<br>（ホ）言語ノ機能ヲ強ク妨ケラルルトキ<br>（ヘ）重キ腸歇爾尼亜ヲ遺ストキ<br>（ト）頸項背腰諸筋ノ運用ヲ妨ケラルルトキ<br>（チ）一手ニ於テ五指癒着シ若ハ強硬等ノ為ニ把握採摘ノ用ヲ廃スルトキ<br>（リ）股関節ヨリ踝関節ニ至ル間ノ作用ヲ強ク妨ケラルルトキ<br>（ヌ）一足ニ於テ五指ヲ失スルトキ又ハ<br>（ル）不治症第四項症ヨリ軽キモ営業ヲ為シ難キトキ |
| 第六項症 | 不具廃疾ノ最低度ニシテ第五項症ニ次クヘキ傷痍疾病ニシテ<br>（イ）咀嚼ニ軽キ障碍アルトキ<br>（ロ）軽キ神経痛ニシテ看護ヲ要セサルトキ<br>（ハ）言語ノ機能ヲ軽ク妨ケラレタルトキ<br>（ニ）軽キ腸歇爾尼亜ヲ遺ストキ<br>（ホ）陰茎ヲ半失シ若ハ偏睾丸ヲ失スルトキ<br>（ヘ）軽ク頸項背腰筋ノ運用ヲ妨クルトキ<br>（ト）肩関節ヨリ腕関節ニ至ル間ノ関節作用ヲ廃スルモ全肢ノ用ヲ廃スルニ至ラサルトキ<br>（チ）一手ニ於テ四指以上ノ各一部ヲ失スルモ尚把握ノ用ヲ得ルトキ<br>（リ）一手ニ於テ拇指示指ヲ併失シ若ハ他ノ三指ヲ失シタルトキ<br>（ヌ）股関節ヨリ踝関節ニ至ル間ノ作用ヲ軽ク妨ケラレタルトキ<br>（ル）一足ニ於テ第一指ヲ併セ三指ヲ失スルトキ又ハ<br>（ヲ）不治症第五項症ヨリ軽クシテ営業ニ妨ケアルトキ |

※1　第三項症の「(チ) 股関節ヨリ■関節」および第四項症の「(ホ) ■骨」の■は読み取り不能であった箇所を意味する。
※2　「障害」の害の字に「害」であったり「碍」が使われていたりするが，これは原文のママである。

第1章　軍事政策における障害　　27

響を与える[51]。傷痍軍人にとって特権であった恩給は，戦後に制限がかけられる一方で傷痍者保護対策が展開することになる。その内容については第**4**章で述べたい。

## おわりに

　以上，徴兵制における徴兵検査基準や除役，恩給について取り上げてきた。徴兵制では壮丁の健康状態を程度に基づき細かく分類し，判定する仕組みが展開されてきた状況を明らかにしてきた。

　徴兵制は幕藩体制から天皇を中心とした中央集権体制，延いては近代国家へと移行させていく手段として欠かせないものであった。しかしその強引さから実際には皆兵にはできず，障害の存在は12条もの免役規定のなかに埋もれていた。

　中央集権体制の整備が一段落すると，国民皆兵を実現するため免役規定を「廃疾又ハ不具等」に限定し，兵役免除対象として障害の存在が顕在化されていった。徴兵検査ではかなり詳細な基準のもとで選別が行われ，兵士としての能力を基準にしながら甲・乙・丙・丁種に壮丁をランク付けし，「廃疾又ハ不具等」を丁種不合格者として位置づけたのである。

　これは兵役法に引き継がれ，一層具体的な基準が示される。兵役法では徴兵検査基準の厳格化が行われ，日中戦争を控えた1936年には大幅な徴兵検査基準の緩和が計画されていた。その背景には，戦争を控えて兵士の確保が求めた事情があり，軍事政策的な都合によって合格基準が操作されていた。

　つまり，徴兵制では軍事政策的な観点から求める「正常」な人間像が甲種にあり，それに対応するように障害は「異常」や「不健康」な存在として顕在化されていった。その過程でふるい分けの基準をかなり詳しく設定し，判定する仕組みが登場し，展開されていた。

　このような検査基準は，今日の障害判定の仕組みとある程度共通する。たとえば矯正視力の基準をつくり，分類して判定する仕組み自体は今日の身体障害者福祉法の判定と変わっていない。医学的な知見を動員しながら病類を並べ，それを基準に現場の医師が判定していく手法は今日も受け継がれているものであり，その意味で障害分類とその判定の仕組みの原形として見ることができ

る。今日の障害判定の手法や手続き自体は徴兵制で確立したものであり，基準を作成するにあたり，想定する現場が兵業なのか，生活なのかの違いだけなのである。

　さらに次の点も指摘できよう。ふるい分けの基準を厳密化したねらいには，障害者をある意味「例外」として際立たせることで，徴兵制の理念である国民皆兵を積極的に進めていくための手段として用いられた側面があったと思われる。その意味で，戦時となり，大量の兵員を必要とする段階に入るとますます障害者の存在は浮き彫りにされ，障害者は「臣民の義務としての兵役」を全うできない存在として軽蔑・侮蔑の対象とされていった経緯が考えられる。

　また，軍隊の出口となる除役では，戦時と平時とを注意深く見ていく必要があるが，呼吸器病や伝染病，加えて神経系病を中心に対象化していった形跡がうかがえる。およそ2％前後が除役になっていた傾向が見られ，そのなかには精神病などによって除役となっている者も多数看取できた。この数値から兵業では精神病をめぐって深刻な問題があったことが想像できるが，徴兵制では精神的な検査は専門的に行っておらず，入口と出口である種のギャップを感じさせるものであった。このギャップのなかで，たとえば知的障害はどのように扱われ，徴兵検査をくぐり抜けた知的障害者にはどのような境遇が待ち構えていたのか，気になるところである。

　また，軍人恩給制度では少なくとも1892年から傷痍疾病を細かく分類する等級表の原型のようなものが登場し，それを基礎にしながら恩給法では「不具廃疾」を細かく分類して補償を進めていく手段として等級表が登場していた。恩給制度では対象とする障害の範囲もかなり広く，そして単に機能障害だけで判断するのではなく，介護の必要度が考慮に入れられているところが注目される。恩給制度は権利としてつくられたものであり，その権利性が影響したのかも知れない。

　なお，徴兵検査成績では，眼病などは一定低下傾向にあるものの，丙種において「筋骨薄弱」が顕著に高い割合を示し，丁種において「精神病」が増加していた。これは軍部にとって「由々しき課題」として映ったはずである。なぜならば，軍部が実質的支配を広める日中戦争に入ると，健兵・健民政策のもとに国民体力法によって政府による国民の体力管理体制の確立や，国民の体力づ

くりを目指した厚生運動（健民運動）の実施，「筋骨薄弱」を対象にした健民修錬，精神病に対して断種をはかるという国民優生法の制定など，徴兵検査結果を見据えた対策が次々と実施されていったからである。

一連の徴兵検査成績は，戦争を続けていくための人的資源の量・質の問題に発展し，「人的資源の涵養」の名の下に，徴兵検査の裾野が未成年期，さらには出産以前にまで広められていったといえる。このことについて，次章で取り上げたい。

1) なお，障害が集団からふるい分けられ，排除対象として顕在化する過程は徴兵制のみならず公教育制度においても明確に見られる。障害児は国家目的を担えない者として，公教育の対象から除外される存在として顕在化されていった過程があった。公教育制度では「不具廃疾」の中身が具体的に展開されなかったため本書では取り上げないが，公教育制度でも就学義務の猶予・免除を通して義務教育から排除対象とされていった歴史があった。

後に述べるが，徴兵制では国民皆兵を目指すなかで，その例外として障害の存在が浮き彫りにされていったが，公教育制度でもこの歴史と共通する点が注目される。学制では就学義務の猶予・免除については明確な規定はなかったが，就学義務を全国民に課すことが教育政策の課題になると障害の存在が浮き彫りにされていったのである。具体的には，就学義務の猶予規定が明確に現れてくるのが1886年の小学校令で，1890年の第二次小学校令では新たに免除規定が盛り込まれ，1900年の第三次小学校令では免除対象を「瘋癲白痴」，「不具廃疾」と規定し，猶予対象を「病弱」，「発育不完全」，「貧窮」と規定した。稲垣正利「就学義務の免除猶予規程に関する一考察㈠——明治期における成立過程を中心に」『精神薄弱問題史研究紀要』第6号，精神薄弱問題史研究会，1968年，16-26頁。

就学義務の猶予・免除規定は，就学義務を強化するための側面を併せ持って登場してきたことが指摘されている。また，富国強兵・殖産興業を国家目的としていたなかで，貧窮に対しては就学の機会を広めていくという方向にあり，就学義務の猶予対象に置かれていったのに対し，国家目的を担えない障害児ははじめから義務教育から除外される存在であり，就学義務の免除対象とされていったことが指摘されている。これは後に述べる国民体力法の政策的なねらいと強くリンクする。さらに，「教育の分野における白痴条項が実際に果たした役割を考えてみれば，白痴者が天皇の臣民たりえず社会的無能者とされていることから，不就学はこのような人とみなされることであり，そのため一般民衆に対して，威嚇的な作用をなしたといえるのではないだろうか」との示唆が示されている。石島晴子「わが国における『就学猶予・免除規定』の成立に関する一考察」『精神薄弱問題史研究紀要』第24号，精神薄弱問題史研究会，1979年，13-37頁。

なお，安藤房治によれば，小学校令では就学義務の猶予・免除対象を具体的に規定していなかったのに対し，各府県では就学義務の猶予・免除対象をより厳密に規定していたことを明らかにしている。第二次小学校令では就学猶予と免除のそれぞれの対象事由は区別されていなかった。そのなかで，「多くの府県は，第二次小学校令および文部省の指導にしたがって『学齢児童及家庭教育に関する規則』を制定し，就学義務猶予・免除事由を規定」していた。ここでは，より障害が重い者を免除対象として区別するなど，対象をより明確に規定し

ている府県も見られた。第三次小学校令では府県では貧窮が免除対象に含まれていることがあり，府県によっては必ずしも徹底されていなかった。加えて，安藤は実質的に就学義務の免除対象が障害児に限定されていったのは，昭和期に入ってからではないかと示唆している。安藤房治「義務教育制度の確立と障害児の就学義務猶予・免除」『障害者問題史研究紀要』第32号，精神薄弱問題史研究会，1989年，9-23頁。

　このとき，就学義務の猶予・免除が具体的にどのように行われていたかを示す事例として，埼玉県において実際の手続きに用いられた行政文書（1926年）がある。村長から知事へあてた「就学免除認可申請書」では，事由や学年，生年月日，保護者住所，職業，氏名が記載され，「右学令児童頭書ノ事由ヲ以テ就学免除有之度旨申出候ニ付実地調査ヲ遂ケタルニ事実相違無之ニ付御認可相成度別紙医師診断書写相添ヘ此段及申請候也」としている。これへの添付資料として，校長による「就学児童免除ニ関スル内申書」と，校医による「診断書」が付けられている。「就学児童免除ニ関スル内申書」では，「右児童ハ精神機能薄弱ナル上稍々精神状態モ最近異状ヲ呈シ就学不可能ノ者ト認メ校医並ニ保護者トモ相談ノ上就学免除手続ヲ為スコトニ致シ候ニ付御詮議下サル様御願申候也」とし，これへの添付資料として，「診断書」では「右者一昨年来再度生来虚弱殊ニ精神機能ノ発達不良ニシテ就学ニ堪ヘサルモノト認メ診断書差出シ置キタルニ本年ハ保護者ノ請求切ナルニヨリ試ミニ就学ノ手続ヲ履行セシメタルモ其後ノ状況ヲ審査スルニ到底就学ニ堪ヘサルモノト認ム」（傍点は原文のママ）が付記されている。河添邦俊・清水寛・藤本文朗『この子らの生命輝く日──障害児に学校を』新日本出版社，1974年，146-148頁。

　国民皆兵を理念としていた徴兵制では，皆兵を進める手段として「不具廃疾」の存在を明確化し，その存在が浮き彫りにされていった側面が指摘できるが，教育政策でも同様に，就学義務を進める手段として，例外的な存在として「不具廃疾」を浮き彫りにして，公教育から排除していったという共通した歴史性を有する。この両者に共通する意味とはいったい何であろうか。

2）　清水寛「明治期における軍隊と障害者問題──徴兵制および陸軍懲治隊を中心に」『障害者問題研究』第36号，全国障害者問題研究会，1984年1月，3-20頁。
3）　なお，軍医事について規定した「陸軍軍医寮職員令」（1872年）では，「撰兵概則」の項目が設けられ，下記の通り兵役から除外される疾病が具体的に定められていた。日本科学史学会編『日本科学技術史大系　第24巻・医学1』第一法規出版，1965年，82-83頁。

　　　第一　　視聴変常及ヒ言語不利
　　　第二　　痴愚
　　　第三　　麻痺
　　　第四　　癲狂
　　　第五　　脱腸
　　　第六　　陰嚢炎
　　　第七　　同静脈腫
　　　第八　　睾丸不全或欠失
　　　第九　　痔病或ハ肛門破裂
　　　第十　　胸膛非常ニ狭窄スル者及肚腹ノ非常ニ膨張スル者
　　　第十一　内臓形器的変化
　　　第十二　大瘤
　　　第十三　動脈瘤

第十四　四肢静脈努脹
　　　第十五　頑固ノ潰瘍或ハ大瘢痕アル者
　　　第十六　悪性夜盲
　　　第十七　ヒューニオン　大趾前趾骨頭内側ノ粘膜嚢腫
　　　第十八　重趾重指
　　　第十九　扁足
　　　第二十　趾指不具
　　　第二十一　火傷等ニテ醜態ヲ遺ス者
　　　第二十二　骨傷ノ癒着完全ナラサル者
　　　第二十三　脱臼故ニ復セサル者
　　　第二十四　関節病アル者
　　　第二十五　板歯犬歯ヲ失スル者
　　　第二十六　面貌太タ醜異ナル者
　　　第二十七　脊椎ノ屈曲スル者
　　　第二十八　肩ノ異形
　　　第二十九　身体矮小或ハ肥大ニ過ル者

4）　海軍軍医学校『海軍選兵医学（部外秘）』発行年不明，1頁。発行年不明だが，内容から見ておそらく1942〜1945年の間と思われる。
5）　藤村道生「徴兵令の成立」『歴史学研究』第428号，青木書店，1976年1月，1-18頁。
6）　由井正臣・藤原彰・吉田裕校注『日本近代思想大系4　軍隊　兵士』岩波書店，1989年，110-122頁。
7）　なお，実際に徴兵検査を行う者は，第一章徴兵官員並職掌の「第七条　二等軍医一人」において「徴兵使ニ従ヒ，兵丁ノ身体骨格兵役ニ適スルヤ否ヲ検査スル事ヲ掌ル」とあり，軍医を位置づけた。
8）　大江志乃夫『徴兵制』岩波書店，1981年，83頁。
9）　17歳から20歳までは志願兵となる。
10）　なお，このときの徴兵検査の具体的な実施方法については，横山彰太郎（陸軍一等軍医）「徴兵身体検査実施要領」『軍医団雑誌』第100号，陸軍軍医団，1921年（発行月不明），300-334頁に詳しい。
11）　なお，50項目に及ぶこの規定はその後シンプルなものに修正されていく。たとえば1909年の「徴兵検査規則」では22項目に簡素化されている。
12）　二瓶士子治「壮丁体位問題の研究」『柳沢統計研究所報』第43号，柳沢統計研究所，1939年（発行月不明），1-39頁。
13）　「疾病畸形」の中身は修正されている。
14）　なお，1909年5月3日に「徴兵医官癩患者診断ニ関スル件」（医事第126号）が出され，そこでは「徴兵検査中検査軍医ハ未タ医師ノ診療ヲウケタルコトナキ癩患者ヲ検認シ為メニ丁種ト判定セシ場合」には行政官庁へ手続がはかられることとされた。つまり，徴兵検査でハンセン病患者を検認し，丁種と判定した場合は，本人の住所氏名，病名を記した診断書を連隊区の徴兵官に届け，町村長に報告された後，行政官庁へ届け出の手続きを行うことが規定されたのである。国家的なハンセン病対策はこの文書が出される2年前，1907年の「癩予防ニ関スル件」にはじまるが，徴兵制もそれに連動する仕組みになっていたのである。
　　　この「癩予防ニ関スル件」は1931年から「癩予防法」として生まれ変わり，国家的な強制

隔離政策が進められていくことになる。つまりは，その強制隔離政策に徴兵検査も一翼を担っていたということになる。
　徴兵検査では明治期からハンセン病が検出されており，その数は常に減少していた。強制隔離をはじめる前にすでにハンセン病自体は終息に向かっており，強制隔離政策の無意味さは徴兵検査成績からも示されていたのである。残念ながら，そのことについては徴兵検査成績から省みられることはなかった。

15）　吉田裕『日本の軍隊——兵士たちの近代史』岩波書店，2002年，127-130頁。
16）　具体的には，「身長及体重ノ測定」「視力弁色力及視器ノ検査」「聴能聴器及鼻腔口腔咽腔ノ検査」「言語精神ノ検査」「一般構造ノ検査」「関節運動ノ検査」「各部ノ検査」に分けて行うとした。「一般構造ノ検査」とは，全身を見て，既往や疾患の有無を検査することである。
17）　検査は，一日検査医官数3人に対して170人から190人の割合で実施された。10年後の1920年の「徴兵検査規則」では，一日検査医官数3人に対して150人から170人に減らされている。わずかではあるが，検査の厳密化が行われた可能性がある。
18）　検査基準は，「身体疾病変常ノ為第一乙種第二乙種丙種及丁種トスヘキ標準ハ概附録第一二依ル」とした。
19）　馬杉篤彦（陸軍一等軍医正　医学博士）「日本壮丁ノ盲目ニ関スル統計的観察」『軍医団雑誌』第71号，陸軍軍医団，1917年（発行月不明）。
20）　高木『海軍選兵医学（視器）』（著者の名，発行年，出版社不明）。
21）　当時，陸軍軍医団によって見習い医官の教材としてつくられた『軍陣衛生学教程』では，このような一つ一つの兵役に必要なカロリー量の計算や，衛生環境の問題，たとえば建築物の適切な広さ，必要な燈火，必要な原料，それにともなう空気の汚染，保温設備や換気，その損失温量に至るまで詳述されている。徴兵検査基準は思いつきではなく，軍陣衛生学に基づいてつくられた経緯を看取することができる。陸軍軍医団『軍陣衛生学教程』陸軍軍医団，1918年。
22）　1910年ならびに1920年の徴兵検査手続では「疾病変常」という用語が用いられているが，1927年ではこれが「疾病異常」の用語に変更されている。本書では「疾病変常」と「疾病異常」を同義語として捉え，できるだけ「疾病異常」の用語に統一して用いた。
23）　「徴兵検査規則」（陸軍省令第5号）の規定は以下の通り。

　　第三条　左ノ疾病変常ハ丁種トス
　　一　全身畸形
　　二　筋骨甚薄弱ナルモノ
　　三　悪性腫瘍
　　四　白痴，不治ノ精神病，神経系病
　　五　不治ノ栄養失常
　　六　癩
　　七　盲
　　八　聾
　　九　唖
　　十　著シキ兎唇，口蓋破裂
　　十一　斜頸，脊柱骨盤ノ畸形ニシテ運動ヲ妨クルモノ
　　十二　胸腹部臓器ノ慢性疾患ニシテ一般栄養状態ヲ妨クルモノ
　　十三　重キ脱肛，痔瘻，肛門畸形

        十四　泌尿生殖器ノ慢性病又ハ欠損畸形等ニシテ機能障礙アルモノ
        十五　重キ骨, 骨膜又ハ関節ノ慢性病及其ノ継発症
        十六　著シキ四肢ノ短縮湾曲
        十七　指趾ノ欠損強剛等ニシテ著シク機能障礙アルモノ
        十八　翻足, 馬足

24）川島慶治「新兵ノ精神状態検査ノ要義」『軍医団雑誌』第29号, 陸軍軍医団, 1912年（発行月不明), 1033-1052頁。
25）ここから,「精神異常兵士」問題を発生させる一つの余地を生み出していったと考えられる。「精神異常兵士」問題については, 清水寛編著『日本帝国陸軍と精神障害兵士』不二出版, 2006年, とくに101-204頁を参照されたい。
26）大江・前掲注8）90-93頁。
27）なお,「徴兵検査ヲ受ケタル者現役兵トシテ徴集セラルルニ因リ家族（戸主ヲ含ミ本人ト世帯ヲ同ジクスル者ニ限ル）ガ生活ヲ為スコト能ハザルニ至ルベキ確証アル場合ニ於テハ二年間徴集ヲ延期ス」とあるように, 徴集により家族の生計ができなくなる場合に限って2年間の猶予が認められた。このような猶予などの仕組みが比較的わかりやすく書かれた参考書に岩崎高敏編『一家に一冊必要な人事百般の法律智識』冨文館法律部, 1928年がある。
28）ちなみに, この間, 1921年の度量衡法改定, メートル条約への調印によって尺貫法がメートル法へと統一されたため, 兵役法でもメートル表記が用いられた。
29）兵役法施行令（1927年11月30日, 勅令第330号）で丁種とする「疾病異常」は以下の通り。

　　　　（イ）全身畸形
　　　　（ロ）筋骨稍薄弱ナルモノ
　　　　（ハ）悪性腫瘍
　　　　（ニ）不治ノ精神病又ハ不治ノ神経系病
　　　　（ホ）不治ノ栄養失常
　　　　（ヘ）癲
　　　　（ト）盲
　　　　（チ）聾
　　　　（リ）唖
　　　　（ヌ）口蓋破裂又ハ著シキ兎唇
　　　　（ル）斜頸又ハ脊柱, 骨盤ノ畸形ニシテ運動ニ妨ゲアルモノ
　　　　（ヲ）胸腹部臓器ノ慢性疾患ニシテ一般栄養状態ニ妨ゲアルモノ
　　　　（ワ）脱肛, 痔瘻又ハ肛門畸形ニシテ其ノ程度重キモノ
　　　　（カ）泌尿生殖器ノ慢性病又ハ欠損畸形ニシテ機能障碍アルモノ
　　　　（ヨ）骨, 骨膜又ハ関節ノ慢性病ニシテ其ノ程度重キモノ及其ノ継発性
　　　　（タ）四肢ノ欠損又ハ著シキ四肢ノ短縮湾曲
　　　　（レ）指趾ノ欠損, 強剛, 癒著又ハ畸形ニシテ著シク機能障碍アルモノ
　　　　（ソ）齲足, 馬足
　　　　（ツ）前各号ニ準ズル疾病其ノ他身体又ハ精神ノ異常ニシテ陸軍大臣ノ定ムルモノ

30）なお, 兵役法第37条では「兵役ニ適セズト認ムル疾病其ノ他身体又ハ精神ノ異常ノ者ナルトキハ其ノ事実ヲ証明スベキ書類ニ基キ身体検査ヲ行フコトナク兵役ヲ免除スルコトヲ得」

とあり，具体的な基準としては，兵役法施行令第69条で「全身畸形」，「不治ノ精神病ニシテ監視又ハ保護ヲ要スルモノ」，「癩」，「両眼盲（眼前三分ノ一メートルニ於テ視標〇・一ヲ視別シ得ザルモノ）」，「両耳全ク聾シタルモノ」，「唖」，「腕関節又ハ足関節以上ニテ一肢ヲ欠キタルモノ」と規定した。このような人々は検査を受けることなく兵役を免除されるとしていたが，清水寛によれば，脊椎カリエスにより歩行困難な者を検査場に無理矢理来させるなど，実際にはこの規定は無視されていたとの証言が見られる。清水寛「天皇の軍隊と障害者――国家総力体制下の徴兵検査と陸軍教化隊」『障害者問題研究』第63号，全国障害者問題研究会，1990年11月，29-33頁。

31) 具体的には，1937年に兵役法施行令が改正され，それぞれ5センチごと基準が引き下げられた。甲種・乙種合格に必要な身長が1.55メートルから1.50メートルに引き下げられ，丁種とする身長が1.50メートル未満から1.45メートル未満に引き下げられたのである。
32) 秋谷光男『体力検査指針』雄文社書店，1938年，135頁。
33) これにより26,000人もの甲種合格者を獲得できるとしていた。
34) 第三乙種をわざわざ設定したのは，丙種から繰り上げさせた者が従来の乙種の者と区別できるよう，壮丁体格の推移が確認できるようにするためであった。したがって，1939年度改正以降は三乙と丙種とを加えた数値が実際には従来の丙種となる。
35) これを具体的に示すと，上に挙げた医事課内案「極秘　軍備改善ニ依ル壮丁増徴ノ対策」（1936年10月22日）では，「今回ノ軍備拡充ニ依リ徴募壮丁数ノ激増ヲ来ス為ニ従来ノ徴兵検査方法ヲテシテハ著シク兵員体格ノ低下ヲ来ス可キハ曩ニ徴募課ヨリ提唱セラレタルトコロナリ（昭和一一，九，八軍備充実ニ伴フ徴集人員増大ノ為ニ兵員ノ資質低下ニ処スル計画，徴募課）当課ニ在リテモ之カ対策ニ就キテ予テ研究中ナリシカ其ノ一案ヲ得タルヲ以テ之ヲ左ニ述フルモノナリ」と述べ，兵員の確保のため次の通り改正することを求めていた。

　　二，身体検査規則ノ改正
　　　身体検査規則ヲ改正シ合格規格ヲ兵業ニ耐ヘ得ル最下限ニ低下ス
　　三，新体格等位ノ設定
　　　現在ノ丙種中若干ノ性能低下ヲ忍ヘハ補充兵トシテ用ヒ得ヘキモノヲ第三乙種ナル新名称ノ下ニ包含セシム

36) 射撃に際して照準動作に妨げのある乱視は兵種から除外しなければならない，とあり，デリケートに扱われていた。
37) ちなみに，禿頭がなぜ徴兵検査で評価対象になっていたかが筆者は不思議であったが，「威容ヲ著シク毀損サセル程度ノ禿頭」とあり，どうも威厳といった要素が徴兵では重視されていたようである。
38) 詳しくは陸上自衛隊衛生学校編『大東亜戦争陸軍衛生史1　陸軍衛生概史』陸上自衛隊衛生学校，1971年，46-50頁を参照されたい。
39) 美濃口時次郎「日本現下の人口問題」上田貞次郎編『日本人口問題研究　第三輯』協調会，1937年，47頁。
40) あらためて第**2**章にて取り扱うが，これらについて政府も危機感を感じ，社会政策の「拡充」を進め，とりわけ乳児死亡の問題を大きく取り上げ，子どもを産み育てる経済的条件や保育条件を課題視する一方で，女性の晩婚化を問題視して結婚奨励などが行われていった。「拡充」にカギ括弧を付与しているのは，戦時の社会政策の整備が，必ずしも国民生活にとって実態を伴って支えとなったものではなかったのではないか，という筆者の問題意識

からである。

41) 藤野豊『強制された健康――日本ファシズム下の生命と身体』吉川弘文館，2000年を参照されたい。
42) 陸軍省『陸軍省年報　第六年報』1881年，34頁。
43) 髙塩純子「我が国の軍人恩給制度発足の背景」『季刊行政管理研究』第131号，行政管理研究センター，2010年9月，61-70頁。
44) 土居秀夫「明治前期における軍人恩給」『史叢』第23号，日本大学史学会，1979年5月，24頁。
45) 髙塩・前掲注43）。なお，同論文の「表2　軍人を対象とした恩給制度の変遷」の「傷病恩給」の項目にはそれぞれの制度下で障害にかかわる恩給の取扱いが整理されているので参照されたい。
46) 若山操『改正　軍人恩給法要義　附官吏恩給法並ニ諸手続』東洋社，1906年，120-123頁。
47) 髙塩純子「我が国の官吏制度の確立（二・完）――恩給制度を中心に」『自治研究』第87巻第5号，第一法規，2011年5月，47頁。
48) 髙塩・前掲注47）49頁。
49) 樋貝詮三『恩給法原論』巌松堂，1922年，99-100頁。
50) 樋貝・前掲注49）100-103頁。なお，段階として示したものを「項症」と呼んでいるが，これは慣例的なものであるという。
51) マッカーサーは1946年2月1日から復員将兵への恩給の支払い停止を命令し，その措置で年15億円もの経費が節減できるとしていた。その停止の範囲にはもともと障害者を含めなかった趣旨が述べられていたようであるが，実際に停止が指示された2月1日の勅令を見ると，増加恩給へも一定の制限がかけられていた。その後，1952年に戦傷病者戦没者遺族等援護法で復活し，国費が投入されながら今日に至っている。詳しくは米軍渉外局「軍人の恩給停止の件」（1945年11月25日）および「恩給法の特例に関する件」（勅令第68号，1946年2月1日）を参照されたい。

第2章

# 戦時政策における障害

はじめに

　15年戦争期に入ると，徴兵検査成績の「悪化」が国家的課題にされ，それが社会政策の要請へとつながっていく。

　戦争の維持遂行にとって要になるのが良質な兵員の安定的な確保である。軍部は徴兵検査成績が「悪化」していると捉え，喫緊の課題として成績をいかに引き上げ，良質な兵士をどう確保していくかに関心を集めた。必然的に注目を集めることになるのが成績の低い丙種や丁種であり，その原因となっている各種障害への対策である。

　ただし，このときの「悪化」は必ずしも実態を正確に捉えたものではなかったことが最近の研究で報告されており，政策的に作為的なものであった疑いもある。そこで本章では，15年戦争期に徴兵検査成績の「悪化」がどう認識され，どのような対策が要請されていったのか，そのなかで障害についてはどんな対応が準備されていったのかを明らかにする。

　まずは，徴兵検査で判別されていた障害がどのような実態にあったのかについて陸軍省の資料から明らかにし，検討を加える。そして，その問題に国家はどう向き合っていったのかを人口政策を取り上げて考え，さらに健兵・健民政策の具体化となる国民体力法や国民優生法に着目し，そこで障害がどう認識され，対応したのかを述べたい。

## 1　国民体力の低下

　第1章で述べたように，徴兵制では1889年からの新徴兵令下で甲・乙・丙・丁・戊種というランク付けが登場し，壮丁を分類していった。甲種，乙種は兵

隊として合格，丙種は荷物運びなど前線から外される存在として，丁種は不合格とされ，成績の良いとされた者から戦地へと送られる仕組みがつくられていった。この丁種は「不具又ハ廃疾等」とされ，その中身を詳細に見ていくと幅広い障害種が規定されていた。ここでは，丙種や丁種と判別された実態はどうであったかを見ていくことにする。

■ 丙種・丁種の割合とその推移

　図2-1と図2-2は，『日本社会衛生年鑑』（大正十年～昭和十四年版）所収の陸軍省「徴兵事務摘要」から，甲種，第一乙種，第二乙種，丙種，丁種，戊種の徴兵検査成績をグラフ化したものである。図2-1は徴兵検査で甲・乙・丙・丁と振り分けられた者の実数を示し，図2-2はその割合を示している。

　図2-1を見ると，まず目にするのが徴兵検査を受けた人員が1928年に大きく落ち込んでいることである。そして，再び1928年を起点に人員が増加していった。その増えた人員に応じて，主には丙種と判別される者が増えている。

　甲種・乙種は1924年には45万人に達していたが，1927年には40万人を割り込み，1928年には甲種・乙種が最も減少している。反対に丁種は1924年から2万人強の状況であったのが，1928年を境に4万人前後に増えている。増加が著しいのが丙種で，1919年では13万人であったものが1932年には20万人に達している。

　図2-2からも，甲種の全体に占める割合は減少しているのに対し，丁種，とくに丙種の割合が1928年を境に著しい増加を示している。丁種の割合は全体の1割弱であり，丙種・丁種を合わせると全体の30～40％を占めている。戊種の割合はいずれも1％未満であり，1923年からは0.2％未満で，戊種の適用者は他に比べるとわずかであった。

　衛生省設立の主唱者であり，後に厚生大臣となる小泉親彦は，このような徴兵検査成績の推移を論拠にして壮丁体位の「悪化」を説いていた。しかし，ここには慎重な議論が求められる。というのも，第1章で明らかにしたように徴兵検査基準は時々の軍事政策的な観点から恣意的な操作がなされていたからである。それほど兵員を必要としていなかった時期にあたる1927年の兵役法施行令では合格身長が約3センチメートルも引き上げられ，それが成績に影響したことが考えられる。また，後に取り上げる「筋骨薄弱」も大きな影響を与えて

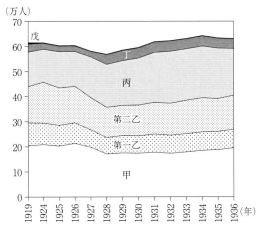

※1 大原社会問題研究所『日本社会衛生年鑑（大正十年）』大原社会問題研究所，1921年。倉敷労働科学研究所『日本社会衛生年鑑（大正十五年版）』同人社書店，1926年。倉敷労働科学研究所『日本社会衛生年鑑（昭和四年版〜十五年版）』岩波書店，1929〜1939年から筆者が作成した。
※2 1920〜1923年のデータは上記の資料に掲載されておらず欠落。

**図2-1　徴兵検査人員の体格等位実績（1919〜1936年）**

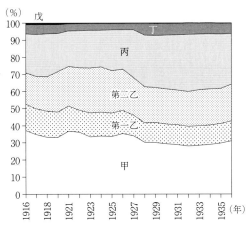

※1 出典は図2-1と同じ。
※2 1920年のデータは資料に掲載されておらず欠落。

**図2-2　徴兵検査人員の体格等位実績の割合（1916〜1936年）**

いるが，これも政策的な操作が行われた可能性が高い。

この部分を詳しく分析した高岡裕之によれば，実際には徴兵検査成績の「悪化」に対して「壮丁体位」が低下していたという事実は認められないとの結論を出している。1927年からの「悪化」の原因は，軍縮の時代にあって軍の定員を抑制する方向にあるにもかかわらず，徴兵検査の受験者数が増大したことが指摘されている。したがって，このときの成績の落ち込みをそのまま国民の壮丁体位の悪化と捉えることは危険である。しかしながら第1章で述べたように，壮丁体位や国民体力は国家が求める健康の中身として影響力を持ち，そして強制されていくことに注意が必要なのである。

日中戦争勃発の時期から，徴兵検査方法は大きく緩和の方向へ舵を切った。第1章で取り上げたように，日中戦争が勃発する前年になる1936年には軍事政策的な観点から兵員の補充のために徴兵検査基準が操作されていた。その結果，「徴兵検査規則」が改正され，1937年以降の徴兵検査成績は大幅に回復し，数値の上では最高値を推移した。

徴兵検査の全体的な結果の推移から国民の実態を捉えようとしても，精確な把握は難しい。ただし，1929年以後は1932年まで丙種が増加し続けたが，1929年末からは昭和恐慌がはじまり，1931年は凶作飢饉，労働争議数がピークになる。1932年には農家の負債が増え，農家が娘を身売りに出す事態にまで発展した。このような社会状況と国民の健康状態への影響は徴兵検査成績にも何かしらの痕跡を残していたものと思われる。

■ 丙種・丁種の実態

では，具体的にどのような者が丙種・丁種としてふるい分けられていたのだろうか。

1917年に出された陸軍省『大日本帝國陸軍省統計年報』では，1917年度の丁種不合格者の病類区分の割合を詳細に掲載している。統計として集計されている項目が，1920年の「徴兵検査規則」（陸軍省令第5号）とほぼ同じであったため，第1章で示した**巻末資料1**の1920年「徴兵検査規則」（Bに該当する部分）で示されていた基準にその数値を付記した。さらに，**巻末資料1**には基準で示された「疾病異常」項目ごとの丁種不合格者の割合（％）を「不合格者に対する割合（合計）」欄に示した。

表2-1　丙種の主要「疾病変常者」の要因別割合（％）

|  | 1927年 | 1928年 | 1929年 | 1930年 | 1931年 | 1932年 | 1933年 | 1934年 | 1935年 | 1936年 | 1937年 |
|---|---|---|---|---|---|---|---|---|---|---|---|
| 筋骨薄弱 | 8.38 | 1.87 | 7.66 | 9.39 | 9.71 | 11.25 | 11.17 | 10.64 | 10.19 | 7.43 | 5.70 |
| 痴　鈍 | 0.15 | 0.16 | 0.15 | 0.14 | 0.15 | 0.15 | 0.15 | 0.15 | 0.17 | 0.14 | — |
| 重症トラホーム | 0.27 | 0.22 | 0.23 | 0.18 | 0.17 | 0.20 | 0.14 | 0.17 | 0.17 | 0.16 | 0.12 |
| 近視又は近視性乱視 | 1.33 | 1.06 | 1.10 | 1.17 | 1.25 | 1.45 | 1.30 | 1.57 | 1.46 | 1.57 | 1.38 |
| 遠視又は遠視性乱視 | 0.05 | 0.06 | 0.04 | 0.04 | 0.05 | 0.06 | 0.04 | 0.04 | 0.04 | 0.05 | 0.03 |
| 其の他の眼病 | 1.60 | 1.43 | 1.36 | 1.47 | 1.38 | 1.33 | 1.13 | 1.20 | 1.20 | 1.20 | 1.25 |
| 一眼盲 | 0.47 | 0.48 | 0.45 | 0.42 | 0.40 | 0.40 | 0.38 | 0.38 | 0.38 | 0.38 | 0.39 |
| 聴器の疾病 | 2.36 | 1.99 | 1.91 | 1.79 | 1.59 | 1.91 | 1.91 | 1.90 | 1.91 | 1.63 | 1.31 |
| 歯牙の疾病欠損 | 0.13 | 0.10 | 0.10 | 0.06 | 0.10 | 0.07 | 0.10 | 0.09 | 0.07 | 0.07 | 0.03 |
| 呼吸器疾病 | 1.81 | 1.73 | 1.56 | 1.88 | 2.19 | 1.65 | 1.60 | 2.02 | 1.75 | 2.32 | 2.39 |
| 循環器の疾病 | 0.63 | 0.48 | 0.54 | 0.49 | 0.64 | 0.44 | 0.49 | 0.41 | 0.42 | 0.31 | 0.34 |
| 骨関節の外傷及疾病 | 0.82 | 0.74 | 0.73 | 0.71 | 0.80 | 0.60 | 0.76 | 0.68 | 0.62 | 0.67 | 0.63 |
| 手指の欠損強剛 | 0.39 | 0.35 | 0.39 | 0.36 | 0.35 | 0.34 | 0.35 | 0.34 | 0.33 | 0.33 | 0.33 |
| 扁足 | 0.45 | 0.33 | 0.22 | 0.17 | 0.28 | 0.14 | 0.24 | 0.23 | 0.14 | 0.21 | 0.07 |

※1　出典は図2-1と同じ。
※2　1937年の「痴鈍」のデータは資料に掲載されておらず欠落。

　これによると，不合格理由の割合が最も高いのは「盲」（18.1％）で，次いで「骨，骨膜，関節ノ慢性病及其ノ機能障碍」（12.3％），「眼瞼内外翻症，睫毛乱生症，瞼球癒著症，兎眼，涙嚢膿漏，眼球震盪症，眼筋麻痺，夜盲，視野狭窄欠損」（6.5％），「気管支，肺，胸膜ノ慢性病」（5.7％），「筋骨薄弱」（5.1％），「精神病」（4.7％）と続いている。とくに視機能に対する割合が高く，合計すると全体の37％を占める。したがって，1920年では視機能が丁種不合格の理由として最も多い割合を示していたといえる。

　表2-1・表2-2は大原社会問題研究所『日本社会衛生年鑑』で陸軍省「徴兵事務摘要」から「主要疾病変常者」という名目で掲載されていた，1927年から1937年までに丙種・丁種にふるい分けられた「疾病変常者」の主要因別の割合（全受検人員に対する千分比）を筆者が整理したものである。

　要因別割合を見ていくと，丙種は，1928年を除いて「筋骨薄弱」が他の疾病変常に比べて顕著に高い割合を示している。このことから，丙種の不合格理由

表2-2 丁種の主要「疾病変常者」の要因別割合（％）

|  | 1927年 | 1928年 | 1929年 | 1930年 | 1931年 | 1932年 | 1933年 | 1934年 | 1935年 | 1936年 | 1937年 |
|---|---|---|---|---|---|---|---|---|---|---|---|
| 筋骨薄弱 | 0.35 | 0.25 | 0.38 | 0.34 | 0.52 | 0.47 | 0.45 | 0.44 | 0.38 | 0.30 | 0.17 |
| 不治の精神病 | 0.24 | 0.22 | 0.20 | 0.22 | 0.21 | 0.21 | 0.21 | 0.22 | 0.23 | 0.33 | 0.56 |
| 癩 | 0.04 | 0.02 | 0.03 | 0.02 | 0.02 | 0.02 | 0.01 | 0.01 | 0.01 | 0.01 | 0.01 |
| 重症トラホーム | 0.08 | 0.07 | 0.09 | 0.07 | 0.08 | 0.07 | 0.06 | 0.07 | 0.05 | 0.05 | 0.04 |
| 近視又は近視性乱視 | 0.07 | 0.06 | 0.07 | 0.07 | 0.09 | 0.09 | 0.07 | 0.10 | 0.08 | 0.05 | 0.05 |
| 遠視又は遠視性乱視 | 0.01 | 0.01 | 0.00 | 0.00 | 0.01 | 0.00 | 0.00 | 0.00 | 0.00 | 0.00 | 0.00 |
| 其の他の眼病 | 0.33 | 0.29 | 0.31 | 0.34 | 0.31 | 0.27 | 0.27 | 0.27 | 0.25 | 0.25 | 0.22 |
| 両眼盲 | 0.12 | 0.09 | 0.09 | 0.09 | 0.08 | 0.08 | 0.08 | 0.08 | 0.08 | 0.08 | 0.08 |
| 聴器の疾病 | 0.06 | 0.05 | 0.05 | 0.04 | 0.04 | 0.06 | 0.05 | 0.06 | 0.05 | 0.05 | 0.04 |
| 呼吸器の疾病 | 0.31 | 0.37 | 0.34 | 0.41 | 0.36 | 0.42 | 0.36 | 0.39 | 0.52 | 0.43 | 0.44 |
| 循環器疾病 | 0.05 | 0.06 | 0.07 | 0.04 | 0.04 | 0.04 | 0.04 | 0.04 | 0.04 | 0.04 | 0.03 |
| 骨関節の外傷及疾病 | 0.75 | 0.73 | 0.73 | 0.74 | 0.70 | 0.69 | 0.72 | 0.69 | 0.62 | 0.65 | 0.61 |
| 手指の欠損強剛 | 0.14 | 0.15 | 0.15 | 0.13 | 0.12 | 0.12 | 0.12 | 0.13 | 0.14 | 0.13 | 0.13 |

※1　出典は図2-1と同じ。

の中心は，「筋骨薄弱」であったことが考えられる。「筋骨薄弱」に次いで多くを占めていたのが，「近視又は近視性乱視」「其の他の眼病」「聴器の疾病」といった視聴覚機能にかかわる部分，そして「呼吸器疾病」である。視聴覚機能にかかわる部分の推移を見ると，横ばいか，低下の傾向が見られるのに対し，「呼吸器疾病」はその割合を増加させているところに特徴がある。

丁種では「筋骨薄弱」「不治の精神病」「其の他の眼病」「呼吸器の疾病」「骨関節の外傷及疾病」が比較的高い割合を示している。ただし，丙種に比べて「筋骨薄弱」の割合は顕著に低い。10年間の推移を見ると，視機能に対する割合は低下を続けている。しかし，「不治の精神病」「呼吸器の疾病」などは反対に増加傾向にある。

以下，病類別の考察を述べたい。

■「筋骨薄弱」

図2-3は，陸軍省の資料から「筋骨薄弱」によって丙種とされた者の推移を示している。縦軸は千分比を示し，統計のデータ採取が可能な年から掲載している。

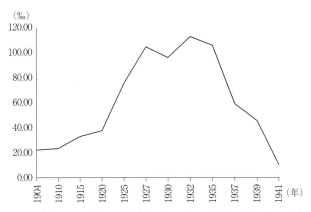

※1 各年の陸軍省『陸軍省統計年報』および陸軍省医務局医事課「徴兵身体検査ノ指導方針並ニ壮丁体力ノ概要ニ就テ」(1942年) から筆者作成。
※2 筋骨薄弱の数値は1904年では「筋骨薄弱」、1910年からは「筋骨薄弱ナルモノ」、1920年からは「筋骨薄弱」として表記されていたものを用いた。1939年以降のデータは陸軍省医務局医事課「徴兵身体検査ノ指導方針並ニ壮丁体力ノ概要ニ就テ」で「筋骨薄弱及全身畸形」(1942年) として表記されていたものを用いた。
※3 数には朝鮮、台湾、満州、支那での徴兵検査成績も含むが、これらはいずれもごく少数である。

**図2-3 「筋骨薄弱」によって丙種とされた者の推移 (千分比)**

このグラフによれば、「筋骨薄弱」とされた者は1920年代から大きく増加し、1937年に大きくその割合を減少させ、1941年には9.63‰まで激減している。

1920年代の増加について、先に引用した高岡は、兵士の「『余剰人員』を丙種とする便宜上の理由として『筋骨薄弱』が用いられた結果であった可能性が高い」と指摘していた。つまり、1920年代は軍縮の影響で兵士確保が比較的不要となり、その分を「筋骨薄弱」として現役兵(甲種・乙種)から排除していたが、1937年以降では軍備拡充のため大量に兵士を必要としたため、「筋骨薄弱」を減らして積極的に現役兵へと編入させ、戦地に送っていったものと思われる。「筋骨薄弱」の明確な定義はなく、その判断には幅を持たせていたようである。

結核や眼病といった医学的に明らかな病類は時々の軍事政策の都合によって操作ができない。しかし、高岡が指摘するように、「筋骨薄弱」という医学的にもあいまいな病類をつくっておくことで、軍事政策的に兵力が必要になった

場合はその判断を緩めるという、対象の枠組みを政策的に操作できるある種の調整弁のような働きをねらっていたといえる。徴兵検査成績の「悪化」にとって大きな影響を及ぼしていた「筋骨薄弱」は、その後の国家政策に影響を与える要素になったが、第1章で指摘したように、その増大をもって国民の健康状態が「悪化」しているとの指標にはなりにくいのである。

■ 視機能

　視機能が占める割合が高いのは、第1章で述べたように選兵において視機能に対する基準が最も綿密に規定されたことが影響していると考えられる。しかし同時に、当時眼病が深刻な様相を示していた衛生状況の現れとも受け取れる。明治期日本では眼病があまりに蔓延していたことは、慈善事業として眼の治療に当たっていたヘボンらによる記録にも登場してくる。当時はトラホームや花柳病といった感染病が流行し、徴兵検査では高い検出率を示している。年次推移を見る限りは徐々に改善はされていくが、依然として高い割合を示していたといえよう。

　古見嘉一によれば、1925年のトラホーム予防法によって明らかとなった失明者数の割合は639万6963人中4万1669人で、失明原因は膿漏眼（23.4％）、トラホーム（15.0％）、外傷（10.1％）と続いていた。失明者総数の割り出しも試みており、両眼の失明者は9〜10万人程度で、偏眼失明数は12〜13万人で、合計21〜23万人となるという。失明眼の大多数は予防可能であり、失明に「ならないでも済んだ盲人が多いといふ結論に達する」と衛生対策の遅れに問題を呈していた。1938年においても、厚生省衛生局によればトラホーム患者数は48万8305人にのぼり、依然高い数値にあったことが報告されている。

■「精神病」

　丁種では「不治の精神病」が高い割合を示していた。図2-4は「精神病」によって丁種とされた者の割合（千分比）の推移を示したものである。

　徴兵検査で「精神病」として丁種不合格とされた者は、全体としては全壮丁の2‰前後を推移していたが、1937年では飛躍的な増加を見せ、5‰に及び、丁種不合格者の2割を占めていた。この数値はどのように見ることができるのか。

　衛生行政の統計に目を向けると、日本の精神病者数は少なくとも日露戦争期

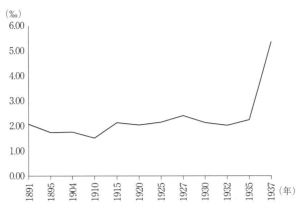

※1 各年の陸軍省『陸軍省統計年報』から筆者作成。
※2 精神病の数値は，1891年からは「白痴，癲狂」，1904年からは「精神病，白痴」，1910年からは「精神病」として表記されていたものを用いた。
※3 数には朝鮮，台湾，満州，支那での徴兵検査成績も含むが，これらはいずれもごく少数である。

**図2-4　精神病によって丁種とされた者の割合（千分比）**

から増加をたどっていた。たとえば内務省衛生局によると1929年の精神病者数は6万8000人（人口比で1.08‰）で，過去10年間増加し続けていた[8]。さらに厚生省衛生局の統計では1934年では7万9135人であったものが，1938年には9万610人（人口比で1.26‰）に膨れあがっていたことが報告されている[9]。徴兵検査にあらわれた2‰前後の数値とある程度近づくことになる。

精神病は呉秀三による精神鑑定の研究成果に代表されるように，当時も技術的にその判定は可能であったといえる。軍隊における「精神病」についても，その存在は日露戦争期より明らかにされ，第一次世界大戦期から「早発性痴呆」や「躁鬱病」などへの対策の重要性を認識していったようである[10]。ところが，徴兵検査基準では極めて曖昧に規定されていた。

第1章で述べたように，軍事政策では「精神病」の検査方法の規定は1910年に出された「陸軍身体検査手続」（陸達第5号）から確認できる。そこでは「検査ニ際シ受検者ノ態度応答等ニ依リ判断スヘシ」だけあり，特別な方法や時間は設けず，受験者の態度応答によって判断すべきとだけ規定されていた。この規定は大きくは修正されず，1927年以降の兵役法下にも引き継がれている[11]。

様子が一変したのは日中戦争後の1940年の兵役関係法改正後で，精神に異常のある者も含め，兵業に支障がないと認められた場合はできるだけ第三乙種以上に合格させることになったと言われている[12]。「精神病」も「筋骨薄弱」と同じように軍事政策的な都合からその範囲が狭められていったことになる。
　なお，日中戦争がはじまる1937年は「精神病」で不合格にした壮丁数が飛躍的に増えている（5.39‰）。より多くの兵士が必要となり，壮丁をできるだけ合格へと繰り上げる方針であるならば，「精神病」と判断する者の数を減らすことが考えられるが，このグラフを見る限りでは反対に精神病者の軍隊への動員を狭めたことになる。その明確な理由は今のところ不明であり，誤植の可能性も含めた検討が必要に思われる。
　いずれにせよ，徴兵検査で丙種・丁種となった状況を見ていくと1928年を機に割合が増加し，丙種・丁種は全体の4割を占める勢いにあったことや，丙種・丁種と判定された内訳を見ると，「筋骨薄弱」や視機能にかかわるもの，および呼吸器系にかかわるものが比較的高い割合を示していたことが指摘できる。丙種・丁種ともに「呼吸器疾病」が多くの割合を占めていた部分については，改めて第3節で取り上げることにしたい。
　このような徴兵検査の動向は，戦時に入ると軍部にとって重大な関心事になる。軍部にとって大事な兵力の供給源が農村であったが，その農村ですら成績が「悪化」していたからである。その中身について次節で述べたい。

## 2　農村の疲弊

　当時の陸軍や厚生省は農村部を「兵力および労働力の貯水池」と捉え，その体力低下を重大視していた。その対策として社会政策が注目を集め，国民健康保険をはじめとした医療関係制度が整備されていった側面がある。
　徴兵検査成績は，ある種20歳男性の健康に関する悉皆調査ともいえる。徴兵検査は全国の各地域で行われ，その結果を陸軍省『陸軍省統計年報』では師団ごとのデータでしか公表していないが，陸軍はより詳細な地域別統計を用いて分析していた。その内容の断片はさまざまな史資料から確認できるが，小泉親彦による論文や講演が主たる発信源となっていたように思われる。陸軍省医務局長に就任し，後に厚生大臣となる小泉親彦は，こうした徴兵検査成績の地域

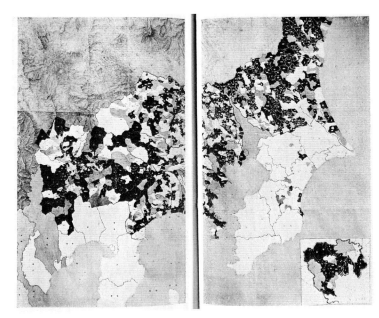

※1 小泉親彦（陸軍省医務局長陸軍軍医総監）「青年団長に望む」大日本聯合青年団, 1937年1月から転載した。

図2-4 関東圏の地域別徴兵検査成績マップ

別のマッピングを通して健康状態を分析することも行っていた。

図2-4で示す地図は，各区で行われた徴兵検査成績を地図に落とし込んだもので，最も色が濃く映っている地域が丙種・丁種となった者の割合が40％以上で，薄い色で塗られた地域がその割合が35〜40％，白色の地域はその割合が35％以下を示している。非常に詳細なマッピングを行い，丹念な分析が行われていたことがわかる。

これによれば，丙種・丁種の割合が高い地域，つまり徴兵検査成績の低い地域は東京市内，工業地帯，富士山を中心とする山岳地帯である。反対に，成績の高い地域は，湖や海岸線のある地域（千葉や静岡），純農村，東京市内付近で都市へのアクセスが便利な郊外となっている。ただし，神奈川の海岸線に位置する工業地帯は成績が低い。このことは三浦半島にも現れており，東海岸は工廠（軍直轄の軍需工場）があり成績が低いが，西海岸は漁村なので成績が高い。

第2章 戦時政策における障害　47

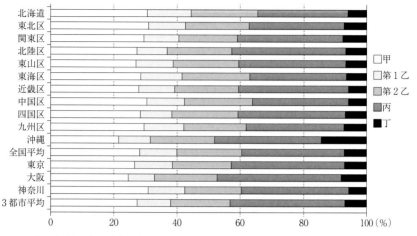

※1　陸軍省『陸軍省統計年報』(1937年版) から筆者作成。
図2-5　1931年における都市農村別壮丁体格 (百分比)

成績の低い地域でその原因になっている病類は，都市部や工場地域では「筋骨薄弱」「結核性の疾患」「視力の欠乏」が主要となっている。農村部では外傷によるものが多く，花柳病が少ない。山岳地帯で成績の低いのは身長でひっかかっており，山岳地帯でも湖水のある地域は成績が高い，とのことである。[13]

当時は郊外や海辺，湖岸など人口が密集しておらず，伝染病も蔓延しにくい環境にある地域では徴兵検査の成績が高かった。反対に，都市化した人口の密集地域や工場地域は成績が低くなっていたことがこの地図から見えてくる。当時深刻な様相を示していた結核は，やはり都市部や工場地帯で深刻化していた様子が徴兵検査によっても見受けられるのである。しかし，資本主義制度では人口は活発に移動する。マッピングだけでは捉えきれない部分の一つが，都市と農村の人口の往復運動である。

そこで，都市部と農村部の関係を考慮した分析について見てみる。1931年の受験壮丁体格の地域別成績表から，壮丁体格の都市部と農村部を比較できるグラフを図2-5に示す。

このグラフを見る限りでは，人口密集度が最も高い地域であった東京・大阪・神奈川の3都市平均と全国平均を比較するとほぼ同じ成績になっており，

表 2-3　丙丁種該当者百分比（1936年調べ）

|  | 都会に育ちたる者 | | 田舎にて育ちたる者 | | 田舎より都会に移りたる者 | |
|---|---|---|---|---|---|---|
|  | 東京府 | 大阪府 | 東京府 | 大阪府 | 東京府 | 大阪府 |
| 丙種丁種該当者（％） | 51.11 | 42.30 | 36.63 | 36.24 | 46.46 | 41.05 |

※1　湯淺謹而『都市の医学』山雅房，1943年，123頁から抜粋して作成した。

必ずしも都市部の壮丁の成績が低いとは言えない。しかし，前述の通り都市部と農村部の単純比較には注意が必要となる。たとえば，衛生学の見地から都市部と農村部の衛生問題を研究した湯淺謹而は，国民の健康状態について徴兵検査成績を用いて次のような見解を示している。

徴兵検査成績から「青年層について罹病現象に依る都市と農村の差を検討する事は可なり危険である。彼等は都市と農村を移動して止まない年齢層であるからである」[14]。都市化は農村部から都市部へと人口が移動する一方で，不況時には逆に農村部が都市部の人口を受け止める現象が見られる。その移動する人口の中身は青年層が中心である。このことを考慮して徴兵検査成績を考えた場合，都市部で徴兵検査を受ける壮丁の中には相当数の農村部出身者が含まれてしまうことになる。そのため単純比較には注意が必要なのである。

そこで，湯淺は育った地域に着目し，徴兵検査で丙種・丁種となった者の出身別の統計を提示している（表2-3）。これによると，明らかに都市部で育った者よりも，農村部で育った者の方が丙種・丁種該当者が少ないことがわかる。つまり，生まれ育った地域によって徴兵検査成績は影響を受けており，やはり幼少期を農村部で生活している方が徴兵検査成績は高いということになる。当時の陸軍が農村部を「兵力および労働力の貯水池」として位置づけていたことも理解できる。

ところで，農村部出身者がなぜ徴兵検査成績が高かったかについては，1920年代に広がった優生思想の影響を考慮することが必要となる。戦時中は昭和恐慌の影響で農村部，とくに東北地方の困窮は非常に厳しい状況にあったこと，加えて出産時を含め十分な医療が受けられなかった状況にあった。そこに広がったのが優生思想である。その思想が農村部にどのような影響を与えたかも考慮しなければならないからである。

第2章　戦時政策における障害　　49

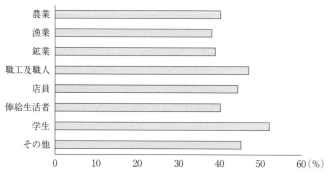

※1 小泉親彦（陸軍省医務局長陸軍軍医総監）「青年団長に望む」大日本聯合青年団，1937年1月から筆者が作成した。

**図2-6　東京府における職業別丙種・丁種該当者の割合（百分比）**

　戦後のデータになるが，厚生省予防局衛生統計部「人口問題資料Ⅱ　人工妊娠中絶」（1949年3月）によると，1948年の1年間で，たとえば出生1,000に対する人工妊娠中絶では東京では11.8なのに対し，岩手では33.0と高率であった。とくに，死産100に対する人工妊娠中絶では東京が22.0なのに対し，岩手では41.9に及んでいたのである。農村では産婆の有資格者が定着していない姿もあり，出産に対する十分なケアも行き届いていなかったと思われる。[15] 戦時中は農村部，とくに東北地方の困窮は非常に厳しい状況にあったことを踏まえると，生まれた生命のなかでも，より健康な肉体を持った者のみを育てるという「ふるい分け」が一層迫られていた可能性があることを指摘しておきたい。

　また，陸軍省では職業別に徴兵検査成績を比較した分析も積極的に行っていた。図2-6は，東京府で丙種・丁種とされた者の職業別の割合を示したものである。

　このグラフでは，農業や漁業，鉱業に就いている人の徴兵検査成績が比較的に高く，学生や職工及職人の徴兵検査成績が低いことがわかる。当時，学生の成績が低いことに対して学校教育への反感を示す主張も陸軍で多々見受けられる。このグラフでは示し切れていないが，なかでも土石採取や，工場労働となる紡績や化学製品，被服関連の職業に就いている人は成績が低かった。徴兵検査成績では労働・衛生環境が体力低下に大きく影響していることを示す結果も現れていたのである。

このように，徴兵検査成績から浮かび上がってくるのは，戦時の国民の健康状態が都市環境に密接にかかわった形で影響され，農村が比較的成績の高い壮丁を排出していたことである。そのような農村の健康状態の低下が戦時で大きな問題として取り上げられ，後に述べる保健国策へと結実する。

なお，職業別に並べた丙種・丁種の統計結果では，紡績関連の職業などに従事していた職工の成績の低さが見られた。この結果は，衛生統計の社会調査の業績と照らし合わせると整合性が見られる。たとえば産業社会が疾病をまき散らす実態が，渡辺巽や石原修，加野太郎などの業績によって可視化されていった。そのなかで重要なポジションにあったのが結核の問題である。次節でこの問題について取り上げたい。

### 3　結核と障害

徴兵検査では呼吸器系にかかわるものが高い割合を示していた。また，第１章では除役について取り上げ，除役においても結核が大きな要素にあったことを指摘した。周知の通り，当時国民の健康を大きく脅かしていたものが結核である。治療法がまだなかった当時，結核は徐々に身体を蝕み死に至らせる進行性の病であり，障害であった。結核は軍事政策においても大きな関心事となっていく。では，徴兵検査では結核は具体的にどのような様相を示していたのだろうか。

表2-4は，日中戦争が勃発する1937年の徴兵検査成績で，とりわけ大きな割合のものをピックアップしたものである。丙種では「筋骨薄弱」に次いで「気管支，肺，胸膜ノ慢性病」が高い割合にあることが特徴であり，丁種では「精神病」が高く，次いでやはり「気管支，肺，胸膜ノ慢性病」が高い割合にあった。「気管支，肺，胸膜ノ慢性病」の具体的な中身は結核となる。

結核の問題が戦時期に割合を増大させたことは，徴兵検査成績の推移からも看取することができる。図2-7は，「気管支，肺，胸膜ノ慢性病」の推移を示したものである。この図を見ると，減少するどころかむしろ大きく増加していることがわかる。1941年に割合を減らしているが，これは第１章で明らかにしたように，1940年に第三乙種が新設され，丙種の症状が軽度の者は第三乙種へ繰り上げられたことによるものである。そこで，第三乙種と合計すると5.06％

表2-4　1937年における徴兵検査の丙種・丁種とされた主要病類

| 丙種の主要な病類 | | 丁種の主要な病類 | |
| --- | --- | --- | --- |
| 病　類 | ％ | 病　類 | ％ |
| 筋骨薄弱 | 5.91 | 精 神 病 | 0.54 |
| 気管支，肺，胸膜ノ慢性病 | 2.49 | 気管支，肺，胸膜ノ慢性病 | 0.45 |
| 近視，近視性乱視 | 1.45 | 四肢骨ノ欠損，短縮，湾曲，蹉跌，股関節 | 0.39 |
| 其ノ他ノ眼病 | 1.26 | 骨，骨膜，関節ノ慢性病及其ノ機能障碍 | 0.22 |
| 鼓膜穿孔，中耳ノ慢性病，内耳病 | 1.25 | 其ノ他ノ眼病 | 0.22 |

※1　陸軍省『陸軍省統計年報』（1937年）から筆者が作成した。

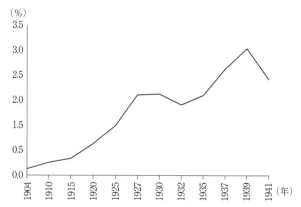

※1　各年の陸軍省『陸軍省統計年報』および陸軍省医務局医事課「徴兵身体検査ノ指導方針竝ニ壮丁体力ノ概要ニ就テ」（1942年）から筆者が作成した。
※2　「気管支，肺，胸膜ノ慢性病」の数値は，1904年からは「急治スヘカラサル肺，胸膜ノ慢性病」，1910年からは「肺，胸膜ノ慢性病ニシテ一般栄養状態ニ妨ナキモノ」，1920年からは「気管支，肺，胸膜ノ慢性病」として表記されていたものを用いた。1939年以降のデータは陸軍省医務局医事課「徴兵身体検査ノ指導方針竝ニ壮丁体力ノ概要ニ就テ」（1942年）から「肺胸膜ノ疾患」として表記されていたものを用いた。
※3　数には朝鮮，台湾，満州，支那での徴兵検査成績も含むが，これらはいずれもごく少数である。

図2-7　「気管支，肺，胸膜ノ慢性病」によって丙種とされた者の割合（百分比）

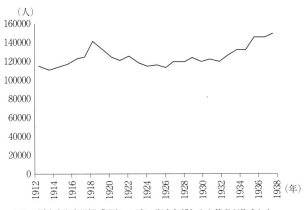

※1　厚生省衛生局編『昭和一三年　衛生年報』から筆者が作成した。
図2-8　結核死亡者の推移

の高率となり，1941年には6.45％という未曾有の高率を示していたことが報告されている。また，レントゲン検査の結果は1941年12.7％に所見を認め，うち5.0％に比較的顕著な病変を認めたとの報告がある。なお，増加を続ける呼吸器系の疾患の状況に対し，軍隊の入口となる徴兵検査でいかに結核の保菌者を食い止めるかが問われてくる。1940年の兵役関係法改正で，徴兵検査にレントゲン胸部間接撮影法が初めて実施され，一見体格優秀な者であっても結核の発見に注意するなど，入営防止に努めた。実際に1940年度は半数の壮丁に，1941年度はおおむね全員に実施したとのことである[16]。

　このような徴兵検査の推移は，衛生行政の統計データと照らし合わせても符合するものである。厚生省衛生局の『衛生年報』によれば，図2-8に示すように，結核死亡者は米騒動の年となる1918年に高率を示し，いったん減少するが，1927年から増加に転じ，大きく数を増やし，1938年には14万8827人に達している。人口比を見ても，1万人に対する割合が1926年で18.7人であったが，1936年には20.7人に増加していた。とくに都市部の増加が激しく，10万人以上の都市部の肺結核死亡者数は1926年で1万6087人であったが，1936年には3万5898人に倍増している[17]。伝染病となる結核の蔓延は衛生環境が原因となることを鑑みると，当時日本はいかに衛生環境が悪化していたかが推察できる。

　しかも，この傾向は日本の特徴であった。表2-5に示すように，結核死亡

表2-5　結核死亡率および乳児死亡率の国際比較

| | | 1926年 | | 1936年 | |
|---|---|---|---|---|---|
| 結核死亡率<br>（都市部，1万人につき） | | 日本<br>イギリス<br>ドイツ<br>デンマーク | 18.7<br>9.4<br>8.9<br>7.6 | 日本<br>イギリス<br>ドイツ<br>デンマーク | 20.7<br>7.0<br>7.3<br>4.7 |
| 乳児死亡率<br>（100人につき） | | 日本<br>イギリス<br>ドイツ<br>デンマーク | 13.7<br>6.8<br>9.4<br>8.2 | 日本<br>イギリス<br>ドイツ<br>デンマーク | 11.7<br>5.9<br>6.6<br>6.7 |

※1　厚生省衛生局編『昭和一三年　衛生年報』厚生省衛生局，1940年，56-58頁から筆者が作成した。
※2　1926年の各国のデータは，1926～1930年の平均値である。

率は国際的に比較してもかなり高い割合を示していたのである。1万人に対する割合は1936年時点でドイツ7.3人，イギリス7.0人，オランダ5.0人で，日本の20.7人は飛び抜けて高い数値であった。しかも各国とも1926年に比べ減少傾向にあったが，日本だけが増加していたのである[18]。しかも，男性の年齢層別の結核死亡率では突出して20～25歳の青年層が高く，人口1万人につきおよそ43人の死亡率にあった[19]。

　国際的な軍事力競争の渦中で，兵隊となる若者が蝕まれ，しかもその割合は各国の情勢に反し，日本は減少するどころかむしろ増加していたわけであるから，人的資源の観点から軍部がとくに問題視したのは当然のことである。

　また，1940年に成立した国民体力法ではとりわけ結核を問題視し，結核の疑いのある子供をピックアップして自然の山林に移動させて治療に当たらせたりした。1940年の兵役関係法改正では国民体力法の体力手帳も徴兵検査で携行することを定め，参考とすることになった。

　このように，徴兵検査成績で丙種・丁種を排出する重大な要因となっていた結核は，国民一般生活でも大きな衛生問題となっており，欧米列強に比べ日本はその対策が遅れ，戦争の激化にともない陸軍はその対応に追われていった[20]。

　呼吸器疾患の背後に横たわる結核の蔓延は，日本では非常に高い割合にあったことが看取でき，しかも終息に向かうどころか拡大していたことは，当時の衛生対策の遅れと衛生問題の根深さを示すものである。この状況に対し，後に

厚生大臣となる陸軍の小泉親彦は，前述の通り徴兵検査成績のマッピングや職業別分析などを通して，工場など衛生環境の悪さが壮丁の健康を蝕み，体力低下の主因として結核があったことを問題視していた。戦時にもかかわらず人的資源への対策は遅れ，陸軍はその改善を求め，厚生省の設立に向けて動き出すことになる。

## 4　人口政策と保健国策

前節では，工場など衛生環境の悪さが壮丁の健康を蝕んでいたことを，徴兵検査や各種社会統計が示していたことを述べた。結核死亡率の増加や青壮年人口の体力低下に伴い，その対策として陸軍による衛生省設置の提唱を発端に厚生省の設置が進められ，さまざまな対応策が進められていった。ここでは，その結核が蔓延していた現場である労働環境の実態を取り上げ，戦時政策を象徴する人口政策と保健国策について検討する。

戦争遂行の絶対条件となる兵員の確保にとって，人口問題は大きな国家的課題とされた。そのなかで，人的資源を直接的に管理・管轄する行政機関として厚生省が設置される。厚生省設置のきっかけには，再び結核死亡率の増加による青壮年人口の体力低下に伴う対策として，寺内寿一（陸相）が衛生省設置を提唱したことに端を発するとされる[21]。戦争遂行が国家的課題となっていたさなか，重要な人的資源の貯水池であるはずの農村では貧困と疲弊の状態にあり，徴兵検査成績が低下していた。そのなかで，戦争遂行のための健兵・健民政策がとられ，体力行政を柱とした厚生省が内務省から分離独立し，体力行政，保健衛生行政，臨時軍事援護部（傷病兵の更生）が設置された。

厚生省設置に当たっては，内務省側は衛生行政だけでなく社会政策を重視した社会保健省構想を打ち出し，一方で陸軍は衛生行政と体力強化を中心とした保健社会省構想を打ち出し，内務省側と陸軍側との主導権争いが起こっていたが，両者の折衷案として1938年に厚生省が誕生したとされる[22]。藤野豊は，「厚生省の設置は，国民に健康を義務付け，受精以前から出生以後まで，その健康の質を国家が管理するという体制の確立の始まりであった[23]」と述べている。

1938年は国家総動員法によって国全体が戦争を中心とした体制となり，厚生省はその人的資源分野を所管し，管理を目的とする行政として設置されたとい

えよう。そのことが各種社会政策の制度にも多大な影響を与えていくことになる。丙種の人たちの成績を「どう引き上げるか」が課題になり，その時に注目されたのが社会政策や保健国策の活用であった。一方で，丁種とされた障害者には「どう減らすか」という発想で考えられていくことになり，その手段として注目されたのが断種であった。

　人口問題をめぐる論議では，日中戦争までは人口抑制論が主たる論調で，「いかに減らすか」という主張がさまざまな論文で展開されていた。具体的には1918年の米騒動など社会不安やその温床となっている貧困の原因は人口増加にあり，貧困の解消策として人口増加の抑制や移民が論調になっていた。それが日中戦争勃発頃から180度転換し，「いかに増やすか」が主張されていった。それを反映するかのように，人口政策ではやはり日中戦争勃発頃から大きく転換し，人口増加を目指すことになる。

　このような政策が表立って登場したのが「人口政策確立要綱」といえる。「人口政策確立要綱」は「高度国防」の建設に向け，人口の増加を目標に閣議決定され，以降これを中心に健兵・健民政策が進められていく。ここで政策課題として示されたのが乳児死亡率の問題，結核死亡率の問題，結婚の問題などであった。

　そして，「人口政策確立要綱」には身体検査で国民を３つに分類し，対策を行う意図があったとされる。具体的には「健康者」，「病人，健康者とも病人とも云へない筋骨薄弱の者」，「立派な国家の御役に立ち得るには未だ不十分と云ふ方」に分類し，「健康者」へは心身を練成する方途を講じ，病者へは必要な治療を，中間の者へは日常生活への指導を行って「健康者」にする。また，できるだけ国民を「健康者」の域へと押し進めていくため，治療によって「健康者」にするため国民医療法を制定し，その医療の普及をはかるために日本医療団を設立し，結核対策として療養所の建設を行う。また，体力の向上のため妊婦産婦の指導，乳幼児の指導を中心に行うための機関として保健所を設置したとある[24]。

　このような分類に基づく対策を改めて整理すると，次のようになると考える。すなわち「健康者」には健康が維持できるよう sick poor 対策および年金保険を強化し，「病人，健康者とも病人とも云へない筋骨薄弱の者」の人たち

に対してはsick poor対策と国民体力法で国家による健康管理を行ってできるだけ徴兵検査成績を向上させる。そして、「立派な国家の御役に立ち得るには未だ不十分」という人は国民優生法によって断種の対象へと位置づけられていったことである。

■ **保健国策の土壌**

では、国民をできるだけ「健康者」へと推し進めていくために行われた保健国策ではどのような対応が行われたか。その代表的な法律が（旧）国民健康保険法（以下、国保と略す）である。

医療保険自体は、周知の通りドイツのビスマルクが疾病保険法をつくったのが最初だといわれており、広がる労働争議や社会民主党を鎮圧する政治的なカードとしてや、行き詰まる共済金庫への国家介入として出てきたものとされている。日本では後藤新平が提唱し、それが実現したのは1922年の健康保険法であるが、この年は全国水平社や日本農民組合などが結成され、内務省に社会局が創設された年に当たる。つまり、この時期は1918年の米騒動を経て社会運動が勃興した時になるが、このときの健康保険法もやはり政治的なカードとして出てきたといわれている。

国保の成立を考える場合は、こうした社会運動の動きに加え、Labour Turnoverが大きなキーワードになってくると思われる。Labour Turnoverは職工など工場で働く労働者の「出入り」の問題である。日本では第一次世界大戦期頃から深刻な社会問題としてさまざまな社会統計を通して顕在化した。その背景には厳しい労働条件があり、疲弊し、使い古された労働者が結核などの深刻な病を抱え、辞めていき、また新しい労働者が入ってきては使い古されていくという問題があり、それが先覚的な研究者の社会調査によって明らかにされていったのである。

大衆の医療ニーズは非常に高かった。国民皆保険体制でなかった戦前、医療の多くは自由診療で行われていたため、地理的に儲かる場所に病院が偏在したり、非常に高価で、限られた階層の者にしか診療が行われていなかったりしていた。大多数の国民にとって医療は遠い存在であったが、疾病が貧困の入口になっていたため、生活を維持する上で切実な要求でもあった。しかし、これに立ちはだかっていたのが日本医師会、という構図があった。

とりわけ健康状態が深刻にあったのが，工場や炭鉱で働く労働者であった。たとえば紡績工場では結核が蔓延し，女工が次々と使い捨てられ，新しい女工が雇い入れられていく。使い捨てられた女工は帰郷させられ，場合によっては死亡するというサイクルがあった。農商務省『職工事情』(1903年) などに代表されるように当時労働三法を欠いていたなか，労働条件が非常に悪かったことは周知のとおりである。とりわけ肺結核など呼吸器系の疾病を患って働くことができなくなり，辞めさせられる。すると工場は新しい人を雇うことを繰り返すことになる。石原修は，そのサイクルのなかで使い捨てられた人たちの後の人生はどうなったかに着目し，調査を行い，その結果多くの割合で亡くなっていたということを明らかにしている[25]。このような産業社会が疾病をまき散らす実態は，他にも渡辺煕「紡績工業ニ於ケル寄宿舎女工ノ衛生経済」(1906年) や加野太郎「小山工場より観たる紡績工場の衛生状態」(1930年) などの業績によっても可視化されていったのである[26]。

　また，大阪市「職工保険に関する調査報告書」(1919年) は，労働者の実態について調べた報告書で，第一次世界大戦が終わった後，貧富の差が非常に広がった時代の調査であり，サンプル数も多く信頼性が高いものといえる。それによると，1年で疾病にかかった割合が女工で41％を超えていた。どのような疾病にかかっていたかを見ると，やはり呼吸器系の疾患が多くを占めていたのである[27]。

　つまり，一連の社会調査では工場労働など労働条件の悪さによって疾病や結核がまき散らされている実態が示されていたが，健康保険法では保険料を労使折半としたため，その責任を労働者に課す仕組みになってしまった。そのため健康保険ストライキが決行された事情があった。

　昭和恐慌の時代に入ると，農村が厳しい貧困に直面する。昭和恐慌で最も被害を受けたところが東北地方の農村である。そこでは sick poor が大きな影を落としていた。疾病にかかると仕事ができない，仕事ができないとお金を得られない，貧困に陥ると医者にかかれない，医者にかかれないとまた疾病が悪化するという疾病と貧困の悪循環が農村を直撃する。当時は市町村の3分の1が無医村，3分の1が医師1人という状況で，地方にいけばいくほど死亡率も高かったという状況にあった。そのなかで「医療の社会化」を目指す運動が広が

り，全国に無料診療所設置運動が広がり，無料から低額で医療を受けられる病院の設置が進められていた。「医療の社会化」運動は国保の成立を下支えし，裾野を広げる原動力になっていった[28]。

■ **国民健康保険の登場**

国民健康保険は，「医療の社会化」を土台にしながら，軍事政策の思惑とかかわってファシズム下に実現した歴史がある。

川上武によれば，「医療の社会化」は，開業医制の黄金時代を経てその矛盾が顕わとなり，批判されていく段階に登場してきたものであったという[29]。もはや大衆運動を弾圧だけでは抑えきれず，政府が社会政策課題として医療に向き合わざるを得なくなった結果，準備された健康保険法もまた不十分さが際立っていた。そのなかで，今度は大衆の中から自主的に医療機関を用意し，医療を供給しようとする運動が広がっていった。運動が広がった背景には次の2つがある。

一つは，医療機関の偏在への対応である。農村部では都市部に比べて医療機関が不足しており，階層を超えた要求があった。当時は開業医制による自由診療にあったため，営利性の低い地域では診療所がつくられにくかった。そこで広がったのが産業組合を土台にして医療利用組合を結成し，医療機関を準備するという運動であった。医療利用組合の結成は，中間階層以下の国民がかかえる医療費の問題に対応するための運動とされている[30]。開業医制を厳しく問うというよりは，農村地帯などで自助的相互的な医療機関をつくることが目的であった。

もう一つは，医療費負担の軽減である。当時の医療費負担は大衆にとって高すぎた[31]。大衆が医療を受けようとした場合，健康保険法や災害扶助などによる医療に加え，済生会などによる貧困者への施療や救療があったが，いずれも部分的な対応でしかなく，提供される医療内容も不十分であった[32]。大多数の国民にとって医療は遠い存在であったが，疾病が貧困の入口になっているため，生活を維持する上で切実な要求でもあった。その要求に応えるように実費診療所が登場し，できるだけ低額で医療が受けられる医療機関の設立が広がった[33]。そして，実費診療所を系譜に登場してきたのが無産者診療所であった。

いずれの問題にも根本に自由開業制が横たわっており，「医療の社会化」は

そこに修正を迫るものであった。当然ながら日本医師会と利害関係がぶつかることになり、激しい抗争が繰り広げられていた。

「医療の社会化」をめぐり医師会による激しい反発という構図を前に、内務省は1933年頃から国保を構想し始めるが、それを一気に解決に導いていったのが皮肉にも日中戦争の勃発であった。

前述の通り、日中戦争が勃発することによって徴兵検査成績の「悪化」が大きな軍事政策の課題として注目されていった。このとき人的資源の貯水池でもある農村が危機的な状態であると捉え、とりわけ成績の良い壮丁を排出していた東北地方の農村の健康状態の悪化などに関心があり、その対策として国保が求められた。それまで再三にわたって「医療の社会化」に抵抗してきた日本医師会が、日本医療団によって国家の傘下に組み込まれて国保が実現した。戦時になると、戦争の維持・遂行のための人的資源の確保が軍事政策の課題となり、国家による国民の健康状態に関心が強まり、ファシズム体制下で医療の国家統制が一気に進められたのである。

このような戦争の論理が医師会の抵抗を抑えつけ、国保を成立させ、同時に職員健康保険法、船員保険法、医療保護法など保健国策が一気に進められていった。さらに1942年には国民皆保険政策が打ち出され、以後3年間で、全市町村に国民健康保険組合の設立を目指したことで大きく広がった。その様子は、図2-9に示す医療保険の被保険者数の顕著な増加から明瞭に読み取ることができる。

図2-9によると、1944年は上空から爆弾が降ってくる時期に入るが、そこでも加入者が増えていたことがわかる。1944年の内地戸籍簿登録者数は8092万人であったデータを踏まえると[34]、約半数が国保に加入していたことになり、国民皆保険体制に大きく前進していったのである[35]。

しかし、ファシズム下が保健国策を進めたことで生じた重大な矛盾の一つが、弾圧である。「医療の社会化」運動の一角を担っていた無産者病院設置運動が治安維持法の矢面に立たされ、逆に医療利用組合は保健国策に利用されていく道を辿っていった[36]。

階級的な矛盾に向き合う医師たちが主体的に参加していた無産者病院設置運動では、政治運動との結びつきを強化していった。そのため絶えず国家から治

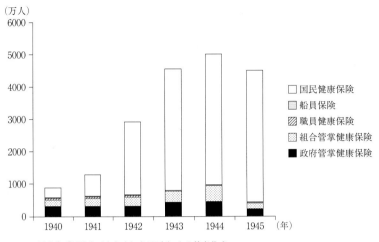

※1　厚生省『厚生省五十年史』（1988年）から筆者作成。
図2-9　医療保険被保険者数の推移

安維持法の矛先が向けられ，激しい弾圧の矢面に立たされることになった。

　軍事政策にとって「医療の社会化」は，当時の保健国策を進める土台であり手段であった。しかし，本来「医療の社会化」概念に備わっていた大衆的な運動という性格は不必要どころか，厄介な存在であった。それがラディカルに打ち出された無産者病院設置運動には，他の運動に対する見せしめのように徹底的な弾圧が行われていたのである。

## 5　虚弱児問題と国民体力法

　日中戦争勃発後は人口増加を目指す政策の下，健兵・健民政策によって政府による国民の体力管理体制の確立や，国民の体力づくりを目指した厚生運動（健民運動）が実施されていった。国民体力法は1940年に健康な兵士の確保を目的につくられたもので，徴兵検査成績の「悪化」を受けて成績の向上を目指すための具体的な手段とされたものである。兵士として「使えるか」「使えないか」といった境界に入る壮丁をできるだけ健康にすることで，兵士として使えるよう成績を引き上げることを目的にしていた。

　ここでは国民体力法を取り上げ，1940年に国民体力法がつくられた意図に何

第2章　戦時政策における障害　　61

があったのかを捉えるため，厚生省の設置段階からの整理を行い，具体的な国民体力法の対象と目的を明らかにすることで，国民体力法において障害はどう扱われたのかを探りたい。

体力行政では国民体力の調査を実施し，身体部位の計測，運動機能，精神機能，疾病異常の検診を行っていた。これをもとに「国民体力管理制度案要綱」が審議会にかけられ，答申の後，帝国議会に国民体力法案が提出された[37]。このとき1938年9月20日に出された「（秘）国民体力管理制度要綱　第七校」を実際に確認すると，やはり徴兵制を強く意識してつくられたものであることがわかる[38]。

国民体力法の審議過程を分析した清水寛の研究によれば，国民体力法のねらいは国民の体力を国家の管理下に置き，国家が把握できるようにすることで，壮丁の徴兵検査以前の前期検査として機能させ，指導および加療を命じることにあった。つまり，体力手帳などによって国民に体力管理を留意させることにあり，同時に結核，花柳病，脚気の3つの疾病対策を行い，体力検査でふるい落とされた虚弱児にはできるだけ甲種合格に近づけるために国民体力向上修練会で短期鍛練を行い，疾病が発見されたら国民体力管理医が加療し，貧困者には国が費用を支出することが発案されたのである[39]。

では，国民体力法ではどのような検査を行ったのか。「国民体力法施行令」（1940年9月25日勅令第620号）によれば，まず，検査対象としたのは徴兵検査を受けるまでとなる男20歳未満である（1942年の改訂で男26歳未満，女20歳未満に変更される）。その検査方法は年2回，学校で国民体力管理医を置いて医務に従事させた。

「国民体力法施行規則」で規定された検査内容を見ると，やはり徴兵検査を強く意識したものになっている[40]。検査内容は結核をはじめ，トラホームや花柳病，寄生虫病，精神病，「精神薄弱」，心臓病，腎臓病，栄養障碍，脚気，痔瘻，歯疾及形態異常が挙げられていた。とりわけ際だっているのが結核への対応である。ツベルクリン反応で検査を行い，必要に応じてX線による検査を行うとあった。また，その疑いのある者についても検査を行い，精密な検査を求めた。将来，丙種や丁種となりそうな病類を早期に発見することで治療へとつなげ，その発症を予防するねらいとともに，伝染病が子どものあいだで拡大

することを防止する意味合いもあったと思われる。

　体力手帳ではこのような病類が将来的に体力を低下させるおそれがあるとして，監視の対象としていた。そのなかには精神病や「精神薄弱」も位置づけられていたことが特徴的であるが，おそらく徴兵検査で課題として映っていたものが反映された結果に思われる。

　この体力検査によってふるい分けられた者は，健民修錬の対象として位置づけられることになる。健民修錬について明記された「国民体力検査ニ関スル件」(1943年)では次のような規定がなされていた。[41]

「国民体力検査ニ関スル件」(1943年6月10日兵備四第四九号)
　　昭和十八年度国民体力法ニ依ル体力検査ニ関シ本年度ヨリ体力検査ノ結果筋骨薄弱者又ハ結核要注意者ト判定セラレタル者ニ対シテハ健民修錬ヲ実施スルコトト相成リ候処之ガ要否ヲ判定スベキ被管理者ノ範囲並ニ判定基準ハ別紙ニ依リ実施ノコトニ取計相成度
　　昭和十八年度健民修錬ノ要否判定ヲ為スベキ被管理者ノ範囲並ニ判定基準
　　第一　健民修錬ノ要否ヲ判定スベキ被管理者ノ範囲
　　　一　筋骨薄弱者
　　　二　結核要注意者
　　第二　健民修錬ノ要否判定基準
　　　イ　筋骨薄弱ト判定スベキ者
　　　　1　身長別体重若ハ胸囲ガ別ニ示ス基準以下ノ者
　　　　2　運動機能(荷重速行)成績四回以下ノ者但シ十七年，十八年及十九年以外ノ被管理者ニ付テハ別ニ定ムルコト
　　　　3　国民体力管理医ニ於テ望診上筋骨ノ発育不良ト認メラルル者但シ左ノ者ヲ除クコト
　　　　(1) 健民修錬ヲ行ハズトモ発育ノ見込アル者
　　　　(2) 身長十七年ニ在リテハ一四六糎未満ノ者，十八年及十九年ニ在リテハ一四九糎未満ノ者
　　　　(3) 結核性疾患，性病，癩，重症「トラコーマ」其ノ他集団生活ニ不適当ナル伝染性疾患アル者
　　　　(4) 精神病及高度ノ精神薄弱ノ者
　　　　(5) 動作ノ障碍著シキ者

第2章　戦時政策における障害　　63

(6) 視力両眼共〇・三ニ満タザル者，聴力障碍著シキ者，及重キ吃，唖ノ者
(7) 重症ナル疾患ノ快復期ニアル者其ノ他修錬生活ニ不適当ナル疾病異常アル者

　この文章を見ると，特徴として次の2点があげられる。一つは，健民修錬はあくまで乙種合格が期待できる「筋骨薄弱」か「結核要注意者」であったことである。健民修錬の対象は「筋骨薄弱者又ハ結核要注意者ト判定セラレタル者」であった。徴兵検査で丙種となる二大要因がここで対象とされていたのである。もう一つは，丁種不合格となる者は注意深く除外していたことである。「精神病」や「高度ノ精神薄弱」，「動作ノ障碍著シキ者」，「視力両眼共〇・三ニ満タザル者」，「聴力障碍著シキ者」など，比較的重度な障害のある者は具体的な項目を挙げながらその対象から除外していたのである。
　前述の通り，兵役法の丙種は「筋骨薄弱」が中心であったことや，第1章の**巻末資料**1で示した「陸軍身体検査における体格等位基準」の内容と健民修錬の対象とを照らし合わせると，明らかに乙種および丙種となる者が健民修錬の対象として位置づけられており，丁種となる者はその対象からは除外されていたことがわかる。
　このように，国民体力法では将来徴兵検査にて乙種および丙種となりそうな「筋骨薄弱」や結核などの伝染病の疑いのある者を中心に取り出し，健民修錬の対象として鍛え直すことで甲種または乙種合格へと引き上げようとしていた。反対に「高度ノ精神薄弱」や「動作ノ障碍著シキ者」など，比較的重度な障害者は国民体力法からも排除されるべき存在として顕在化させられていたのである。
　このように健兵・健民政策の下に，国民体力法によって政府による国民の体力管理体制を確立し，兵隊としてのマンパワーをより多く確保する政策が進められた。そのなかで徴兵検査の合格と不合格の間に目が向けられ，その改善を図ろうとしたが，より重度な障害に対しては改善の可能性がない存在として注意深くふるい分けられていたのである。
　では，このとき改善の可能性のない存在としてふるい分けられた障害者には

何が準備されたのだろうか。次節で述べたい。

## 6 国民体力法と国民優生法

　一連の保健国策や国民体力法によっても徴兵検査で合格が見込めないとされた障害者には何が準備されたのだろうか。

　先に述べたように戦時に重要な社会政策立法がつくられ，そのねらいには戦争の維持遂行のための人的資源の確保があった。そのような観点から断種法，すなわち国民優生法（1940年）の登場を眺めるとある種の必然性を見出すことができる。

　つまり，戦争にとって人的資源たりえる存在にはできるだけその保全・培養のため社会政策を活用するが，はじめから人的資源としてふさわしくないとした人間には，出生そのものの抑制を目指し，国家が直接その出生に介入する仕組みを導入していったプロセスが見えてくる。その境界線を明確に観察できるのが，国民体力法と国民優生法を並べた場合である。以下では国民優生法の成立について，国民体力法にも触れながら述べたい。

　そもそも，優生思想を世界で先駆けて法制化したのはアメリカである。インディアナ州では1907年に精神障害者などに対して強制的な断種を行う法律がすでに施行されている[43]。その後，断種法は欧州にも広がり，日本でも1920年代に優生思想に影響を受けた医学者達がその情報を積極的に輸入し，人口問題や民族衛生の観点から断種法の制定が主張されていった[44]。

　1920年代の人口問題をめぐる論議では，人口が増えすぎているから社会が不安定にあるという認識が横行し，人口をいかに減らすかが焦点になっていた[45]。そこで論議の的の一つになっていたのが，国家にとって「無用な存在」とされた障害者であった。つまり，障害者の存在は「社会的損失」であり「コスト」であり，その出生の抑制手段として断種法の制定が主張されていたのである[46]。

　戦時に突入すると，前線で活躍できる「健康」な兵隊が求められるようになる。障害者は「臣民の義務を果たし得ない」として，断種を求める主張が医学者や軍部を中心に出されるようになり，1934年に断種法である民族優生保護法案が国会に出されるに至った[47]。

　しかし，当時は内務省官僚や法学者などから人道的な観点や断種手術が刑法

に当たるとした根強い批判もあった。そのため法案は上程されるものの廃案を繰り返した。遺伝学は果たして信頼できるのか，道徳的に断種は許されるのか，法律的に断種は刑法にふれるのではないか，障害者は遺伝的素質ではなく，社会によって生み出されるのではないかという理性的な批判もあった。[48]

これに対し断種法を求める立場からは，すでに遺伝学は合法性を確保できている，精神病者の増加は社会の脅威であり，「社会の厄介」を少なくするためには必要である，法的には医師が適当と判断すれば良い，障害の発生に社会環境が影響しているかも知れないがその改善は到底待てない，などと反批判を展開していた。法的な問題が最大の壁となっていたが，精神病者は判断能力がないため代理人さえ承諾を得られれば憲法違反にならないなどと法的妥当性を探っていた。[49]

廃案を繰り返していた断種法が成立するきっかけになったのが，やはり1937年の日中戦争への突入である。前述の通り，軍部は丁種不合格者の増加に大きな危機感を抱いていた。そこで，長期戦を見据えて戦争の維持・遂行には人口の増加とともに，限られた人口のなかでいかに「質」を向上させるかが求められ，国家による国民の健康管理と出生児のふるい分けを企図したのである。

前述の通り，厚生省は「健兵・健民」の名の下に産まれた子どもに対しては国民体力法をつくって国家的な健康管理を行い，できるだけ兵士として使えるように仕立て上げるための施策を実施した。子どもには体力手帳を配布し，国民体力向上修練会で短期鍛錬をさせ，疾病が発見されたら国民体力管理医が加療することで錬成を強化した。一方で，そもそも兵士として役立てないとした障害者には，出生そのものを防止することを目的に国民優生法が1940年につくられたのである。

国民優生法は障害者への断種を合法化し，「劣等」とした素因の出生の排除や抑制をはかるものであった。障害は遺伝によるものであり，それが国民の健康を害するものであり，それを排除していくことはやむを得ないとした。国家にとって障害は「社会的負担」であり，国民の健康を害するものであり，しかもその障害は遺伝するとしたのである。将来戦争に役立つ可能性のある虚弱児に対しては保護を，その可能性がないとした障害児には排除を，という線が明確に引かれたところに同法に対する国家的な姿勢が露骨に示されている。

表2-6　国民優生法の対象者（国民優生法施行規則）

| |
|---|
| 1　遺伝性精神病<br>　精神分裂病　躁鬱病　真性癲癇<br>2　遺伝性精神薄弱<br>　精神薄弱（白痴，痴愚，魯鈍）<br>3　遺伝性病的性格<br>　分裂病質　循環病質　癲癇病質<br>4　遺伝性身体疾患<br>　遺伝性進行性舞踏病　遺伝性脊髄性運動失調症　遺伝性小脳性運動失調症　筋萎縮性側索硬化症　脊髄性進行性筋萎縮症　神経性進行性筋萎縮症　進行性筋性筋栄養障碍症　筋緊張病　筋痙攣性癲癇　遺伝性震顫症　家族性小児四肢麻痺　痙攣性脊髄麻痺　硬直性筋萎縮症　先天性筋緊張消失症　先天性軟骨発育障碍　多発性軟骨性外骨腫　白児　魚鱗癬　多発性軟神経繊維腫　結節性硬化症　色素性乾皮症　先天性表皮水疱症　先天性ポルフイリン尿症　先天性手掌足蹠角化症　遺伝性視神経萎縮　網膜色素変性　黄斑部変性　網膜膠腫　先天性白内障　全色盲　牛眼　黒内障性白痴　先天性眼球震盪　青色鞏膜　先天性聾　遺伝性難聴　血友病<br>5　遺伝性畸形<br>　裂手，裂足　指趾部分的肥大症　顔面披裂　先天性無眼球症　嚢性脊髄披裂　先天性骨欠損症　先天性四肢欠損症　小頭症 |

　なお，国民優生法の対象規定を一覧にしたのが**表2-6**である。具体的に見ると，国民優生法の対象は「遺伝性精神病」「遺伝性精神薄弱」「遺伝性病的性格」「遺伝性身体疾患」「遺伝性畸形」に分類され，各種障害が詳細に規定されていた。丁種不合格者として多くを占めていた精神病や知的障害は軽度と見られる程度も含められ，身体障害では筋萎縮性側索硬化症や家族性小児四肢麻痺，白内障，血友病など，さまざまな障害が網羅的に規定されていた。つまり，今日でいう精神障害や知的障害，身体障害が軽度を含め広範に規定されていたのである。

　また，「遺伝性畸形」として奇形のカテゴリーをわざわざ設け，詳細に障害を規定していたことが特徴的である。奇形にこだわっていた背景は，「裂手，裂足」など指にかかわる規定が先頭に規定されているように，兵士として使えるかどうかの基準を踏まえて決められたことを示すものと思われる。「遺伝性畸形」の病類は第**1**章の**巻末資料**1で示した「陸軍身体検査における体格等位基準」と重なり，たとえば国民優生法で規定した「先天性骨欠損症」は徴兵検査では「四肢骨ノ欠損」として丁種不合格に該当する。

　これらを含め，国民優生法の対象一覧と徴兵検査規則を眺めると，やはりあ

くまで兵士として使えるかどうかという基準で対象が定められていたことを強く感じさせる。これは，出生が許されるかどうかのふるい分けは医学的あるいは遺伝学的な論理ではなく，あくまで国家にとって都合の良い人間を培養するための手段であり，そのための法制度であったことを示しているとも考えられる。

いずれにせよ，兵役法下で生じた徴兵検査成績の「悪化」は，戦争を続けていくための人的資源の量・質の問題に発展し，「人的資源の涵養」の名の下に，徴兵検査の裾野が未成年期（国民体力法）に加え，さらには出産以前（国民優生法）の領域にまで広げられていったといえよう。戦時に社会政策の整備が進むが，それはあくまで人的資源を確保し，戦争の維持・遂行という目的であり，必然的に生み出されたのが国民優生法であったのである。

さらに，戦時下の障害者対策の特徴を見ると，障害の原因によって対応を差別化していたことが挙げられる。後述するように，戦争の結果，つまり軍人として障害を負った者には軍事援護によって大規模で手厚いケアが約束されていた。また，「産業戦士」として産業に貢献した結果，障害者になった人には厚生年金保険法や恩給を通じて保護が行われた。一方で，戦争や産業に貢献できないと見なされた先天性障害者などには国民優生法による「断種」が用意された訳である。このように，障害の原因別ではっきりと人間を分類して対応していったのが戦時政策の特徴なのである。

### おわりに

本章では，徴兵検査成績の実態に焦点を当て，その成績が「悪化」していた状況があったこと，それに関係しながら国家政策が実施され，徴兵検査で合格が望めない先天性の障害者には断種による対応が準備されていた過程を述べた。戦争の維持遂行にとって徴兵検査成績の動向が問われ，当時の軍部はその成績を「悪化」しているとみなし，障害の存在がその因子として注目を集めていったのである。

とりわけ，徴兵検査成績の「悪化」に深刻な様相を示していたのが結核であった。戦時になると，そのことに危機を感じた国家政策では矢継ぎ早に人的資源の確保のための対策がとられていった。その一つが保健国策であり，国保

の成立によって主に農村部のsick poor対策が講じられていったことである。また，徴兵検査成績の「悪化」を受け，成績を引き上げるための手段として国民体力法が制定された。そこで中心的な対象とされたのが筋骨薄弱者や結核要注意者で，これらは兵役法の徴兵検査で主に丙種に該当する者であった。すなわち，乙種および丙種に選別される壮丁を甲種または乙種合格へと引き上げることが国民体力法では重要な目的として意図されていた。その対象はいわば虚弱児であり，障害が重度な者はその対象から注意深く除外されていた。その除外される障害が重度な者に対しては国民優生法が準備され，断種の対象へと位置づけられていったのである。つまり，徴兵検査成績の「悪化」の要因とされた障害は，国家政策の課題として俎上にあげられ，ついには生まれる生命に直接的に国家が介入する仕組みへと展開していったプロセスがあった。

このように，戦時では国民に対して兵士として「使える存在」と「使えない存在」との注意深い選別が国家政策によって大々的に行われていた。戦争によって多くの兵員を必要とすると，「使える存在」の枠組みを広げ，虚弱児など軽度の者はその中に包摂され，健民修練を通してその実現が試みられていった一方で，その見込みのないとされた丁種に該当する障害の重度な者は淘汰の対象として排除を行っていったといえよう。とくに戦時では保健国策が実施され，国保の実施や国民皆保険政策など，さまざまな社会政策が進められていった。そのことは，国民に「使える存在」とされるか，「使えない存在」とされるかを強く意識させるようになり，新たな差別が生み出されるきっかけになったものと思われる。

つまり，戦争が社会政策を展開させたというよりは，社会政策を通して国民間を新たに分断したのではなかっただろうか。そのなかでは障害はどう扱われたのだろうか。次章で述べたい。

1) 高岡裕之『総力戦体制と「福祉国家」――戦時期日本の「社会改革」構想（シリーズ　戦争の経験を問う）』岩波書店，2011年，30-44頁。なお，徴兵検査成績の「悪化」にカギ括弧を付けているのは，このような政策的な操作によることが指摘されているためである。
2) 医事課課内案「極秘　軍備改善ニ依ル壮丁増徴ノ対策」1936年。
3) 高岡・前掲注1) 50頁。
4) 当時，筋骨薄弱についての叙述は多数見られるが，たとえば飯島茂（『日本選兵史』開発社，1943年）は次のように定義している。「筋骨薄弱とは全身贏痩頭顱細く，皮膚柔膩蒼白若

くは汚黄，筋肉柔軟，顔貌生気に乏しく，胸廓扁狭，爪節膨大，呼吸浅表にして軽易の運動刺戟に依りて脈拍増加発汗し易く，身体縦横径の発育平衡を失し，胸囲は身長の半ばに達せず，体重は同年齢同身長なる壮丁の平均値以下にあり，体系は細弱，体質は淋巴性無力性体質なるものとす」。具体的には，「体重の四百匁-五百匁（一・五-一・九瓩）足らざる者を以て筋骨薄弱者と見做した。但し此の場合壮丁の職業・生活・季節・栄養及全身各器官の健康状態等に顧慮し，多少斟酌を加ふるを例とした」。また，行政上では1943年６月10日の「国民体力検査ニ関スル件」（兵備四第49号）で筋骨薄弱の具体的な定義が示されている。これは国民体力法下の体力検査によって筋骨薄弱として判定した者に対して健民修錬を実施することを定めたものである。ここでは次の基準が規定されていた。

　　イ　筋骨薄弱ト判定スベキ者
　　　1　身長別体重若ハ胸囲ガ別ニ示ス基準以下ノ者
　　　2　運動機能（荷重速行）成績四回以下ノ者但シ十七年，十八年及十九年以外ノ被管理者ニ付テハ別ニ定ムルコト
　　　3　国民体力管理医ニ於テ望診上筋骨ノ発育不良ト認メラルル者但シ左ノ者ヲ除クコト
　　　　(1)健民修錬ヲ行ハズトモ発育ノ見込アル者
　　　　(2)身長十七年ニ在リテハ一四六糎未満ノ者，十八年及十九年ニ在リテハ一四九糎未満ノ者
　　　　(3)結核性疾患，性病，癩，重症「トラコーマ」其ノ他集団生活ニ不適当ナル伝染性疾患アル者
　　　　(4)精神病及高度ノ精神薄弱ノ者
　　　　(5)動作ノ障碍著シキ者
　　　　(6)視力両眼共〇・三ニ満タザル者，聴力障碍著シキ者，及重キ吃，唖ノ者
　　　　(7)重症ナル疾患ノ快復期ニアル者其ノ他修錬生活ニ不適当ナル疾病異常アル者

5 ) 　中野善達・加藤康昭編『わが国特殊教育の成立』東峰書房，1967年，205-208頁。
6 ) 　古見嘉一「失明防止に就て」『公衆衛生』第45巻第10号，1927年（発行月不明）。
7 ) 　厚生省衛生局編『昭和一三年　衛生年報』厚生省衛生局，1940年，106-107頁。
8 ) 　内務省衛生局「最近の精神病に関する調査」『民族衛生』第１巻第１号，日本民族衛生学会，1931年，84-87頁。
9 ) 　厚生省衛生局編・前掲注７）。
10) 　詳しくは，西川薫『日本精神障礙者政策史──戦前期を中心として』考古堂書店，2010年を参照されたい。
11) 　「陸軍身体検査規則」（陸軍省令第９号），1928年。
12) 　詳しくは，陸上自衛隊衛生学校編『大東亜戦争陸軍衛生史１　陸軍衛生概史』陸上自衛隊衛生学校，1971年を参照されたい。ここから清水寛らによって明らかにされた精神障害兵士の問題につながっていくことになる。清水寛編著『日本帝国陸軍と精神障害兵士』不二出版，2006年。
13) 　小泉親彦「青年団長に望む」大日本聯合青年団，1937年。
14) 　湯淺謹而『都市の医学』山雅房，1943年，40頁。
15) 　たとえば次のようなエピソードがある。岩手県九戸群山形村の出生率は，全国の府県で最も高い岩手県の標準よりも高かったが，ここには産婆がいなかった。背景には一人や二人の

有資格産婆では広大な地域で間に合わず，個々の村には無資格で老練な産婆がいたという。有資格者がそれを告発したところ，困った産婦から苦情が出て，有資格者は逃げ出したとのことである。布施辰治「医療設備の普及を阻むものは何か——産婆のない山村の一例」『医療と社会』第三輯，医療と社会，1936年10月，32-35頁。
16) 陸上自衛隊衛生学校編・前掲注12) 46-50頁。
17) 厚生省衛生局編・前掲注7) 111-117頁。
18) 厚生省衛生局編・前掲注7) 56-58頁および111-117頁。
19) 三木良英（陸軍省医務局長）「昭和十四年六月　徴兵検査に現はれたる壮丁の体格に就て」。
20) 戦時下は結核だけでなくコレラ，赤痢，腸チフス，ジフテリア，痘そう，発しんチフスが猛威をふるい，患者数は戦時下に大きく増加し，第二次世界大戦期にその数は昭和期最大を示していた。その背後には深刻な食糧難や飢餓があり，そのなかで高い死亡率を示していたのがハンセン病療養所や精神科病院といった場であった。川上武編『戦後日本病人史』農山漁村文化協会，2002年。
21) 藤野豊『厚生省の誕生——医療はファシズムをいかに推進したか』かもがわ出版，2003年，49-57頁。
22) 藤野・前掲注21) 55頁。
23) 藤野・前掲注21) 89頁。
24) 著者不明「人口問題座談会——熊本県の人口問題を中心として」『人口問題』第5巻第2号，人口問題研究会，1942年12月，241-272頁。
25) 貧困の担い手が死亡してしまうと，その問題が「問題」として誰からも相手にされないままひっそりと消滅してしまう（これは「消される貧困」と呼ばれている）。石原修はそれを可視化したという意味でも画期的であった。石原修「衛生学上ヨリ見タル女工ノ現況」籠山京編『生活古典叢書　第5巻　女工と結核』光生館，1981年，77-198頁。
26) この時代の衛生問題と社会調査については，三浦豊彦『労働と健康の歴史　第三巻——倉敷労働科学研究所の創立から昭和へ（労働科学叢書56）』労働科学研究所，1980年を参照されたい。また，石原修らの業績については隅谷三喜男編『生活古典叢書　第3巻　職工および鉱夫調査』光生館，1970年，および籠山編・前掲注25) などを参照されたい。
27) 呼吸器系の疾患の他には脚気もあったが，脚気はかなり治療に時間がかかるにもかかわらず，女工についての記載箇所を見るとわずか3日間で復帰している。これについて調査報告書では，仕事を休む口実として脚気が用いられていたと考察しており，うまく時代を生きようとする女工の「人間臭さ」も垣間見られる調査でもある。
28) 医療の社会化運動に関しては，全日本民連『無差別・平等の医療をめざして　上巻』全日本民医連，2012年に詳しい。
29) 加えて，医療の社会化の時期は前期と後期に分けられるという。前期は開業医制への批判が強まり，それが社会問題へと上り詰め，健康保険法が施行される1927年までであり，後期は無産者診療所の登場から弾圧に至る1941年頃までとされている。医学史研究会・川上武編『医療社会化の道標　25人の証言』勁草書房，1969年，7頁。
30) 協同組合研究会編『国民健康保険組合と医療利用組合』昭和図書，1938年。
31) 当時の診療料金は一般の労働者が支払える水準ではなかった。たとえば，馬島側が経営していた「労働者診療所」を紹介した記事では，労働者が1ヶ月に支払える金額は月30銭くらいだが，だいたい1日分の薬価が60銭で，診療費等を足すと1日1円はかかると紹介されていた。往診になると，10円でもめずらしくなかったという。そのため，高額な診療費故に未

納や焦げ付きが相次ぎ，山岳部では都市部に比べて未納率が非常に高かったという。
32) 健康保険法や労働者災害扶助法などによって医療が受けられたとしても，被保険者には場合によっては差別待遇が待ち受けており，必ずしも十分な医療が受けられたわけではなかった。たとえば，保険医にとっては報酬単位が低いことや，保険請求が通らない場合が多く，しかもその査定内規は公表しない方針にあったこと，保険医療の診療方針から逸脱した治療は容赦なく査定で削られるために治療が消極的になること，保険医資格の剥奪の全権を日本医師会が握っていたことが挙げられている。そのため，労働者が本格的に治療を受けようとすると，保険による診療は傷病手当金のための診療と割り切り，治療のための診療を別に受ける羽目になり，合計2人の医師にかからなければならない状況があった。
33) 鈴木梅四郎は当時の診療費では破格となる低額で医療を提供する診療所を設立した。患者から徴集する薬価や治療費が医師会の協定にかかる報酬規約よりも遙かに低いことや，診療費や医者でない者による診療所の経営は，医師会から大きな反感を買うことになった。鈴木梅四郎『医療の社会化運動』実生活社出版部，1929年。
34) 『昭和十一～十五年　人口問題関係資料綴　陸軍省医務局医事課長』と題する資料綴りのなかに，陸軍「本籍人口（内地人）」という資料があった。それによれば，各年末現在の戸籍簿に登録されている者は次のように記載されていた。

|  | 人　口 | 徴兵適齢者<br>（出生率と20歳生存率から推計） |
|---|---|---|
| 1936年 | 7,290万人 |  |
| 1937年 | 7,390万人 |  |
| 1938年 | 7,491万人 | 71万人 |
| 1939年 | 7,591万人 | 70万1,000人 |
| 1940年 | 7,691万人 | 79万5,000人 |
| 1941年 | 7,791万人 | 77万8,000人 |
| 1942年 | 7,891万人 | 77万人 |
| 1943年 | 7,992万人 | 80万2,000人 |
| 1944年 | 8,092万人 | 80万1,000人 |
| 1945年 | 8,192万人 | 81万5,000人 |

35) 確かに，数値の上では保険加入が戦時にかなり進んで国民皆保険の礎がつくられたように見えるが，果たしてこれがどの程度，国民生活に寄与したのかは不明で，その辺りをより具体的に分析していく必要があることを指摘しておきたい。
36) これに対し，佐口卓は次のように述べている。「医療費負担の軽減という意味での医療需要への社会化をこころみたにすぎない。率直にいえば，医療の社会化運動として医療利用組合運動は，国保の成立によって実質的な終りをとげたといったら過言であろうか」。佐口卓『日本社会保険制度史』勁草書房，1977年，255頁。
37) 清水寛・篠崎恵昭「アジア・太平洋戦争下の優生政策と障害者問題(1)――第75回帝国議会衆議院優生法案委員会の『国民体力管理法案』審議の検討」『埼玉大学教育学部紀要　教育科学』第46巻第2号，埼玉大学教育学部，1997年9月，35頁。
38) 国民体力の調査内容は，身体計測（身長，体重，視力等），運動機能測定（筋力，握力等），精神機能検査（個別的検査，団体的検査），疾病及異常検診（結核，トラホーム，花柳病，精神病，体質，畸形，不具等）とされており，これらはいずれも徴兵制の内容と重なる

ものである。
39) 清水・篠崎・前掲注37)。
40) 「国民体力法施行規則」(1940年9月26日厚生省令第36号，1942年4月30日厚生省令第28号改正)の内容は以下の通りである。

 第二章　体力検査
  第三十条　疾病異常検診ハ主トシテ結核性疾患,「トラホーム」,花柳病,寄生虫病,精神病,精神薄弱,心臓病,腎臓病,栄養障碍,脚気,痔瘻,歯疾及形態異常等ニ付之ヲ行フベシ
  第三十一条　結核性疾患ノ検診ニ付テハ「ツベルクリン」皮内反応検査ヲ行フベシ但シ反応陽性ナルコト明カナル者又ハ国民体力管理医ニ於テ不適当ト認ムル者ニ付テハ之ヲ省略スルコトヲ得
  「ツベルクリン」皮内反応陽性若ハ疑陽性ナル者又ハ国民体力管理医ニ於テ必要ト認ムル者ニ付テハ「エックス」線間接撮影又ハ「エックス」線透視ヲ行フベシ但シ体力検査施行者地方長官（第九条ノ体力検査施行者ニ在リテハ厚生大臣）ノ承認ヲ受ケタル場合又ハ已ムコトヲ得ザル事由ニ因リ之ヲ行フコト困難トナリタル場合ハ此ノ限ニ在ラズ
  第三十三条　結核性疾患,花柳病其ノ他特ニ指導ヲ必要トスル疾病ニ罹リ又ハ罹レル疑アル者ニ付テハ別ニ「エックス」線直接撮影,赤血球,沈降速度測定,喀痰検査,血液検査其ノ他ノ方法ニ依リ成ル可ク精密ニ之ヲ検査スベシ
 第三章　体力手帳
  第四十二条　体力手帳ハ被管理者初メテ体力検査ヲ受ケタルトキ体力検査施行者ニ於テ之ヲ交付ス
  第四十二条ノ三　法第八条第三項……ノ疾病ハ左ニ掲グルモノニシテ将来体力ニ著シキ影響アリト認メラルル疾病トス
   一　結核性疾患
   二　慢性気管支炎
   三　花柳病
   四　精神病,精神薄弱
   五　心臓病
   六　腎臓病
   七　脚気
   八　痔瘻
   九　慢性胃腸疾患
   十　「トラホーム」
   十一　其ノ他顕著ナル内臓又ハ神経系統ノ機能障碍アル疾病
 第四章　指導其ノ他ノ措置

41) なお，内部資料「昭和十五年度　国民体力鍛練會案」（発行年不明，鉛筆書きで「鍛」を「修」との修正がなされている）では医師を中心にした生活指導を行う健民修練の前身とも考えられる鍛（修）練會が発案されていた。その対象は「㈠各種ノ形態的,機能的測定及医学的調査ニ依リ体力ノ現状ヲ調査シ其ノ向上ノ障礙タルベキ欠陥アラバ其ノ発見ニ努メ由来ヲ明カニシ以テ本人ノ自覚ト■奮ヲ促スコト」（■は読み取り不可）とあり，結核や精神病

など，特殊な疾病異常を除く「陸軍諸学校採用身長別最下限体重胸囲表ニ合格セザルモノ」で，丙種・丁種となる以外の者とあった。

42) なおここでは，それまであいまいな位置づけにあった「筋骨薄弱」の判定基準について具体的に言及されており，体格とともに「荷重速行」というものによって決められていた。「荷重速行」とは，被験者に25kgの俵を担がせ，一定の距離を運ばせることで運動機能を検査したものである。

43) 断種法は，1907年にアメリカのインディアナ州による強制断種法がはじまりだといわれている。氏原佐蔵「人口問題と産児制限及優生論」『公衆衛生』第45巻11号，大日本私立衛生会，1927年11月，645-660頁。

44) 端的にその主張をまとめた論文に安部磯雄「人口問題の量的方面と質的方面」『人口問題』第2巻第4号，人口問題研究会，1938年4月，48-76頁がある。

45) 遺伝的に優れているとする所得階層の高い人たちは，子供をなかなか産まず，低所得階層ほど多産にあり，これは民族問題ではないかといった人口問題に関連した主張が展開されていったのである。たとえば，徴兵検査に合格する壮丁は結婚しないまま兵役に服し，反対に不合格となった者が「優秀ならざる種性を自由に蒔き散らすべき機会を恵まれる」。しかも健全な者が戦線に立って戦い，体質の劣った者が後送されるため，真に素質のすぐれた者が絶滅してしまう。これは民族衛生の立場から考えて国家の将来にとって恐るべき惨禍であるといった主張がなされていた。永井潜「民族衛生の使命（二）」『民族衛生』第1巻第3号，日本民族衛生学会，1931年8月，67頁。また，文化が爛熟すると優秀な遺伝的素質を持つ階級が子どもを欲しくなくなる一方で，劣悪な者への保護がいきすぎると劣悪な者がはびこり，逆淘汰が起こってしまい，民族の衰退を招くといった主張がなされていた。永井潜「断種法に対する反対の反対」『民族衛生』第3巻第2号，日本民族衛生学会，1933年12月，40-41頁。

46) たとえば，永井「断種法に対する反対の反対」・前掲注45）や，氏原・前掲注43）など。青木延春「断種制度の遺伝学的基礎」『第二回人口問題全国協議会報告書』人口問題研究会，1939年，980-990頁では，精神病者の増加の原因をイギリスのように環境の悪化に求め，その結果断種法が成立しなかったが，あくまで「遺伝質の低下が根本的の原因であつて環境は殆んど関与して居ない……随つて遺伝が精神病増加の主なる原因をなして居る」と主張している。精神病者の増加はあくまで遺伝が原因であり，断種法を正当化する論理が繰り広げられている。なお，このような主張を含め，この時代の人口問題について全体像がわかる参考文献に，上田貞次郎編『日本人口問題研究 第三輯』協調会，1937年がある。

47) 篠崎恵昭，清水寛は，「健兵・健民」政策の思想が，負の存在として障害者を顕在化させている様を，国民優生法案の審議録から明らかにしている。以下で取り扱う同法成立の過程については，主にこの論文の成果を参考に述べている。篠崎恵昭・清水寛「アジア・太平洋戦争下の優生政策と障害者問題(2)――第75回帝国議会衆議院優生法案委員会における『国民優生法案』審議の検討」『埼玉大学紀要教育学部 教育科学』第47巻第1号，埼玉大学教育学部，1998年3月。

48) たとえば，吉益脩夫「優生学的断種の精神病学的適応」『民族衛生』第3巻第2号，日本民族衛生学会，1933年12月，29-38頁を参照されたい。

49) たとえば，椎名道雄「現行刑法の下における断種に就て」『公衆衛生』第52巻第11号，日本衛生会・大日本私立衛生会，1934年11月，29-33頁を参照されたい。

第3章

# 社会政策における障害

## はじめに

　本章は，戦時に登場した社会政策立法を取り上げ，そこで障害がどのように扱われていたのか，その特徴とは何であるかを考察したい。

　軍事政策では障害がどのようにピックアップされてきたのか，とりわけ徴兵制では障害が丁種不合格の要因として取り上げられ，戦時体制ではその要因の除去をめぐってさまざまな国家政策が進められた状況を述べた。徴兵検査成績の「悪化」の要因として障害がクローズアップされ，その対処として医療保険や国民体力法，国民優生法といった保健国策へと展開していった。つまり，徴兵検査成績の「悪化」の要因としての障害の問題は，軍事政策の枠を超えて国家政策全体に影響を及ぼし，社会政策にも強く改変を迫っていった過程が見られる。

　そこで本章では具体的な社会政策立法を取り上げ，上記の過程を踏まえながら障害への対応について述べたい。具体的には年金保険制度の成立期に焦点を当て，労働者年金保険法，厚生年金保険法で登場してきた廃疾年金および障害年金を取り上げ，その中身やねらいについて考察を行うものである[1]。先行研究では，年金保険制度の成立期を取り上げた廃疾年金の対象規定の分析はおろか，廃疾年金そのものに焦点を当てた研究すら管見の限り見当たらない。そこで，まずは年金保険制度の先行研究を用いながら廃疾年金の概要を述べたうえで，廃疾年金における「廃疾」とはいかなるものを対象としていたか，その歴史的社会的状況から考察をしていくことにしたい。

## 1　医療保険と障害

　廃疾年金の成立には健康保険法が深くかかわっている。前章で述べたように，近代における日本では Labour Turnover が大きな社会問題となり，使い古された労働者が疾病に苦しみ，なかには死亡する者も多数存在していた。このとき深刻な様相を呈していたのが結核であった。

　社会運動の拡大とともに，団結権や団体交渉権を主とした労働組合法が要求されたが，政府はあくまで否定的であった。資本側は，組合の横断的つながりを助長しかねない労働組合法の制定を認めるわけにはいかなかったのである。社会不安への対応は行わざるを得ないが，労働問題には直接手を加えずに済み，権利としてではなく「温情」で，なおかつ労働力の安定供給に寄与するものとしてひねり出されたのが共済組合の法制度化，すなわち健康保険法であった。こうして日本で初めての社会保険が，労働力の確保や労働運動からの突き上げに対する産業平和策として登場したのである。

　一方で健康保険法では保険料を労使折半とし，労働者にも負担を求めた。さまざまな社会調査で明らかにされていたように，当時疾病が蔓延していた背景には労働条件の悪さがあり，保険料の折半は業務上の災害をある種の「私病」として認識することを強制するものであった。そのため，健康保険法を施行する段階になって労働者たちは相次いで健康保険ストライキを決行した。本来労働災害は雇用者が全面的に責任を負うべきものを，労働者に転嫁していることを見抜いていたのである。

　健康保険法では業務上の災害をも保険給付の対象としたが，災害の中身で重要なポジションにあったのは結核である。結核は治療法が確立しておらず，長期療養を必要とするため，健康保険法で保険給付の対象とする範囲に入るかどうかが争点となる。

　健康保険法は法案の段階では「廃疾」を念頭に入れていた。1921年の第44議会に提出された疾病保険法案には「廃疾」が対象として位置づけられていたのである[2]。これは審議未了となり実現に至らず，翌年に成立する健康保険法では「本案の定むる保険範囲は廃疾保険を含有せず」[3]として削除された。

　「廃疾」を除外した理由には，保険料算定などの保険技術の問題があった。そのため，健康保険法は廃疾保険を実施するための基礎資料とすることが明記

され,「希望決議」として「政府は成るべく速に是等保険の制度を立つべきこと[4]」とし，早期の廃疾保険の実施が提言されていた。

つまり健康保険法の成立過程では,「廃疾」がその対象となるかどうかが争点になっていたのである。これについて佐口卓は,「保険事故の対象として廃疾をくわえていることは体系的な整備としてすこしく疑問が生ずるのであるが，とくにその廃疾の意味が明確でなく,『従業不能』とは長期疾病を意味し,身体障害という意味はうすいと考えられる[5]」としている。

この場合の「廃疾」は肺病が想定され，180日以上の長期療養が必要な肺病を健康保険法で対応するか，年金保険制度で対応するかが争点となっていた。そしてこの肺病は健康保険法ではなく廃疾年金の対象として位置づけられ，年金保険制度から療養の給付が求められるようになる。また，厚生年金保険法の成立時は健康保険法も改正され，健康保険法による療養の給付の打ち切り日を障害年金や障害手当金の受給時期とするなど，長期療養が必要な者に対する健康保険法と厚生年金保険法とがある種連動した保障体制が整備された。

## 2　年金保険制度成立への助走

健康保険法の対象外とされた「廃疾」は，年金保険制度の対象となる。年金保険制度の端緒はドイツ・ビスマルクの老廃保険法（1889年）に発し，フランスやイギリスで成立し，第一次世界大戦後に各国に広がっていった。ドイツで老廃保険法（障害・老齢保険）が制定された背景には，大不況のなか労働不能によって老年前に発生する障害の問題が過酷にあったことや，労働争議を避けたい企業主らの存在，金庫の財政維持の問題などがあった。老廃保険法は疾病保険や労災保険との兼ね合いを考慮しながらつくられ，老齢年金は70歳以上ときわめて高齢に設定され，あくまで補足的な位置づけとされており，実質的に法の主軸は老齢年金ではなく廃疾年金にあった[6]。このとき廃疾年金は被保険者が一時的労務不能か，永久的労務不能に陥った場合に支給され,「不具廃疾」のある者への給付は等級（4等級）に応じて行われていた。このときの管理運営は各地域の廃疾保険所によって行われ，徹底した官僚統制が行われたという[7]。

このときの「廃疾者」とは,「傷病若は肉体的乃至精神的能力の虚弱な為に

当該本人の力量及技倆に相当し且つは其の教養と従来よりの業務とを仔細に亘つて検討し，至当と認められる動作に依り同一の地方に於て類似の教養ある同業者の肉体的乃精神上健全な者が取得するのを常とする額の１／３に相当する額を最早や稼働し得ない様な状態となつた者」としていた。また，ドイツに限らず各国とも「廃疾」認定の方法は共通しており，おおよそ「全部廃疾」（労働能力の完全な消滅）と「一部廃疾」（正常な所得能力の３分の２ないし２分の１の消滅）に分類され，労働不能の程度の割合で判断されていた[9]。

ただ，内野仙一郎によれば，このときの廃疾保険には医療的な役割が期待されていたようである[10]。それはできるだけ「廃疾」にならないように予防する効果と，「廃疾」になった場合も稼動能力を復活させるための療養の給付を行うといった「廃疾」の防止・遅延・治療まで幅広い役割が想定されていたとある。廃疾年金を受給する事由に結核が１割を占めるなど，結核が廃疾の原因として相当高く，ドイツでは結核撲滅対策が行われていたという[11]。つまり，各国で成立した廃疾年金は労働能力を基準に認定され，ドイツでは結核を念頭にその治療やリハビリテーションの側面をも内包されていたことになる。

### 3 労働者年金保険法の制定

日本における戦時社会政策は，労働力確保に加え労働力配置の問題が大きな課題であった。

戦時は徴兵と軍需産業の肥大化で労働力が不足する事態となり，とくに日中戦争以後，政府はそのことを重大な政策課題として認識していた。その問題は熟練労働者だけでなく未経験工や不熟練工の労働力不足にも及んでいた[12]。そのため，矢継ぎ早に政府は国家総動員法をはじめとした法律を制定して労働力統制を行い，労働者の移動防止や配置政策を進めた。それでも労働力不足は解消できず，国民徴用令により国民の強制的な軍需産業への配置を義務づけるに至った。このような時代状況のなか成立したのが労働者年金保険法である。

その成立にはやはり軍事的要求が深くかかわっている。労働者年金保険制度の萌芽は明治末期の民間共済組合のなかに見出すことができるが，より一歩前進した制度として整備され発展していったのが官業共済組合だった。その官業共済組合は，資本を国家権力によって増強させるねらいとともに軍事的要求が

あったことが指摘されている[13]。

官業共済組合が拡大するに伴い，日本における年金保険の嚆矢[14]である船員保険法が紆余曲折を経て成立する。船員保険法の成立の動きは1920年から見られるが，担当省庁を変えながら法案が検討されるも，ことごとく成立が見送られていた[15]。船員保険法は，かねてより海上労働の特殊性が大正期から取り上げられ，法案化が検討されてきたが，労資の「情誼」の破綻と産業負担の増大を恐れた産業界からの反対があり成立しなかった。ところが1937年に日中戦争が勃発し，戦時体制下で海運業の重要性が増し，国防的要請として船員を確保する必要に迫られて船員保険法が実現したのである[16]。

その給付内容は医療と年金が合体した構造になっていたが，重心は年金にあった。具体的には療養の給付（下船後の傷病は対象外），老齢年金，廃疾年金および廃疾手当金，脱退手当金，死亡手当金であった。このうち廃疾年金は被保険者期間が3年以上で給付され，「廃疾」の状態に応じて年金か一時金（手当金）を支給する仕組みになっていた。

船員保険法のなかに年金制度が実現されると，それを足がかりに労働者年金保険法が制定されるに至る。船員保険法が成立した後，はやくも1939年7月に草案が出され，1940年6月には「労働者年金保険制度案要綱」が現れた。その後，労働者の短期移動防止，長期勤続奨励を目的とする法案の修正が行われ，労働者年金保険法案として第76議会に提出され，成立した。こうして一般の労働者を対象にした年金保険制度として日本初となる法律が戦時に誕生したのである[17]。

労働者年金保険法制定の目的には，老後や「廃疾」の不安を一掃することで労働力の保全増強，生産力増強を図ることが強調された。その仕組みは全体的に船員保険法の年金部分と共通していた。適用範囲は，健康保険法の適用を受ける常時10人以上の工場・鉱山に働く男子労働者を強制的に被保険者とし，女子労働者は任意加入とした。保険料は労使折半で，一般労働者は64／1000，坑内夫は80／1000で，国庫負担は事務費の全額と給付費の一部（一般労働者は10％，坑内夫は20％）とした。被保険者数は当初336万人だった。

給付内容は，養老年金，廃疾年金，廃疾手当金，遺族年金，脱退手当金とした。このうち廃疾年金と廃疾手当金は，「廃疾」の程度（重度は廃疾年金，軽度

第3章　社会政策における障害　79

は廃疾手当金）によって分類された。廃疾年金の給付は，「廃疾」となる前5年間で3年以上の被保険者期間を条件とし，廃疾年金の給付額は養老年金と同額とし，廃疾手当金は平均標準報酬月額の7ヶ月分が支給された。

### 4　年金保険制度における障害

近藤文二は廃疾保険の対象を次のように述べている[18]。それは一般的労働不全，職業的労働不能であり，生理学的な「廃疾」ではなく，従前の給与を参照にした「経済的廃疾」が対象になるという。

前述の，船員保険法の土台となった官業共済組合，たとえば国有鉄道共済組合では廃疾年金の対象を次のように規定していた。廃疾年金は，「自己の重大なる過失によるに非ずして傷痍をうけまたは疾病にかかつたもので，加入後十年を経過したものに給付す」。対象は，「第一等　両眼を盲しもしくは二肢以上の用を失ひまたはこれに準ずべき傷痍をうけ恒久的廃疾に陥り終身自由を辨ずることが出来ないとき」で，「第二等　一肢の用を失ひ又は之に準ずべき傷痍をうけ恒久的廃疾により自用を辨じ得と雖も終身業務に就くことが出来ないとき」の二種としていた[19]。この規定を見る限りでは，「恒久的廃疾」で生涯にわたって身体の自由を失った場合や，身のまわりのことは自分でできるが生涯にわたって仕事に就くことができないといった状態を「廃疾」と捉えていたことになる。

では，労働者年金保険法では「廃疾」をどのように捉えていたのだろうか。労働者年金保険法で廃疾年金および廃疾手当金を規定した条文は下の通りである。

> 第三六条　被保険者ノ資格喪失前ニ発シタル疾病又ハ負傷及之ニ因リ発シタル疾病ガ勅令ノ定ムル期間内ニ治癒シタル場合又ハ治癒セザルモ其ノ期間ヲ経過シタル場合ニ於テ勅令ノ定ムル程度ノ廃疾ノ状態ニ在ル者ニハ其ノ程度ニ応ジ其ノ者ノ死亡ニ至ル迄廃疾年金ヲ支給シ又ハ一時金トシテ廃疾手当金ヲ支給ス
>
> 　廃疾年金又ハ廃疾手当金ノ支給ヲ受クルニハ廃疾ト為リタル日前五年間ニ被保険者タリシ期間三年以上ナル者タルコトヲ要ス

表 3-1　廃疾年金の対象（1941年12月勅令第1250号）

| | |
|---|---|
| 1 | 両眼ノ視力0.1以下ニ減ジタルモノ又ハ一眼失明シ他眼ノ視力0.3以下ニ減ジタルモノ |
| 2 | 咀嚼若ハ言語ノ機能ヲ廃シタルモノ又ハ咀嚼若ハ言語ノ機能ニ著シキ障害ヲ残スモノ |
| 3 | 両耳ノ聴力耳殻ニ接セザレバ大声ヲ解シ得ザルモノ |
| 4 | 背柱ニ著シキ畸形又ハ運動障害ヲ残スモノ |
| 5 | 一上肢ヲ腕関節以上ニテ失ヒタルモノ又ハ十指ヲ失ヒタルモノ |
| 6 | 一上肢ノ三大関節中二関節以上ノ用ヲ廃シタルモノ又ハ十指ノ用ヲ廃シタルモノ |
| 7 | 一下肢ヲ足関節以上ニテ失ヒタルモノ又ハ十趾ヲ失ヒタルモノ |
| 8 | 一下肢ノ三大関節中二関節以上ノ用ヲ廃シタルモノ |
| 9 | 胸腹部臓器ノ機能ニ著シキ障害ヲ残シ終身労務ニ服スルコト能ハザルモノ |
| 10 | 精神又ハ神経系統ノ機能ニ著シキ障害ヲ残シ終身労務ニ服スルコト能ハザルモノ |
| 11 | 以上各号ニ該当セザルモノト雖モ疾病又ハ負傷ニ因リ終身労務ニ服スルコト能ハザルモノ |

※1　原資料にもそれぞれの規定に1～11までの数値が割り振られているが，これは等級を意味するものではない。

　廃疾年金の受給要件は，「廃疾」となった日からさかのぼった5年間で3年以上被保険者である者としていた。その理由について当局は，「大体廃疾年金ノ最少額トシテ保障セラレテ居リマスル年金五年分（十五月分）ニ相当スル金額ノ半分デアル七月分ニ相当スル金額トシタ[20]」と説明していた。これは「保険経済上逆選択ニ依ル保険悪用ヲ防止スルコト，又此ノ制度ニ於ケル廃疾給付ハ相当厚イ保護デアリマスカラ[21]」，厚い給付を受けるにはある程度，保険経済に寄与することを求めたという。

　そして，対象規定は勅令で定めた「廃疾」の基準で決定する方式を採用した。その条文は下の通りである（1941年12月勅令1250号）。

　　第二一条　労働者年金保険法第三十六条ノ規定ニ依リ廃疾年金ヲ支給スベキ程度ノ廃疾ノ状態ハ別表第一ニ該当スルコトヲ要シ廃疾手当金ヲ支給スベキ程度ノ廃疾ノ状態ハ別表第二ニ該当スルコトヲ要ス

　つまり，具体的な対象はこの勅令の別表に定める「廃疾」の状態にあるときとした。そして，ここでは廃疾年金と廃疾手当金が定められているが，このとき「終身労務不能程度の廃疾」であれば廃疾年金の対象に，「従来の労務に服すること能はざる程度の廃疾（職業的不能）」であれば廃疾手当金の対象としていた。では，この勅令では「廃疾」を具体的にどのように規定していたのか。その内容を**表 3-1**に示す。

第 3 章　社会政策における障害　　81

このように，廃疾年金における「廃疾」とは視力障害，咀嚼・言語障害，聴覚障害，肢体不自由，内部障害，精神障害を中心に考えられていたといえる。「廃疾」の規定の仕方を見ると，個別の「廃疾」の種類が挙げられ，たとえば「一上肢ヲ腕関節以上ニテ失ヒタルモノ」といったように大半はその程度が具体的に規定されている。このことは，できるだけ「廃疾」の状態を具体的に明記することで現場の医師の裁量を狭くし，官僚が対象の認定をコントロールする仕組みが導入されたことを意味する。ただし，9と10の規定に見られるように「終身労務ニ服スルコト能ハザルモノ」として労働能力に基づく規定を明記しているものもある。医学的に明確な基準が定めにくい「廃疾」は原理的な考えに従って個別に判断することにしたと思われる。とくに11の規定に見られるように，これら「廃疾」以外であっても対象として位置づけられる方途が明確に設定されており，対象規定に例示としての性格を付与しているところが注目される。

　廃疾年金の対象をこのような表で「廃疾」の状態を列挙した事情について，当局は次のように説明している。「廃疾」の程度は終身労務不能程度の「廃疾」としているが，実際には従来の労務に服することがどの程度できないかを具体的に認定することは至難なので，身体障害の程度によって「廃疾」の程度を限定した。したがって，「廃疾」の捉え方としては労働をベースにしながら設定しながらも，実際の判定にはこれら「廃疾」の状態に該当する場合は「廃疾者」が終身労務に服せないかどうかは問わないとしていたという。また，実際にこの別表で判断することは困難なケースも多いので，その運用にはその方面の知識経験豊富な専門家に審査を求めるなど，できるだけ正確を期することとしていた。[22]

　近藤文二が述べていた廃疾保険論における対象認識の方法は，「廃疾」による労働能力の損失に着目し，機能障害だけによる判断にとどまるものではなかったといえよう。しかし，廃疾年金の実際の運用の場面では，考え方としては労働能力損失の論理が基底にあり，その理屈に沿って対象が規定されているものの，個別の「廃疾」の種類で判断する仕組みが導入され，「廃疾」の程度が細かく規定された結果，現場の医師の裁量というより官僚がその対象を細かく決めていく体制が採られていったことが指摘できよう。その理由には当然な

がら保険財政との兼ね合いが考えられる。

では，政策的には廃疾年金の創設にどのようなねらいがあり，その対象はどのような「廃疾」を想定していたのだろうか。以下でその考察を行う。

## 5　障害年金がつくられたねらいとは
### ■ 年金保険制度の目的と廃疾年金

労働者年金保険法の成立をめぐっては，保険料を労使折半とするため経営者団体からの根強い反対があった。それにもかかわらず成立に至らせた決定的要因がどこにあるのかは論者によって見解が分かれている。

通説となる『厚生省五十年史』では次のように述べている。戦時下で労働者年金保険法が成立した背景は，生活保障という側面の他にも「保険料として通貨を吸い上げることによって軍需インフレを抑制し，また保険料の積立金を大蔵省預金部に入れて財政資金として運用（一部は労働者の福祉施設に還元融資）する[23]」こと，また，坑内夫は資格期間を15年に設定するなど，労働力の短期移動防止と長期勤続奨励の目的もあったとのことである[24]。

近藤文二は労働力の保全・培養論を踏まえつつ，年金保険制度では零細労働者のなかで流通している資金を吸収し，巨額の保険料収入を戦費に役立たせていくことがねらいであったと主張した[25]。これに対し横山和彦は，積立金は軍事費総額のたった2.7％を占めるだけであって，その目的は戦費調達ではなく労働者の移動防止とインフレの抑制であったと批判した[26]。土穴文人も戦費調達説を批判し，労働者年金保険法は労働力の確保と維持，さらには労働意欲の鼓舞を通して労働者を戦時体制の下に統括することが目的であったとした[27]。また，加えて戦時では国民徴用令など強制的な労働配置を国民に強いたため，国は国民の思想的動揺を恐れ，労働者年金保険法により思想的安定を図るねらいもあったとの指摘もある[28]。さらに，これらはどれも否定し得ないとする見解もある[29]。いずれにせよ，年金保険制度のこれまでの論議では労働者の移動防止，労働力の保全増強，インフレの抑制，思想的安定，戦費調達が主張されてきた[30][31]。

ところが，廃疾年金は産業戦線からある程度排除された存在への給付となるため，廃疾年金を年金保険制度のなかに設けた必然性はなおもこのような社会政策の論議では説明がしにくい。以下では廃疾年金がつくられたより直接的な

要因として，結核への対応が要請されたこと，業務災害への対応の側面があったことについて指摘したい。

## ■ 結核への対応

廃疾年金がつくられたねらいの第一には，結核に対応する目的があったと思われる。前述した通り，もともと廃疾年金の成立には健康保険法が影響している。そのなかで問題になっていたのが長期にわたる療養が必要となる結核の扱いであり，年金保険制度では結核への対応に当たることが求められていた。また，ドイツなどでは年金保険制度は結核対策としての側面が見られた。日本でもこのような側面があった可能性がある。

近藤文二は，廃疾保険は分配的社会政策の性格が強いとしながらも，たとえばリスクに備えることで労働者を心理的に安心させたり，「廃疾」状態になったとしてもその家族の生活を守ることで労働力の再生産に貢献したり，職業リハビリテーションを提供する福祉施設の整備を通して「廃疾者」を再度労働市場へ復帰させる生産性的社会政策の論理が基底的に存在するとしている[32]。

実際に，労働者年金保険法案の審議過程では「廃疾者」への福祉施設の必要性が述べられ，年金保険制度が「廃疾者」へ対応を行う意味を次のように説明している。「廃疾」になった場合は「徒食者」に止まるのではなく，「廃疾デアリマセウトモ再起奉公ノ出来マス者ハ進ンデ再ビ職分奉公ノ誠ヲ至スベキデアリ，廃疾年金ヲ受ケテ居ルカラト云ツテ之ニ依存シテ徒食スルト云フガ如キハ宜シクナイコト」で，手足を切断した者であっても「廃疾職業再教育ヲ行ヒマスナラバ再起奉公ノ可能性ガアルト云フ様ナ者ニ対シマシテハ之ニ適当ナ職業補導ヲ行ヒマシテ，再ビ産業戦線ニ活躍セシムルト云フコトガ望マシイ」。そのような目的のために被保険者の福祉施設として授産施設や保養施設，医療施設を設置していくという[33]。

第2節で述べたように，労働者年金保険法案の審議記録には法案のねらいに「短期移動防止」「長期勤続奨励」といった用語が使われていた。炭鉱夫など資源を掘り起こす仕事は過酷な労働環境で，肺病，とりわけ結核にかかることが多かった[34]。戦時では大量のエネルギー資源が必要となり，そこで外国から労働者をつれてきて働かせていた状況もあったが，労働現場に定着できず次々と短期間で辞めていく問題があった。とくにアジア・太平洋戦争期になるとアメリ

カからの石油資源の輸入が絶たれ，石炭を採掘する労働力の確保は戦争継続にとって国家的課題となっていた。労働者年金保険法のねらいには，そういった短期間の労働力の入れ替わりを食い止める手だてとしての期待があったと考えられる。

当時炭鉱で働く人たちがすぐに辞めてしまうため，長く働いてもらうにはどうすれば良いかを考えた末，年金保険料として月々の給料を天引きし，一定期間働いた場合は辞める時にそのお金を返す，という仕組みをつくることで「短期移動防止」や「長期勤続奨励」に誘導したと思われる。脱退手当金が戦時につくられていたことが特徴的で，当時の年金保険制度の性格をよく現したものに思われる。

また，戦時下では結核が増加傾向にあり，戦時政策は結核対策が重大な課題であった。第**2**章の図2-8で示した全結核死亡率の推移によると，米騒動以後結核死亡率は下がるが，その後増加に転じ，とくに1931年以降の戦時体制になると大きく増大させていった。結核は20歳代の若者が犠牲となる。第**2**章の図2-7で示した徴兵検査（対象は20歳男性）で肺病とされて丙種（つまり，戦線からは外される者）とされた者の割合を見ると，戦時になると大きくその割合を増やしている。1941年は減少しているが，これは徴兵検査の仕組みを改変したことによるもので，実際には増加を続けていた。また，組合管掌健康保険では1937年に被保険者の死亡者総数のうち「肺結核」「腸及腸膜ノ結核」で死亡した割合は22％を占め，「肺結核」「腸及腸膜ノ結核」で療養の給付を受けていた被保険者の約10分の1が死亡していた。また，結核の場合，療養の給付期間は66日にわたり，他の療養の給付に比べておよそ6倍の期間を要していた。[35]

若者の健康を蝕む結核の蔓延は，戦争を遂行するための人的資源の確保にとって致命傷となる。先進諸国で結核は減少傾向にあったのに対し，日本は減少どころかむしろ増加傾向にあった。前述した「人口政策確立要綱」（1941年）に見られるように，戦時は兵力としてはもちろん，軍需生産部門やエネルギー部門などへの人的資源の確保が国家的課題であり，その人的資源を蝕む原因が結核であった。そのため国は日中戦争後，医療保険制度の大規模な拡充を行い，国民体力法を制定して児童への結核予防を行ったり，兵役関係法改正（1940年）では徴兵検査にレントゲン胸部間接撮影法を導入して保菌者の入営防

止に努めたりした。1942年には「結核予防対策要綱」が閣議決定されるなどその対応に追われた。

　このような歴史的社会的状況を踏まえると，労働者年金保険法には結核への対応という側面があり，廃疾年金は健康保険法で対応できない長期療養の部分，具体的には結核者への対応としてつくられた側面があったと思われる。結核への対応は，後に述べるように身体障害者福祉法の制定過程でも登場していた。結果としてストレプトマイシンによって治癒可能となり，対象とする障害範囲に入れられることはなかったが，「廃疾」を構成する要素として，あるいは「廃疾」の要因として結核は重大であったのである。

■ 労務災害への対応という側面

　第二に，廃疾年金は労務災害への対応という側面があったことがいえる。日本の年金保険制度は諸外国と異なり，業務災害によって「廃疾」となった場合でも年金保険制度から支給されるところに特徴があった。

　労働者年金保険法の成立過程では，前出の「保険院総務局長川村秀文氏説明」では「労働者ガ工場，事業場又ハ事業ニ使用セラレテキル間ニ疾病ニ罹リ又ハ負傷シ，其ノ結果廃疾トナツテ，其ノ程度ガ終身労務ニ服スル事能ハザル程度トナツタ場合ニハ，年金ヲ与ヘルコトトシタノデアリマス[36]」とある。また，保険院保険制度調査会による労働者年金保険制度案要綱修正（1940年12月2日）では，「希望決議」として「特ニ業務災害ニ対スル扶助制度ノ完備ヲモ併セテ考慮スルト共ニ現行ノ退職積立金及退職手当法ニ依ル退職手当制度ヲモ包摂スル保険的失業対策制度ノ確立ヲ図リ以テ労働者ノ業務災害又ハ失業ニ基ク生活不安ノ除去ニ付遺憾ナキヲ期セラレタキコト[37]」としている。このように，労働者年金保険法は業務災害への対応が争点として登場していたのである。実際に，業務災害は工場法と鉱業法，労働者災害扶助法によって使用者による扶助を定めていたが，1944年に改正された厚生年金保険法はこの部分を肩代わりすることになる。

　労働者年金保険法は1944年に大きく改正される。ミッドウェー海戦（1942年6月）以降，労働統制は一層強化され，労働者年金保険法では鉱山労働者確保のため，徴用工や朝鮮からの労働者移入の徴用期間（2年）と，廃疾手当や脱退手当金の受給資格期間（3年）との整合性が問題となるとともに，大量の女

子労働者の動員に伴う見直しが求められたのである。1943年12月には「労働者年金保険法中改正法案要綱」が閣議決定され，1944年1月に国会に提出され，2月に可決，10月から厚生年金保険法として全面的に施行された。

厚生年金保険法では，労働者という用語が社会主義を連想させるため，名称を労働者年金保険法から厚生年金保険法に変更し，脱退手当金の受給資格要件を緩和し，対象に女子労働者を含め，適用範囲を5人以上の男女を雇用する事業所に拡大した。その結果，被保険者は一気に844万人に増加した。また給付額を増やし，養老年金は平均報酬月額の4分の1から3分の1に引き上げられた。廃疾年金もその名称を障害年金に変更し，給付額も養老年金と連動して引き上げられた。

障害年金は工場法や鉱業法，労働者災害扶助法による事業主扶助を吸収し，業務災害による「廃疾」に対応することになった。このとき，業務災害による障害給付の場合は資格期間に制限無く支給され，年間支給額を平均報酬月額の5～8ヶ月分に増加する優遇措置を行った。

この優遇措置は障害年金の対象規定に影響を与えた。障害年金のなかで，業務災害による「廃疾」と，業務災害以外による「廃疾」とを別立てで給付する仕組みが必要とされ，「廃疾」原因による区別化が登場してきたのである。このときの規定を表3-2に示す。

業務災害による「廃疾」の給付額は，業務災害以外による「廃疾」の給付額である4月分に1月分を足した5月分を最低とし，最高8月分を上限に「廃疾」の程度によって決定した。このとき業務災害による「廃疾」を6等級に分類することで，6級であれば5月分，1級であれば8月分といったように等級に応じた給付の仕組みを導入したのである。

表3-2からこのときの等級内容を見ると，業務災害以外による「廃疾」の9（内部障害）と10（精神障害）に該当する内容は，業務災害による「廃疾」では3級以上に位置づけられている。咀嚼機能の障害を除いたそれ以外の業務災害以外による「廃疾」は，業務災害による「廃疾」の6級に位置づけられている。このように業務災害による「廃疾」の等級は，精神障害や内部障害を除き業務災害以外による「廃疾」を6級に位置づけ，それぞれ程度に応じて6段階に分類していった。

### 表3-2 障害年金の対象（1944年10月1日勅令第365号）

| 廃疾ノ程度 | 業務上ノ事由ニ因ル廃疾 廃疾ノ状態 | 番号 | 業務上ノ事由以外ノ事由ニ因ル廃疾 廃疾ノ状態 |
|---|---|---|---|
| 1級 | 精神ニ著シキ障害ヲ残シ常ニ監視又ハ介護ヲ要スルモノ | 1 | 一眼失明シ他眼ノ視力0.3以下ニ減ジタルモノ又ハ両眼ノ視力0.1以下ニ減ジタルモノ |
| | 常ニ就床ヲ要シ且介護ヲ要スルモノ | 2 | 咀嚼若ハ言語ノ機能ヲ廃シタルモノ又ハ咀嚼若ハ言語ノ機能ニ著シキ障害ヲ残スモノ |
| | 咀嚼及言語ノ機能ヲ併セ廃シタルモノ | 3 | 鼓膜ノ大部分ノ欠損其ノ他ニ因リ両耳ノ聴力耳殻ニ接セザレバ大声ヲ解シ得ザルモノ |
| | 両眼ヲ失明シタルモノ | 4 | 脊柱ニ著シキ畸形又ハ運動障害ヲ残スモノ |
| 2級 | 一眼失明シ他眼ノ視力0.02以下ニ減ジタルモノ又ハ両眼ノ視力0.01以下ニ減ジタルモノ | 5 | 一上肢ヲ腕関節以上ニテ失ヒタルモノ又ハ十指ヲ失ヒタルモノ |
| | 両上肘肢ヲ関節以上ニテ失ヒタルモノ | 6 | 一上肢ノ三大関節中ノ二関節以上ノ用ヲ廃シタルモノ又ハ十指ノ用ヲ廃シタルモノ |
| | 両上肢ノ用ヲ廃シタルモノ | 7 | 一下肢ヲ足関節以上ニテ失ヒタルモノ又ハ十指ヲ失ヒタルモノ |
| | 両下肢ヲ膝関節以下ニテ失ヒタルモノ | 8 | 一下肢ノ三大関節中ノ二関節以上ノ用ヲ廃シタルモノ |
| | 両下肢ノ用ヲ廃シタルモノ | 9 | 胸腹部臓器ノ機能ニ著シキ障害ヲ残シ終身業務ニ服スルコトヲ得ザルモノ |
| 3級 | 精神ニ障害ヲ残シ終身業務ニ服スルコトヲ得ザルモノ | 10 | 精神又ハ神経系統ノ機能ニ著シキ障害ヲ残シ終身業務ニ服スルコトヲ得ザルモノ |
| | 胸腹部臓器ノ機能ニ著シキ障害ヲ残シ終身業務ニ服スルコトヲ得ザルモノ | | |
| | 咀嚼ノ機能ヲ廃シタルモノ | | |
| | 両眼ノ視力0.02以下ニ減ジタルモノ | | |
| | 両上肢ヲ腕関節以上ニテ失ヒタルモノ | | |
| | 両下肢ヲ足関節以上ニテ失ヒタルモノ | | |
| 4級 | 言語ノ機能ヲ廃シタルモノ | | |
| | 咀嚼及言語ノ機能ニ著シキ障害ヲ残スモノ | | |
| | 鼓膜ノ全部ノ欠損其ノ他ニ因リ両耳ヲ全ク聾シタルモノ | | |
| | 一眼失明シ他眼ノ視力0.06以下ニ減ジタルモノ | | |

| | |
|---|---|
| | 一上肢ヲ肘関節以上ニテ失ヒタルモノ |
| | 一下肢ヲ膝関節以上ニテ失ヒタルモノ |
| | 十指ヲ失ヒタルモノ |
| 5級 | 咀嚼ノ機能ニ著シキ障害ヲ残スモノ |
| | 一眼失明シ他眼ノ視力0.1以下ニ減ジタルモノ又ハ両眼ノ視力0.06以下ニ減ジタルモノ |
| | 一上肢ヲ腕関節以上ニテ失ヒタルモノ |
| | 一上肢ノ用ヲ全廃シタルモノ |
| | 一下肢ヲ足関節以上ニテ失ヒタルモノ |
| | 一下肢ノ用ヲ全廃シタルモノ |
| | 十指ノ用ヲ廃シタルモノ |
| 6級 | 言語ノ機能ニ著シキ障害ヲ残スモノ |
| | 鼓膜ノ大部分ノ欠損其ノ他ニ因リ両耳ノ聴力耳殻ニ接セザレバ大声ヲ解シ得ザルモノ |
| | 脊柱ニ著シキ畸形又ハ運動障害ヲ残スモノ |
| | 一眼失明シ他眼ノ視力0.3以下ニ減ジタルモノ又ハ両眼ノ視力0.1以下ニ減ジタルモノ |
| | 一上肢ノ三大関節中ノ二関節ノ用ヲ廃シタルモノ |
| | 一下肢ノ三大関節中ノ二関節ノ用ヲ廃シタルモノ |
| | 一手ノ五指又ハ拇指又ハ示指ヲ併セテ四指ヲ失ヒタルモノ |
| | 十指ヲ失ヒタルモノ |

　厚生年金保険法では廃疾年金と廃疾手当金の名称をそれぞれ障害年金と障害手当金に改めている。ただし，給付名称だけの変更であり，条文中では「廃疾」の用語が引き続き使用されている。[40] 労働者災害扶助法では，業務災害で障害が残った場合は「障害扶助料」の支給が規定されるなど，障害用語自体は労災分野では一般的に用いられていたもので，厚生年金保険法で障害用語が用いられたのは業務災害を加えた影響であると思われる。

　このとき，障害年金に名称が改められた理由について，当局は次のように説明していた。[41]

第3章　社会政策における障害　　89

> 障害年金及障害手当金は，従来労働者年金保険に於ては廃疾年金及廃疾手当金と呼ばれていたのであるが，この名称はいかにも不具廃疾らしく陰惨な感じを伴ひ，之を受ける者の気持を暗くする処があるので，これらの細い点にも気をくばり，なるべく心地よく給付を受けさせ，廃疾年金を受けているから自分は不具者だといふ気持から，再起奉公の精神を害ふことのない様に，かように名称を変更したものである。

つまり，「廃疾」の用語が差別的な意味合いを含むものであり，その配慮として障害の用語を採用したという。

ただし，戦闘行為などが原因で障害を負った者を傷痍軍人として手厚く対応する一方で，「遺伝性」と見なした先天性の障害者には国民優生法で断種の対象とするなど，戦時の障害者対策は障害原因によって国家的な態度を明確に区別していたところに特徴がある。労働者年金保険法の成立をめぐって，メディアでは「産業戦士の老後の生活を保障する恩給制度」[42]といった説明を行っていた。また，当時は「業務災害に基づく障害給付と，業務災害以外の事故に基づく給付とに産業殉職者に対する優遇措置という観点から差異を設けるべきであるとの要請にどのようにこたえるかという問題」[43]があり，その結果として業務災害による「廃疾」への障害給付には優遇措置が講じられていった経緯がある。

年金保険制度は産業に貢献することができている者が被保険者であったことを踏まえると，年金保険制度における廃疾年金から障害年金への名称変更は，ある意味産業戦士として活躍した者と，生まれつき障害のある者との差別化を図るねらいがあった点を指摘しておきたい。

## おわりに

年金保険制度では，廃疾年金がすでに労働者年金保険法から登場し，その対象は労働能力に基づいて考えられていた。ただし，その運用の場面では具体的な「廃疾」の種類や程度が勅令によって定められ，官僚がコントロールできる仕組みが導入された。そして，廃疾年金がつくられた要因には，当時の時代状況や健康保険法との関連から結核との関係が考えられ，また業務災害への対応という側面があった。厚生年金保険法では障害の用語が用いられ，業務災害に

よる「廃疾」に対応するために等級の仕組みが登場していた。

本章では廃疾年金と結核や健康保険法との関係について述べたが，このことの実証はより丹念に膨大にある当時の結核資料を検証する必要がある。また，障害年金における業務災害による「廃疾」の問題については，分析をより精度の高いものにするためには工場法，鉱業法，労働者災害扶助法をより具体的に明らかにしていく必要がある。

なお，戦後に成立する身体障害者福祉法は，盲人団体等による運動の影響もあり，点字図書館が整備されるなど社会福祉的な側面も見られるが，周知の通り「更生法」として知られ，労働施策としての性格が強い。そしてその対象規定は，本章で明らかにした年金保険制度や恩給制度との共通性が見られる。両者にいかなる関係性が認められるか，これについて次章以降で論じることにする。

1) いまでも年金保険制度ではその対象の狭さが問題視されてきており，たとえば「障害評価の方法は相変わらず医学的評価が中心であ」り，「多くの障害者を障害年金から締め出してきた」との指摘がなされてきている。高橋芳樹・高橋弘生「年金制度における『障害』概念について——脳性マヒの障害等級改定運動にとりくんで」『障害者問題研究』第62号，全国障害者問題研究会，1990年，62頁。なお，障害年金における障害認定を扱った研究に百瀬優『障害年金の制度設計』光生館，2010年がある。同書は障害年金についてアメリカなどの経験を踏まえて日本の現状分析を行ったものであるが，本テーマを考えるにあたって示唆を受けた。なお，現在では薬害エイズ患者を含めたHIV感染者への障害認定が厳しくなっている。障害年金は障害の中度以上しか対象にしていない制度設計であるばかりか，さらに行政手続きのところで障害認定の幅を徐々に狭めている様子が見られる。「国は責任を忘却」『毎日新聞』2016年11月25日付。
2) 佐口卓『日本社会保険制度史』勁草書房，1977年，165頁および社会局保険部『健康保険事業沿革史』1937年，48頁。
3) 社会局保険部・前掲注2) 48頁。
4) 社会局保険部・前掲注2) 48頁。
5) 佐口・前掲注2) 102頁。
6) 詳しくは木下秀雄『ビスマルク労働者保険法成立史』有斐閣，1997年，30-50頁，および福澤直樹『ドイツ社会保険史』名古屋大学出版会，2012年，171-195頁を参照されたい。
7) 近藤文二『社会保険』岩波書店，1963年，125-127頁。
8) 内野仙一郎『各国の社会保険展望』健康保険医報社出版部，1942年，309頁。
9) 近藤文二・後藤清『労働者年金保険法論』東洋書館，1942年，84-87頁。
10) 内野・前掲注8) 321-328頁。
11) 近藤・後藤・前掲注9) 17頁。清水玄（社会保険局長）も廃疾保険には療養を施すものがあり，結核が廃疾保険にとって重大な要素で，ドイツでは広大な結核療養所を設けていることを紹介している。清水玄『社会保険論』有光社，1940年，81頁。また，『健康保険時報』

ではドイツの年金保険制度による結核撲滅対策を次のように紹介していた。ドイツの年金保険制度では被保険者が労働能力に支障を来すおそれがあって，早期に治療すれば廃疾を防止できると認められた場合や，年金を受給している者でも労働能力が回復の見込みがある場合は療養の給付を受けることができた。このとき結核に罹った被保険者は，伝染力旺盛な開放性症結核だけでなく非開放性症結核も含め年金保険機関から「特別療養」として医療を受けることができた。しかも疾病保険と異なりその給付は任意的であった。ただし，特別療養は50歳を超えて極めて悪化した場合は支給しないとされたという。「独逸社会保険に於ける結核撲滅対策」『健康保険時報』第14巻第4号，保険院社会保険局，1940年4月。

12) 荒又重雄・小越洋之助・中原弘二・美馬孝人『社会政策(1) 理論と歴史』有斐閣，1979年，154-165頁。
13) 佐口・前掲注2) 70頁。
14) 近藤・前掲注7) 389頁。
15) 厚生省保険局・社会保険庁医療保険部編『船員保険三十年史』船員保険会，1972年。
16) 横山和彦・多田英範編『日本社会保障の歴史』学文社，1991年，57頁。
17) 当時の新聞を見ていくと，「実現される産業戦士の年金制度」「労働の老後を養う恩給」という言葉で年金保険制度の成立が報道されていた。「産業戦士」という用語が戦時になるとよく使われるようになり，「産業戦士」をどう支えるかという発想で年金保険が出てきたことを示している。なお，障害年金もこの時の年金保険制度から登場してくる。今日の障害者の生活を支える大きな柱である障害年金もまた，「産業戦士」を支える手段として出てきた側面が指摘できる。
18) 近藤・後藤・前掲注9) 31頁。
19) 近藤・後藤・前掲注9) 170-171頁。
20) 「保険院総務局長川村秀文氏説明」社会保障研究所編『日本社会保障前史資料 第3巻』至誠堂，1981年，273頁。
21) 前掲注20) 273頁。
22) 花澤武夫『労働者年金保険法解説（全）』健康保険医報社，1941年，196-197頁。
23) 厚生省五十年史編集委員会『厚生省五十年史』厚生問題研究会，1988年，367頁。
24) 今日の老齢年金の受給要件に25年ルールが定められている理由となにかしら関係があるのかも知れない。
25) 近藤・前掲注7) 389-391頁あるいは服部英太郎『戦時社会政策論』未来社，1969年を参照されたい。
26) 横山和彦「公的年金制度の歴史と現状」国民生活センター編『年金制度と高齢労働問題』御茶の水書房，1977年，38-52頁。横山・多田編・前掲注16) 57-63頁。
27) 土穴文人『社会政策制度史論――立法史的展開と政策体系の分析』啓文社，1990年，555-572頁。
28) 相澤與一『日本史リブレット62 日本社会保険の成立』山川出版社，2003年，90-106頁など。
29) 鐘家新『日本型福祉国家の形成と「十五年戦争」』ミネルヴァ書房，1998年，132-147頁。
30) ちなみに，炭鉱労働者には朝鮮や中国などから強制連行されてきた人たちが，劣悪な労働条件で従事させられていたことが報告されている。周知の通り，戦後にこのような労働者の年金保険への加入が剥奪され，在日の無年金障害者問題へとつながっていった。年金保険制度に労働力配置のねらいがあったとすれば，労働力を必要とする場合は海外から積極的に，場合によっては強制的に労働者を動員し，労働力があふれかえった戦後は年金保険の加入を

剝奪したことになり，その戦時・戦後の歴史的な過程に関心が向くところである。無年金問題については愼英弘『定住外国人障害者がみた日本社会』明石書店，1993年を参照されたい。
31) 年金保険制度の思想的安定策のねらいに関しては，次の点について検討が必要に思われる。「満州事変以降の急速な景気の上昇は，軍需インフレを将来し，物価の上昇とこれにともなう生計費の昂騰をもたらした。しかも賃金はこれに見あって上昇しなかった」（隅谷三喜男『日本労働運動史』有信堂，1966年，174頁）という状況にあった。2・26事件や日中戦争の勃発，大政翼賛体制における労働組合の官制化となる産業報国運動の広がりとともに労働運動は消滅に向かった。しかし，日中戦争以降は戦時体制という強圧な制約にもかかわらず，にわかに賃上げの争議件数は増加傾向にあったようである。とりわけ注目されるのが解雇手当の支払いへの紛争が生じていたことである（隅谷・同175頁）。いくら年金保険制度といってもインフレのさなか労働者の賃金から徴集するとあれば，労働者の心理的安定に貢献するどころか，むしろ労働者の不満を高めることに作用するのではないだろうか。また，年金保険制度の脱退手当金のねらいには労働力配置という側面に加え，この部分への社会政策的対応としても機能していたのかも知れない。気がかりなのは，保険料徴収と脱退手当金の組み合わせは労働者からすれば脱退手当金を求めて一定期間働くことを強要するものでもあり，ある種の隷属的な労使関係に寄与してしまったおそれがあることである。
32) 近藤・後藤・前掲注9）。
33) 前掲注20) 271頁。
34) 炭鉱労働など当時の労働と肺病や結核との関係については東田敏夫や三浦豊彦の業績などを参照されたい。たとえば東田敏夫『社会医学の現代的課題 半世紀の軌跡と展望──東田敏夫著作集 上・下』勁草書房，1987年や三浦豊彦『労働と健康の歴史 第三巻──倉敷労働科学研究所の創立から昭和へ（労働科学叢書56）』労働科学研究所，1980年，同『労働と健康の歴史 第四巻──十五年戦争下の労働と健康（労働科学叢書62）』労働科学研究所，1981年などがある。
35) 著者不明「組合管掌健康保険に於ける結核対策（上）」保険院社会保険局『健康保険時報』第14巻第1号，1940年1月，13頁。
36) 前掲注35) 272頁。
37) 前掲注35) 277-278頁。
38) 労働者年金保険法を改正する理由には，「鉱山労働ノ重要性ニ鑑ミマシテ，坑内夫タル被保険者ニ対シマシテハ，戦時特例ヲ設ケマシテ之ガ優遇ヲ図リ，鉱山労働力ノ増強確保ニ資シマスル」他に，「昨今女子労務者ノ重要生産部門ヘノ進出ノ状況ニ鑑ミマシテ，之ガ保護ヲ一段ト厚ク」する目的があった。小泉親彦「労働者年金保険法中改正法律案提案理由」（1944年1月22日）前掲書20) 293頁。
39) 業務災害への対応は戦後に労働者災害補償保険法（1947年4月5日公布，法律第50号）へ分離する。
40) ちなみに，「廃疾」用語自体は戦後もさまざまな分野で用いられ，1981年の国際障害者年で総理府が「不具」「廃疾」用語を不快用語として追放した。「不具・廃疾→障害 白痴→精神薄弱 不快用語追放第2弾」『朝日新聞』1981年12月31日付および「不快用語『不具・廃疾・白痴』も追放」『朝日新聞』1982年3月8日付。
41) 花澤武夫『厚生年金保険法大要』教学館，1944年，193頁。
42) 「産業戦士の年金 来月一日から実施 老齢給付は年収の四分の一」『読売新聞』1942年5月28日付。
43) 厚生省五十年史編集委員会・前掲注23) 561頁。

第4章

# 障害者福祉における障害

はじめに

　本章では，障害者福祉の本格的なスタートとなる身体障害者福祉法の成立期に焦点を当て，その対象である障害分類がどのようにして形作られていったかを明らかにする。身体障害者福祉法の制定には前段階として位置づけられるものに傷痍者保護対策があった。それは身体障害者福祉法の対象規定においてもベースになっている部分でもあるため，本章ではまず傷痍者保護対策を取り上げ，それを踏まえながら身体障害者福祉法の制定過程について明らかにしたい。

　身体障害者福祉法では第4条で身体障害者の定義を行い，別表によってその対象を規定している。また，その障害分類をさらに具体的に示したものとして身体障害者福祉法施行規則の身体障害者障害程度等級表がある。身体障害者福祉法の対象に着目した先行研究には佐藤久夫や滝村雅人による成果があるが[1]，これら別表および等級表を具体的に分析し，取り扱った研究は管見の限り見当たらない。周知の通り，成立当初より身体障害者福祉法は対象を限定していた。本章ではその点にも着目しながら，身体障害者福祉法の制定過程のなかで障害分類がどのように登場してきたかを明らかにしたい。

　なお，本章からは主として寺脇隆夫らによって整理された木村忠二郎の「マイクロフィルム版　木村忠二郎文書資料」[2]（以下，「木村文書」と略す）を用いながら述べる。本研究が可能になった前提として，木村忠二郎の史資料をとりまとめた寺脇隆夫らの業績があることを付記しておきたい。

## 1　戦後の社会福祉改革

　日本は1945年8月にポツダム宣言を受諾した。その後の占領政策では非軍事

化と民主化政策がとられ，1945年9月「降伏後における初期の対日方針」および同年11月「降伏後における初期の基本的指令」によってその方針が決められた。とりわけ武装解除，軍隊の解体，経済改革が政策課題とされた。

一方で，当時の日本は石炭などの燃料不足やインフレ状態に加え，1千万人ともいわれる大量の失業者を抱えていた。また，産業報国会を下地に労働組合の組織化が進んでいたこともあり，1946年からはやくも労働組合運動が激化した。GHQは1946年に農地改革を行い，地主の解体と小作農民の解放を行った。また，経済対策として金融緊急措置により，戦災保険などの戦時補償を打ち切るとともに復興金融金庫の創設（復興債の発行）を行った。

このような時代状況下で，身体障害者福祉法成立の前段階として1947年から傷痍者保護対策が検討されていったのである。では，傷痍者保護対策では対象をどのように設定していたのか。

戦後の傷痍者保護対策が表面化するのは，1947年7月25日に厚生省社会局長によって出された「失明者保護に関する件」であるといわれている[3]。それは中途失明者の保護を指示したもので，あくまで旧生活保護法の活用および盲学校の活用などを指示したものであった。旧生活保護法では対応できない大多数の傷痍者の問題が残されていたが，当時のGHQの姿勢は「無差別平等」の原則の立場から，傷痍者のみを取り上げて対策を行うことには強い懸念があり，「日本の再軍備に結びつく傷痍軍人の援護にならないかというのが最大の危惧だったようで，大変厳しいチェック[4]」があった。

このようななか，厚生省はGHQに傷痍者保護対策を提案していく。その提案は1947年8月1日厚生省「傷痍者の保護に関する件（第一次案）」をはじめとして，同年10月18日の第四次案まで続けられていった。主な提案内容は授産施設の設置による傷痍者保護対策と，中途失明者対策として光明寮の官制化であった。

この過程における対象規定を取り上げると，第一次案では「障害の種類別に(1)失明者，(2)四肢切断者，(3)内部疾患者及び頭部損傷者，(4)両目失明且つ四肢を切断する者等[5]」が示されていた。第二次案では失明者，四肢切断者，結核患者，両眼失明かつ四肢切断者の分類別の対策を明示し，このような対象把握に基づき，第三次案では具体的な対象者数に基づく計画の立案へとつながって

いった[6]。その後，1947年11月26日に厚生省社会局長「傷痍者収容施設の計画について」が示され，1948年2月18日にはGHQからの要望によって速やかな実施が求められ，同年6月にスタートする。このように，傷痍者保護対策では失明者，四肢切断者，結核患者，頭部損傷者といった障害分類が登場し，これにしたがって対策が立てられていったのである。

これら障害分類が出された背景には，戦時からの軍事援護や社会政策の影響に加え，この時期の厚生省の関心が影響しているものと思われる。

山田明によれば，当時の障害者は実態として必ずしも戦争による傷痍者だけではなかったとしている。厚生省が行った調査によれば，身体障害者に傷痍軍人が占める割合は約7割に及び，なかでも結核による身体障害者数は20万人とあり，切断が9万3000人と続いていた。しかし，この統計と兵庫県厚生課による調査結果とを比較検討すると，兵庫県厚生課の調べでは傷痍軍人が占める割合は1割程度であり，厚生省が一般の障害者数を過小評価していたとのことである[7]。

これは，とくに見過ごされがちな精神障害の問題を取り上げても同様の指摘が導かれるであろう。戦後の統計は見当たらないが，戦時では衛生行政によって精神疾患の問題が取り上げられており，統計上は1938年では約9万人存在したとあり，例年その数は増大していた[8]。戦後にこの数が激減したとは到底思えない。いずれにせよ，戦後に登場した傷痍者保護対策は，あくまで戦争による障害が想定され，たとえば先天性の障害や知的障害，精神障害といった障害はあまり考慮されていなかった点が指摘できる。

今でこそ生活の場で援助を必要とするさまざまな障害者が社会に認識され，その実態が明らかにされてきているが，当時の厚生省はこのような障害者を認識する手立てそのものも脆弱であった可能性が高い。厚生省が元「産業戦士」や傷痍軍人以外の障害者を救済の観点から国家的に取り上げてきたのはせいぜい救護法しかない。したがって，国立病院に入院している結核患者といった，まずは従来からあった枠組みにより把握のしやすかった者から取り上げていかざるを得なかったと思われる。このように見ると，障害者対策の領域での戦後改革も，その改革はそれまでの枠組みによる対応から出発せざるを得なかったことが考えられる。

また，戦後改革を捉える場合，その改革の「受け皿」となる歴史的蓄積が重要となる[9]。たとえば農地改革は戦前までの農民運動による蓄積がその実効性を飛躍的に高めたが，一般の障害者対策ではその経験があまりにも浅かったため，精神障害等には関心が向けられる余地がなかったといえる。その意味で，その対策の中心は身体障害が前提とされた戦時・戦後の連続性をここに見ることができる。

　しかし，そのなかでも民主化による明らかな断絶があった。それは，非軍事化と民主化政策として打ち出された「無差別平等」の原則によって導かれた障害原因を問わない対応である。

　戦時体制では，元「産業戦士」や傷痍軍人には軍事援護による手厚い保護が用意されていた。これらは国にとって戦時体制を維持するために欠かせない制度であったのである。一方で，先天性などの障害者には救護法によってわずかな保護を与えるか，障害原因が「遺伝性」と見なされた場合には国民優生法により断種の対象としていた。このように，戦時体制下の障害者政策の特徴は，障害原因によって国の姿勢が明確に分かれていたことにみられる。傷痍者保護対策をめぐるGHQと厚生省のやりとりは，「無差別平等」の原則をめぐって神経質に繰り広げられた結果，元軍人軍属かどうかは問わないものへと収束した。「無差別平等」原則によるチェックが注意深くされたことによって，障害原因を問わない障害者対策が実現されていったのである。

　すなわち，戦後改革で目指された非軍事化・民主化政策は，戦時体制下に軍事援護で確立した障害原因による国家的対応の差別化を，障害原因の問わない対応へと動かしたことが評価されよう。このことは，長らく丁種不合格者として軍隊組織からふるい落とされ，「臣民としての義務を果たし得ない」とされてきた多くの障害者に焦点を当て，障害に対する保障の観点から国家的対応を本格的にスタートさせるきっかけともなっていったと思われる。

### 2　傷痍者保護対策

　身体障害者福祉法の制定過程で用いられた統計項目や数値を明らかにすることで，戦後期という歴史的社会的状況が大きく変化していくなかで，福祉政策が実際に何を政策課題として捉え，その対象を設定していったかが見えてく

る。そこで，ここでは身体障害者対策のなかで登場してきた統計に着目し，検討したい。

　前節で述べたように，戦後の傷痍者保護対策が表面化するのは1947年7月25日に厚生省社会局長によって出された「失明者保護に関する件」であるとされている。その後，厚生省はGHQに傷痍者保護対策を提案し，その提案は1947年8月1日の厚生省「傷痍者の保護に関する件（第一次案）」をはじめとして同年10月18日の第四次案まで続けられていった。このなかで，たとえば第一次案では「障害の種類別に⑴失明者，⑵四肢切断者，⑶内部疾患者及び頭部損傷者，⑷両目失明且つ四肢を切断する者等」とする障害分類が示されるなど，本法の対象規定の原型ともいえる内容が登場していた。

　管見の限り，この傷痍者保護対策における統計数値が体系的かつ明確な内訳を伴って登場してくるのは，傷痍者保護対策の具体的な計画が練られる資料とされた福利課「傷痍者保護対策中央委員会資料」における「傷痍者の保護計画」である。

　ここでは対象を「失明者」「四肢切断者その他外傷による労働困難者」「結核治癒者」「傷痍者（主として外傷者）にして病院療養所を出た者」のカテゴリーに分け，それぞれの人数を割り出している。具体的には「失明者」を約1万8250人とし，うち約2000人は元傷痍軍人とした。「四肢切断者その他外傷による労働困難者」ではさらに3つのカテゴリーに分類し，①「四肢切断者」を約9万3300人（「内元傷痍軍人」2万8300人，「一般人」6万5000人），②「身体的欠陥の為に通常の職業に就くことが出来ず，又は一般通常の授産施設や補導施設を利用出来ない者」を約1万6000人と推計し，③「義肢（補助器具も含む）を必要とする外傷者」を9万3300人とした。「結核患者」は約200万人という非常に大きな数値を示したうえで中重患者を20万とし，このうち完治せず退院して一般社会で就労し，再発のおそれがある者は約4万人以上に達する見込みであるとした。

　これらを根拠にしながら，「附録　傷痍者数と原因との関係」では傷痍者総数を49万597人（男43万7224，女5万3373）と見積もっていた。これを表4－1に示す。ここでは傷痍の原因が詳しく調べられていたことが特徴的であるが，これを見る限りでは，元傷痍軍人の割合は66.2％であり，傷痍者保護対策の段階

で中心的な対象と考えられていたのはやはり元傷痍軍人であったことが確認できる。

この統計数値はさらに保護の要否に踏み込んだ分類を行っている。「附録第二　傷痍者数と保護との関係」では、「要保護者」の数を23万6500人（「元傷痍軍人」12万1500人、「一般傷痍者」11万5500人）、「保護を要せぬ者」を25万4097人（「元傷痍軍人」20万3122人、「一般傷痍者」5万975人）としていた。この一覧を示したのが**表4-2**である。

表4-1　傷痍原因の内訳

| 傷痍原因 | 人 |
|---|---|
| 元傷痍軍人 | 324,622 |
| 公務傷痍者 | 9,220 |
| 災害傷痍者 | 66,997 |
| 戦災傷痍者 | 8,144 |
| 事故其の他 | 81,614 |
| 総　　数 | 490,597 |

※1　「傷痍者の保護計画」における「附録第一　傷痍者数と原因との関係」から転載した。

どのような基準で保護の必要性を線引きしたかは不明であるが、「一般傷痍者」の方が保護を必要と認める割合がかなり高く見積もられているのが特徴的である。32万人いた「元傷痍軍人」では要保護とした割合は4割でしかないのに対し、17万人いた「一般傷痍者」では要保護とした割合は7割にのぼる。

当時、元傷痍軍人に対する保護はGHQにより厳しい制限が加えられていた事情を考慮すると、「要保護者」の内訳により一般の傷痍者を多く見せる必要があったためなのかも知れない。いずれにせよ、ここでは傷痍者統計で割り出した49万人の約半数を保護が必要と認識し、その対策が練られていく基礎資料とされていった経緯が指摘できよう。

このように、傷痍者保護対策では傷痍者を49万人と見積もり、その内訳ではやはり元傷痍軍人が7割弱を占めていた。しかし、保護を必要とする傷痍者の統計では対象をおよそその半数と認識し、その内訳では恣意的ともいえるほど元傷痍軍人の割合をかなり少なく見積もり、一般の傷痍者と半々の割合としていたのである。その要因には、やはりGHQの姿勢にあった「無差別平等」の原則の立場から、傷痍者のみを取り上げて対策を行うことには強い懸念があったことが影響していたものと考えられる。

戦後に登場した傷痍者保護対策ではあくまで戦争による障害が想定され、たとえば先天性の障害や知的障害、精神障害といった障害はあまり考慮されていなかった。そこに「無差別平等」の原則が影響することで、一般の障害者へも眼が向けられ、障害の捉え方も戦争によるものだけではなく、徐々に視野が広

表4-2　傷痍の状況と保護

|  | 外傷者 | 内部疾患者（重度） | 要保護者 | 保護を要せぬもの |
|---|---|---|---|---|
| 元傷痍軍人 | 188,898 | 135,724 | 121,500 | 203,122 |
| 一般人 | 99,975 | 66,000 | 115,500 | 50,975 |
| 計 | 288,873 | 201,724 | 236,500 | 254,097 |

※1　「傷痍者の保護計画」における「附録第一　傷痍者数と原因との関係」および「附録第二　傷痍者数と保護との関係」から引用した。
※2　要保護者の計が合致しないのは原資料による。

げられていった過程が見られる。

## 3　身体障害者福祉法の成立

1948年10月にNSC13/2（アメリカの対日政策に関する勧告）が出され，ジョセフ・ドッジの派遣など，以後対日占領政策は大きな転換を迎える。統制主義的な政策から超均衡予算，補助金削減，復興金融債停止，為替一元化といった自由経済原則に基づく政策へと転換していった。この政策のなかで，身体障害者福祉法（以下，本章では本法と略す）は度重なる法案提出の断念と修正の末，成立していったのであった。その主要な争点の一つに本法の「対象をいかにとるか。結核，精神障害まで広げるか」[12]があった。

1949年12月に成立した本法第4条では，「この法律において『身体障害者』とは，別表に掲げる身体上の障害のため職業能力が損傷されている十八歳以上の者であつて，都道府県知事から身体障害者手帳の交付を受けたものをいう。」と規定した。身体障害者福祉法別表（以下，本章と第**5**章では別表と略す）では障害の種類を「視力障害」「聴力障害」「言語機能障害」「肢切断又は肢体不自由」「中枢神経機能障害」に分類し，それぞれの程度を規定している。

第4条に規定された「職業能力が損傷されている」という文言の意図について，佐藤久夫は「法による措置を通じて将来はそれが可能になるか改善される可能性をもつ者のみを，『身体障害者』として規定しようとしたことが考えられる」[13]としている。

「職業能力が損傷されている」という文言は，法の目的のところで規定された更生概念と関連している。法の目的に更生概念が導入された背景には，矢嶋

里絵によれば，更生課長黒木利克が米国の"rehabilitation"を邦訳したものとされているが，アメリカで用いられている概念と異なり，本法の目的で定められた更生概念は職業的自立に限定されて用いられたものであるという[14]。

　法の目的として職業的自立が目指され，その理念にしたがって対象規定に現れたのが「職業能力が損傷されている」という文言であったといえる。したがって，更生の可能性がまったくないとされる者ははじめから対象から除外されることになった。あえて年齢制限が定められなかったのも，更生を前提にしている限り，その可能性が見込まれないとされる高齢者は必然的に除外されると考えたからである[15]。また，年金保険制度でも生理学的な「廃疾」ではなく，「廃疾」によって職業的労働が不能となる「経済的廃疾」が対象になるという認識があったが，身体障害者福祉法の対象認識も共通の論理を見ることができる。

　別表が登場してきた背景にはどのような経緯があったのだろうか。以下，寺脇隆夫によって明らかにされた成果をもとにその経緯を探ることにする。

　本法制定の土台となる更生課の設置（1948年7月）段階では，すでに失明者，肢体不自由者，内部疾患・特殊疾患者の障害分類が登場していたと思われる[16]。この分類の枠組みとしては，前節で取り上げた傷痍者保護対策の分類と類似していること，および次節で述べるように統計で用いていた分類を見ても傷痍者保護対策を参考にしたものと思われる。

　1949年の2月からは身体障害者福祉法制定推進委員会で，各委員からの提案を経て，最初の法案が登場していく。このとき，社会局更生課が試案として最初に作成した案では，タイトルに用いられた用語が「傷痍」から「身体障害」へ変化し，障害者の定義を「身体上又は精神上の障害を有し，そのために経済生活能力の減少しているもの」とし，その対象を「全盲又は強度の視力障害」「全ろう又は強度の聴力障害」「おし又は強度の言語機能障害」「四肢切断又は肢体不自由」「中枢神経機能障害」「結核性疾患，精神疾患等で後保護を要するもののなか，別に政令で定めるもの」とした[17][18]。

　同年3月頃に予算確保の問題からいったん法案の国会提出を断念した後，さらに見直しが進められていく。米国から更生課長黒木利克が帰国した後になる6～7月と思われる大幅修正では，対象を「身体障害者とは，左の各号の一に

該当する精神上又は身体上の障害のため職業能力が損傷されている一八歳以上の者であって，その申請に基いて都道府県知事から身体障害者手帳の交付を受けたものをいう」とし，その障害分類を「視力障害」「聴力障害」「言語機能障害」「四肢切断又は肢体不自由」「中枢神経機能障害」と規定した[19]。「経済生活能力の減少」の文言が「職業能力が損傷」という文言に変わり，第三次案で規定していた「結核性疾患，精神障害等で後保護を要するもののなか，別に政令をもって定めるもの[20]」が削除されており，寺脇はこの段階で「対象規定の限定の問題が初めて提起された[21]」と指摘している。以後，成立に至るまでこの「結核性疾患」「精神障害」の対象化・非対象化をめぐって変動が見られるが，結局はこの時点で示された障害分類が成立した法律の内容となる[22]。

　これらを見る限りでは，結核や精神病を境界線に議論が重ねられ，それらを削ることで，対象を限定する方向に修正していった過程がうかがえる。

　結核については，厚生省が示した結核患者数の統計によって相当数にのぼっていたこと，そして患者同盟による運動があった背景を考慮すると，その部分を削っていったことは重大な決断であったはずである[23]。なぜこれらが削除されたかについては，「昭和二十四年九月／身体障害者福祉法逐条理由[24]」にその理由の説明が示されている。

　第一に，法の運用の画一性を確保するための判定機関の能力的な問題で，精神病や結核などを判定する機関が全国にまだ充分に整備されていないことである。第二に，「能力損傷」の基準の設定の困難性であり，身体的な損傷は客観的な判断ができるが，内臓疾患や精神の判定は難しいことである。第三に，施策の経済的制約であり，精神や結核といった障害を含めると対象が膨れ上がり，経費がまかなえないことである。

　これらの見解は，本法成立後に厚生省が対象を限定したことを説明している内容と一致している[25]。したがって，このときの見解が本法で対象を限定した厚生省の見解の元になったものと思われる。

　この見解を佐藤久夫は次のように分析している[26]。第一の画一的な判定の可能性については，知能テスト等によって，少なくとも重度については判定が十分可能であった。判定基準の研究は1966年からであり，遅々たるものであったことからしても，「対象を狭く限定するための口実として評価判定基準とその体

制の不備が利用されてきたことをうかがわせるものであろう[27]」。また，厳密な評価は医師に依存する観点となっており，諸外国に学ぶ姿勢が充分に生かされたかどうかを検討しなくてはならない。第二については，欧米ではすでに制限列挙主義から普遍的一般的方式へと展開していったが，日本ではあくまで制限列挙方式に止まり，諸外国の状況を学ぶ面が生かされたとはいえない。したがって，第三の「経済的制約が大きな役割をはたしていたと考えられる[28]」。

本法の施行初年度の状況を見ると，「本法の完全実施には約三七億円を要し，施設等はこれを将来に譲るとしても，経常費約七億円の見積もりに対し，現実に本法の実施予算は，僅かに一億五千万円，地方財政平衡交付金に繰り入れられた分が約二億二千万円，合計して約三億七千万円に抑えられたのであった。この額は，当初の見積額の約二分の一にすぎない[29]」という有様であった。このような状況を鑑みても，佐藤久夫が指摘するように経済的制約によって対象が限定されたことは容易に想像できる。

しかし，これに加え，戦時からの歴史的な影響も無視し得ないと考える。前章まで述べてきたように，戦前から結核の蔓延は社会的関心を集め，戦時体制下では国策として結核予防対策が行われ，結核療養所等が設置されてきた。戦後間もない頃は，結核は治療ではなく大気安静による療法が行われる程度であった。前述の通りその数は20万人に及んでおり，これらを対象に含めることに財政的な制約が働いたことが十分推測できる。だが，医学の発達により結核は治癒不可能な「廃疾」から治癒可能な疾病となり，その後ストレプトマイシンの社会保険の給付対象化や結核予防法による対応が行われ，厚生省の関心は本法による対応から医療の方へ移っていった[30]。

では精神病はどうだろうか。確かに佐藤久夫が指摘する通り，呉秀三に代表されるように医学史的にも精神判定の技術はすでに蓄積され，徴兵制においても前述したように『軍医団雑誌』などを通して積極的に日本に輸入され，判別のための医学的な水準は満たしていたと考えられる[31]。しかし，日本での技術内容はあくまで私宅監置といった社会防衛的な観点からの臨床経験の積み重ねに傾斜しており[32]，社会復帰へつなげていくという更生や保護といった観点からの判定，そしてその援助は当時の厚生省にとっては想像がつかなかったようにも考えられる。このような背景を踏まえるならば，経済的な制約に加えて戦時か

らつらなるこのような行政の立場からの臨床的な水準による影響も無視できないものと思われる。[33]

　戦前から保障的な観点から知的障害者や精神障害者への国家的な実践の積み重ねがあれば，財政的制約のなかでも，たとえば重度だけを対象とするなど，その後の展開を見込んだ思考も生まれたはずである。周知の通り，その後知的障害者と精神障害者への福祉施策は大幅に整備が遅れ，しかも別立てで法制度がつくられることになり，身体・知的・精神障害の種別で施策の充実度に温度差を生み出し，いわゆる「谷間」の障害を生み出していく要因ともなっていったといえる。つまり，三障害が分離された背景には保障的な観点から国家的な実践の積み重ねのなさがあり，身体障害に限定されたことがその後の障害者福祉全体にとって長く尾を引く結果をもたらせたものといえる。

　なお，本法成立の過程で別表の登場が確認されるのは，GHQと更生課による折衝を経て承認されたと思われる1949年11月22日時点である。[34] ここで初めて障害程度の概念が導入されている。どのような意図をもって程度が設定されたかが問われるが，それについては第5節で述べる。

　このように，身体障害者福祉法の審議過程では主に精神病や結核を対象として含めるかどうかが争点となり，結果的に除外されていた。その理由には財政的な影響に加え，障害を更生や保護といった観点から捉えることへの戦前からの国家的な積み重ねが薄弱であったことが影響している点を指摘した。また，身体障害者福祉法で具体的に対象を規定した別表について検討すると，その論理には「職業能力が損傷されている」という観点があり，それが高齢者概念との違いを示す論拠にもなっていた。後にこの規定は審議過程でも示されていたような「生活能力の減少」といった内容に修正されず，単に削除だけされてしまったことで，後述する佐藤久夫の指摘の通り，その後の対象規定における障害者の生活実態を反映させる論理的根拠を著しく損なわせたのであった。

## 4　身体障害者福祉法は元傷痍軍人対策か

　前述の通り，身体障害者福祉法の審議過程では，精神病や結核を対象とするかどうかが争点となっており，結果的に除外されるなど，対象規定の設定には紆余曲折が見られる。では，厚生省が実際に身体障害者福祉法の制定にあた

り，何を対象として認識していたか。それをより具体的に検証するため，当時厚生省等が用いていた統計を取り上げて検証したい。

第2節で述べた傷痍者統計は，本法の審議がスタートする段階に基礎資料として引き継がれたものと思われる。1949年1月頃の文書と思われる厚生省社会局「傷痍者保護更生対策要綱案」では，第2節の傷痍者統計と同じく傷痍者を約50万人と推定し，「傷痍の原因，傷痍の程度及び性別等に拠って差別することなく夫々の保護の必要度に応じて無差別平等に取扱ひ，特に旧軍人軍属に対して優先的保護を行はない」としていた。そのうえで，全国傷痍者の実態調査の実施を明記していた。[35)36)]

本法制定過程で対象認識にかかわる統計がより具体的かつ明確に示されたのが，1949年11月の「身体障害者福祉法案参考資料」である。[37)] 11月ということは，12月に成立した本法の中身が最終的に詰められた段階であり，成立した本法の対象がどのような根拠で設計されたのかを示す有力な資料といえる。この資料では，次の3つの統計が載せられていた。

第一は，統計を「全盲」「強い弱視」「聾唖」「強い難聴」「盲聾唖」「強い難聴強い弱視」「四肢不自由」「内之軍人軍属」「一般」「結核」「頭部障害」のカテゴリーで集計されていたもので，身体障害者数を計79万9978人と非常に多くの数値を挙げ，そのうち児童福祉法の対象となる18歳未満の数は計19万1126人としたうえで，本法該当者数を60万8852人とした。資料には統計データの出所について付記されており，順に「全盲」から「強い難聴強い弱視」までは「（昭和―筆者）二二年一〇月国勢調査による結果（四‐四〇才）に対し年齢別人口数によって■算したもの」，[38)]「四肢不自由」と「内之軍人軍属」は「二二年協助会の調査による」とし，一般から頭部障害までは「二四年社会局調査による」とあった。つまり，ここでの身体障害者統計は国勢調査，協助会調査，社会局調査から得たデータであることが示されているのである。

第二は，「身体障害者数調表　昭和24年5月28日現在」と題する各都道府県別の統計で，傷痍の原因と種類とのクロス集計が示されている。それによると，「公務」5057人，「産業」1万3514人，「自然災害」7181人，「戦禍」のうち「旧軍人軍属」3万7051人・「一般人」4706人，「交通事故」3784人，「疾病」のうち「先天性」6万2037人・「後天性」10万2551人，「其の他」1万3416人で，

第4章　障害者福祉における障害　　105

表4-3 身体障害者福祉法案参考資料（1949年11月）における身体障害者統計

| 傷痍原因<br>傷痍種類 | 公　務 | 産　業 | 自然災害 | 戦　禍 旧軍人軍属 | 戦　禍 一般人 |
|---|---|---|---|---|---|
| 全　盲 | 165 | 688 | 1,052 | 929 | 389 |
| 強い弱視 | 132 | 311 | 330 | 985 | 196 |
| 聾　唖 | 46 | 112 | 1,145 | 139 | 161 |
| 強い難聴 | 65 | 141 | 348 | 409 | 165 |
| 四肢不自由 | 3,436 | 11,295 | 3,817 | 27,346 | 3,293 |
| 結　核 | 1,020 | 769 | 275 | 5,721 | 311 |
| 頭部障害 | 193 | 198 | 214 | 1,522 | 191 |
| 計 | 5,057 | 13,514 | 7,181 | 37,051 | 4,706 |

| 傷痍原因<br>傷痍種類 | 交通事故 | 疾病 先天性 | 疾病 後天性 | 其の他 | 計 |
|---|---|---|---|---|---|
| 全　盲 | 117 | 9,660 | 26,121 | 1,440 | 40,561 |
| 強い弱視 | 53 | 2,972 | 7,635 | 802 | 13,416 |
| 聾　唖 | 56 | 29,524 | 7,033 | 1,197 | 38,713 |
| 強い難聴 | 23 | 1,869 | 5,604 | 988 | 9,612 |
| 四肢不自由 | 3,410 | 14,765 | 41,497 | 6,986 | 115,845 |
| 結　核 | 30 | 548 | 10,108 | 1,384 | 20,166 |
| 頭部障害 | 95 | 2,699 | 4,553 | 619 | 10,279 |
| 計 | 3,784 | 62,037 | 102,551 | 13,416 | 249,297 |

※1 「身体障害者福祉法案参考資料」から筆者が作成した。
※2 原資料では「旧軍人軍属」の箇所など何点か内訳と合計に差が見られたため，本表では内訳に基づき修正した数値を掲載している。また，かすれなどで数値の読み取りに不明瞭な部分もあり，「木村文書」の別の所にあった同じ資料とも見比べ，また検算を行いできる限り正確な数値の把握に努めたものの，依然総計に原資料との誤差が705ある。

総計24万9297人であった。それらを整理し，表にまとめたものが**表4-3**で，図にしたものが**図4-1**〜**図4-3**である。

　**図4-1**から特徴を整理すると，まず「四肢不自由」の数が圧倒的に多いこと，その「四肢不自由」の原因には「疾病」が際立って多いほか，「旧軍人軍属」で「戦禍」によるもの，「産業」によるものが多いことが挙げられる。そして，他の障害では「疾病」によるものに集中している様子が見られる。なお，**図4-2**からもわかるように「頭部障害」では「疾病」に加え，「旧軍人軍属」による数が目立つ。「旧軍人軍属」は「四肢不自由」や「結核」に続き，「頭部障害」を中心に障害を抱えていたといえる。

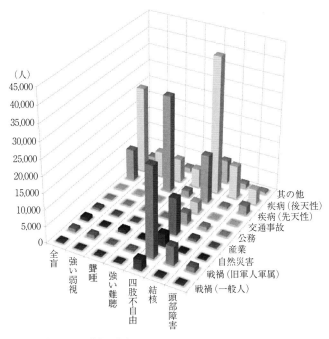

※1 表4-3から筆者が作成した。

**図4-1　身体障害者福祉法案参考資料における身体障害者統計（実数）**

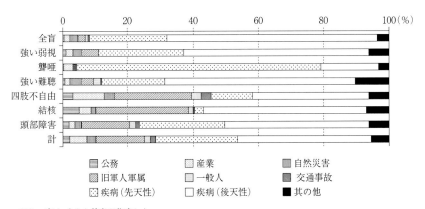

※1 表4-3から筆者が作成した。

**図4-2　身体障害者福祉法案参考資料における身体障害者統計（障害別割合）**

第4章　障害者福祉における障害　　107

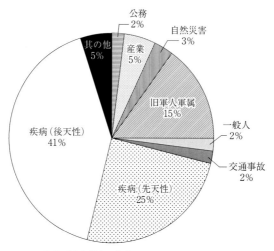

※1 表4-3から筆者が作成した。
**図4-3　身体障害者福祉法案参考資料における身体障害者統計（全体の割合）**

　図4-2および図4-3を見ると，身体障害者の障害原因は「旧軍人軍属」はわずか15％であって，「疾病」が66％と大半を占めていることが指摘できる。つまり，この統計では直接戦争によるものは限られた割合でしかなく，むしろ疾病に基づく障害がほとんどであったことを示している。この統計は身体障害者対策が元傷痍軍人を主な対象としていたとする見解とは異なる状況を示すものである。

　なお，この統計では男女別の分類があり，男性は16万6253人，女性は8万3044人で，男性は女性に比べ倍となっていた。上記の図表には示していないが，その原因を原資料の統計から探ると，男性は障害原因に「旧軍人軍属」が多くを占めるのは当然であるが，実はそれは一部にすぎず，「疾病」を除き全体的に圧倒的に男性が多くの割合を占めていたことが影響している。女性も労働力として工場に雇用され，男性同様に戦禍を受け，また交通事故にも遭遇しているはずであり，この数値はあまりにも不自然である。恣意性が高いこの統計数値は，本法のねらいが職業復帰であったことを踏まえると，引揚者による労働力過剰とされるなか女性を職業復帰の対象と見ていなかったからなのかも

知れない。

　第三は,「国立病院及び国立療養所入院入所患者」である。国立病院は98あり,床数は2万3000である。そのうち入院患者は2万668人（1949年8月平均）で,内訳には多いものから順に「結核」54.5％,「外科」32.2％,「精神」4.2％が並んでいた。費用負担に関心があったようで,この資料では入院医療費負担の内訳が明示されており,それによると,入院医療費を生活保護で支払う患者が57.5％も占めていた。

　また,国立療養所は163あり,療養所の種類は「結核」142,「癩」10,「精神」3,「温泉」7,「頭部」1であった。床数は3万4835で,入所者は3万7803人に上っていた。ここでも医療費は生活保護による支払いが45.2％も占めていた。本法制定過程では結核患者を本法で対応するかどうかが争点となり,結果除外されたことを述べたが,本法で対応するとなった場合はやはり大きな財源を伴うものであった事情が見える。

　このように,戦後の福祉政策では障害原因に関心を持ちながら主に視覚障害や聴覚障害,肢体不自由,結核,頭部障害を枠組みとした実態の把握が進められ,その対策が練られていったことが考えられる。具体的には身体障害者数を80万人と見積もり,18歳未満を除いた約61万人が本法に該当してくること,その根拠に国勢調査,協助会調査,社会局調査の統計が用いられていた形跡が見られた。そして,障害原因別に詳しい統計がとられており,傷痍者保護対策の場合に比べて元傷痍軍人の割合が非常に少なく見積もられていた点が特徴的であった。また,国立病院や国立療養所に入院する患者数やその原因も割り出され,そこではおよそ半数が結核患者であり,結核患者の半数近くは生活保護法で医療費を支払っていることが示されていた。

　このとき,障害原因に関心が向いた背景には,「無差別平等」の原則の下,元傷痍軍人への優先的保護を厳しくチェックするGHQからの圧力があったことが考えられる。そのような監視の目があったからこそ先天性を含めさまざまな障害種に目が向けられ,その実態の把握へと方向づけられていった側面があると指摘できよう。すなわち,「無差別平等」の原則の下に進められた福祉政策では,戦時まで戦力ならざる者とされた先天性障害者を含む一般障害者の存在が,初めて保障的な観点から統計数値となって浮き彫りにされていき,しか

もその割合が大きな数値で示されていったといえる。

ただし，第一で挙げられた本法該当者数61万と第二で挙げた身体障害者数25万はずいぶん異なる。そして，第二で示された身体障害者数25万は，第2節で述べた傷痍者統計で「要保護者」23万6500人とある程度近いものである。この差はいったい何なのだろうか。

おそらくは，第2節で述べた傷痍者保護対策の統計と同様，身体障害者数を80万とした第一の統計はあくまで全体の目安として出したものであり，実際に本法が対応していく範囲として検討されたのが第二の統計で示された25万という統計数値であったと思われる。第一の統計で示された80万に及ぶ身体障害者を本法がどこまで対応するか，そしてその線引きをどのように設定するかが法案作成において重大なポイントとなる。その線の引き方によって必要となる財源が大きく左右されるからである。

戦後の厳しい財政的制約のなか，本法が対象とできる範囲は絞られてしまう。その制約のなかで現実的なものとして登場してきた数値が，第二で示された25万人という数値であったと思われる。これが本法で対応する範囲の大枠とされ，その枠組みのなかで具体的な対象規定が論議されていったものと考えられる。

そして第二の統計で示されたものを見る限りでは，戦後の福祉政策では障害原因を問わない普遍的な捉え方へと修正がなされていったものと思われる。では，その障害分類はどのように決められていったのか，次節で検討する。

## 5　身体障害者福祉法における障害とは

本法別表は，本法の対象を規定するために登場してきた障害分類で，本法が具体的に対象を規定する身体障害者障害程度等級表はこの別表を基準にされている。では，別表にはどのような考えや論理があったのだろうか。

第3節で述べたように，本法は職業的リハビリテーションを通して身体障害者を職業的に復帰させることが中心的なねらいであった。そのため，「職業能力の損傷」が対象を決める基準とされていた。また，本法では対象規定に年齢制限は設けていない。それは職業復帰の可否を年齢で一律に線引きすることが困難であることに加え，高齢であれば職業復帰も見込めなくなるため，必然的

に対象から除外されていくとの見込みがあったからであった。

　1950年2月の社会局「身体障害者福祉法逐條解説」では，「職業能力が損傷されている」の意味について次のような説明をしていた[39]。本法の対象は，職業に就いて働く能力が他の人に比べて障害によって減殺されている場合，そして放置すると障害の状況が悪化してその能力が減殺される可能性の強いものも含まれる。ところがその判定は職業毎に障害の影響度を法文で規定することは困難なので，「一定の障害のある者は，必ず何等かのいみで職業能力に損傷があるという事実に基いて特に障害程度を唯一の決定要因とし，現実的な職業上の能力損傷を重くみないことにして法施行の厳密な統一を図ることが考えられる」とのことであった。

　つまり，本法別表で示されたのは障害の分類や程度のみではあるが，それらはあくまで職業能力を念頭に規定した。考え方としては，職業に従事する能力が障害によってどの程度困難となっているかを基準に判定していくことになる。しかし，それを法律のなかで一律に規定していくことは難しい。したがって，職業能力を踏まえながらも結局は機能障害のみに着目して判定する仕組みを採用するほかないとしたのである[40]。

　さらに，本法別表で規定された内容について，「身体障害者福祉法の一部を改正する法律案逐条説明」では次のような説明がなされていた[41]。

　　本法別表は，その制定の際，それに掲げる身体上の障害がある者は，何等かの程度において，職業能力に損傷があるということが明らかなもののみを選定しており，国際労働会議事務局発表の産業災害に於ける労働能力損傷度表中大体五〇％以上損傷を来す障害を含むように意図されたものである。

　この文書では，本法別表が国際労働会議の産業災害における「労働能力損傷度」を参照したとのことであるが，「労働能力損傷度」がいかなるものなのかは不明である。しかし，本法別表は労災分野を参照にしながら，労働能力を半分以上損傷したかどうかを基準に定めたとの記述は示唆的である。つまり，別表の背後にある論理には労災による「職業能力の損傷」が述べられていたのであり，身体障害者障害程度等級表もこのような事情と深く関係してくるものと

思われる。

　本法の成立後，1950年4月6日に公布された本法施行規則では障害程度の認定方法を規定し，市町村を窓口に都道府県知事による障害程度の認定と，それに懐疑がある場合の手続きとして地方身体障害者福祉審議会への諮問および厚生大臣への認定を求めるといった手続きが規定された。これにより障害認定の最終的な判断には厚生省が対応する仕組みができあがった。

　別表が規定した障害の範囲は，以下の通りである[42]。

　別表（身体障害の範囲）
　一　視力障害
　　1　両眼の視力（万国式試視力表により，測定したものをいい，屈折異常のある者については矯正視力についてその測定をしたものをいう。以下同じ。）が0.1以下で，症状の固定したもの
　　2　一眼が失明し，他眼の視力が0.6以下で，症状の固定したもの
　二　聴力障害
　　1　両耳の聴力が40センチ・メートル以上の距離において普通の話声が了解できない程度以上の障害で，症状の固定したもの
　三　言語機能障害
　　1　言語機能の喪失その他その著しい障害で，症状の固定したもの
　四　肢切断又は肢体不自由
　　1　両上肢又は両下肢の機能の喪失
　　2　両上肢を腕関節以上で又は両下肢を足関節以上で失つたもの
　　3　一上肢若しくは一下肢の機能を全く失い又は一上肢若しくは一下肢の三大関節のうち二関節以上の機能を失つたもの
　　4　一上肢を腕関節以上で又は一下肢を足関節以上で失つたもの
　　5　一手のおや指及びひとさし指を失つたもの又はおや指若しくはひとさし指を含めて三指以上を失つたもの（おや指については指関節その他のものについては第一関節以上を失つたものをいう。）
　　6　一手のおや指又はひとさし指を含めて四指以上の機能を失つたもの
　　7　両足又は一足をリスフラン関節以上で失つたもの
　　8　せき柱に障害があるもので厚生大臣の指定するもの
　　9　胸かくに変形があるもので厚生大臣の指定するもの
　　10　骨盤に変形があるもので厚生大臣の指定するもの

11　軟部組織のはんこん，欠損等により運動機能に著しく障害のあるもので厚生大臣の指定するもの
　　12　前各号に掲げるものの外，その障害の程度が前各号に準ずると認められるもの
　五　中枢神経機能障害
　　1　常に就床を要し複雑な介護を要するもので回復の見込のないもの
　　2　半身不随で回復の見込のないもの

　厚生省がこの別表の具体的な解釈を示したものが，1950年7月26日に通達された「身体障害者福祉法別表『身体障害の範囲』の解釈について」(社乙発116号)である。
　ここでは，「機能障害の範囲はあくまで職業能力の損傷の程度を基準にして定められるべきもので，労働者災害補償保険法の如く，賠償的観念を加味した判定によるべきでない」との見解が示されている。そして，身体障害の最低線は，「本法制定の目的により明らかである」とし，「その最低線は相当高度の障害に限定され，また感覚器，肢体不自由の各障害の間の関係は，従来の恩給法や労働者災害補償保険法等と必ずしも一致していない」としている。また，別表にある「視力障害」は，「両眼の視力が」は別々に測ったものであること，「言語機能障害」は，「音声を全く発し得ざるか，或は発生し得ても言語機能の障害のため言語のみを用いて意思を疎通することが困難なるもの」としている。
　「肢切断又は肢体不自由」はケースによって多岐にわたるが，例示をしながら次のような解釈を展開している。たとえば，下肢の肢体不自由であれば1km以上の歩行不能，30分以上同一立位を保てないもの，通常の駅の階段の昇降が手すりにすがらねばできないもの，通常の腰掛けに腰掛けられないもの，通常の座位をとることができないものである。このような解釈を見る限りでは，「肢切断又は肢体不自由」はかなり広範な範囲を示していたかのように見受けられる。
　1951年5月31日公布の「身体障害者福祉法の一部を改正する法律」によって，本法第4条の「職業能力が損傷されている」が削除された。このとき，佐藤久夫も指摘するように，[43]対象を制限する要因であった職業能力の規定がなく

第4章　障害者福祉における障害　　113

なったことは，確かに対象を広げていく側面があったが，ここで新たに依拠する根拠，たとえば本法の成立過程で見られたような「生活能力の減少」といった規定が盛り込まれなかったことは，その後の対象規定に機能障害へのこだわりを一層強くさせ，障害者の生活実態を反映させる論理的根拠を著しく損なわせたといえる[44]。

1951年10月6日の「身体障害者福祉法施行規則の一部を改正する省令」では，身体障害者手帳の様式に「級別」の項目が加えられた。これは所得税法による控除等の徴税機関への利便を図るために設けられたものである[45]。

その後，1954年に対象規定に大きな動きが見られる。1954年3月31日に公布された「身体障害者福祉法の一部を改正する法律」で，別表が次のように改定されたのである。

　別表（身体障害の範囲）
　　一　次に掲げる視覚障害で，永続するもの
　　　1　両眼の視力（万国式試視力表によって測つたものをいい，屈折異常がある者については，矯正視力について測つたものをいう。以下同じ。）がそれぞれ0.1以下のもの
　　　2　一眼の視力が0.02以下，他眼の視力が0.6以下のもの
　　　3　両眼の視野がそれぞれ10度以内のもの
　　　4　両眼による視野の二分一以上が欠けているもの
　　二　左に掲げる聴覚又は平衡機能の障害で，永続するもの
　　　1　両耳の聴力損失がそれぞれ60デシベル以上のもの
　　　2　一耳の聴力損失が80デシベル以上，他耳の聴力損失が40デシベル以上のもの
　　　3　両耳による普通話声の最良の語音明瞭度が50パーセント以下のもの
　　　4　平衡機能の著しい障害
　　三　次に掲げる音声機能又は言語機能の障害
　　　1　音声機能又は言語機能の喪失
　　　2　音声機能又は言語機能の著しい障害で，永続するもの
　　四　次に掲げる肢体不自由
　　　1　一上肢，一下肢又は体幹の機能の著しい障害で，永続するもの
　　　2　一上肢のおや指を指骨間関節以上で欠くもの又はひとさし指を含めて一上肢の二指以上をそれぞれ第一指骨間関節以上で欠くもの

3　一下肢をリスフラン関節以上で欠くもの
   4　両下肢のすべてのゆびを欠くもの
   5　一上肢のおや指の機能の著しい障害又はひとさし指を含めて一上肢の三指以上の機能の著しい障害で，永続するもの
   6　前各号に掲げるものの外，その程度が前各号に掲げる障害の程度以上であると認められる障害

 別表の変更のポイントについて，厚生省は次のように説明している[46]。「症状固定」や「回復の見込がない」を「永続するもの」に統一したこと。「視力障害」を「視覚障害」に改め，視野狭窄や視野欠損を加えたこと。「聴力障害」を「聴覚又は平衡機能の障害」に改め，語音明瞭度の障害や平衡機能の障害を加えたこと。「言語機能障害」を「音声機能又は言語機能の障害」に改めたこと。「中枢神経機能障害」を肢体不自由に含め，最低限度の障害のみを規定することで表現を整理し，一上肢のおや指を欠くもの，両下肢のすべてのゆびを欠くものを加えたことである。なお，この通知では「別表の改正に伴つて，障害の等級表は全面的に改正する予定である」と等級表の改正を予告していた。別表の内容をより具体化させたのが身体障害者障害程度等級表である。その等級表が登場した歴史については次章で明らかにする。


## おわりに

 本章では，身体障害者福祉法の制定過程に焦点を当て，そのなかで対象をどのように認識し，具体的な規定内容となる別表がどのような論理で登場してきたかを検討してきた。

 その結果，身体障害者福祉法案が検討される前段階となる傷痍者保護対策では，対象を失明者，四肢切断者，結核患者，頭部損傷者といった障害分類で把握し，対策が立てられていった過程が認められた。その統計を見ていくと，傷痍者全体を49万人とし，その約半数を保護が必要とする対象として認識していた。元傷痍軍人の割合は傷痍者全体ではやはり多くを占めていたが，保護を必要とする対象としては数が低く見積もられ，元傷痍軍人と一般人とがほぼ半数ずつとしていた。

 一般の障害者に視点が注がれた背景には，「失明者保護に関する件」からス

タートする一連の傷痍者保護対策にGHQによる「無差別平等」の原則からの厳しいチェックがあり，その影響であることが考えられた。非軍事化・民主化政策が打ち出した「無差別平等」の原則によって導かれたのが，障害原因を問わない対応であり，これが戦時・戦後の変化として明確に確認できるものであった。

身体障害者福祉法の審議過程では，主に精神病や結核を対象として含めるかどうかが争点となり，結果的に除外されていた。その理由には財政的な影響に加え，社会復帰など障害を保障的な観点から捉える国家的な積み重ねの脆弱さを指摘した。

そして，身体障害者福祉法案の策定にあたり，資料とされた統計を見ていくと次の2点が確認された。まず，身体障害者全体としてはおよそ80万人という数値が出されており，具体的な対象者数として25万人の数値が登場していたことである。そして，障害原因別による統計が詳しく採られており，その内訳を見ていくと対象認識していた障害原因の大半はあくまで先天性を含む疾病によるもので，旧軍人軍属はわずか15％にすぎなかったことである。したがって，身体障害者福祉法の制定過程では一般の障害者を主たる対象に認識していた形跡があり，身体障害者福祉法が元傷痍軍人を対象としていたとする見解[47]には修正を加えざるを得ない。その背景には戦後の「無差別平等」の原則が，障害原因を問わない普遍的な対象の設定へと導いていった経緯が考えられた。

また，身体障害者福祉法で対象を規定した別表の論理について検討すると，その論理には「職業能力が損傷されている」という観点があり，それが高齢者概念との違いを示す論拠にもなっていた。この職業能力を基準にした障害の認識は，「廃疾」によって職業的労働が不能となる「経済的廃疾」を対象とするという年金保険制度の認識と共通する論理である。障害の捉え方は戦時の制度・政策から引き継がれた部分があったといえよう。

注意すべきは，「職業能力が損傷されている」との規定は後の法改定で削除されたが，審議過程で示されていたような「生活能力の減少」といった内容が盛り込まれなかったことである。それが，その後の対象規定を機能障害に偏重させ，障害者の生活実態を反映させる論理的根拠を著しく損なわせたのである。

では，身体障害者福祉法が実際に対象を具体的に規定することになる身体障害者障害程度等級表は，どのようにして登場してきたのか，それを次章で明らかにする。

1) 佐藤久夫「身障福祉法における対象規定の成立と展開に関する覚書(1)」『日本社会事業大学社会事業研究所年報』第18号，1983年，17-40頁。滝村雅人『対象論的視点による障害者福祉制度』さんえい出版，2003年，19-26頁。障害者政策の対象に関連する研究としては，他にも佐藤進「障害者の生活保障と『障害等級』政策をめぐる問題点」『月刊いのちと健康』1994年1月号，労働教育センター，1993年12月，4-13頁や，佐藤久夫「障害者対策の対象規定をめぐる諸問題」『障害者問題研究』第49号，全国障害者問題研究会，1987年6月，7-18頁などがある。
2) 寺脇隆夫編『戦後創設期／社会福祉制度・援護制度史資料集成　第Ⅰ期　別冊』柏書房，2010年および寺脇隆夫編『戦後創設期／社会福祉制度・援護制度史資料集成　第Ⅱ期　別冊』柏書房，2011年。以下，本書で「マイクロフィルム版　木村忠二郎文書資料」を引用する場合は，発行者（不明の場合は省略）「文書名」【リール番号・頁】の順で表記する。なお，「木村文書」では同じ文書が複数の別資料にまたがって収められていることが多く，本書で明示する【リール番号・頁】以外にも同様の資料がある場合がある。
3) 熊沢由美「被占領期日本における傷痍者保護対策——身体障害者福祉法の制定をめぐって(1)」『東北学院大学論集　経済学』第156号，2004年9月，51-86頁および村上貴美子「身体障害者福祉法の成立過程」同『占領期の福祉政策』勁草書房，1987年，167頁を参照されたい。
4) 左野利三郎・實本博次・仲村優一「[特集鼎談] 身体障害者福祉法制定時の思い出」『月刊福祉』第72巻第11号，全国社会福祉協議会，1989年10月，20頁。
5) 熊沢・前掲注3) 13頁。
6) 具体的な内容については，村上・前掲注3) 176-180頁を参照されたい。
7) 山田明「身体障害者福祉対策の変遷——統計にみる障害者の実態と対策」『厚生の指標』第37巻第6号，厚生統計協会，1990年6月，40-41頁。
8) 厚生省衛生局編『昭和一三年　衛生年報』厚生省衛生局，1940年。また，軍事援護の枠組みから外れる障害者の状況については徴兵検査成績が参考になる。陸軍省「陸軍省統計年報」によれば，1937年で丁種不合格者に多かった障害には，「精神病」（19％）や「気管支，肺，胸膜ノ慢性病」（16％），「四肢骨欠損，短縮，湾曲，蹉跌，假関節」（14％）が並ぶ。具体的には第2章第1節を参照されたい。
9) この点については，中村政則『現代史を学ぶ——戦後改革と現代日本』吉川弘文館，1997年および中村政則『経済発展と民主主義』岩波書店，1993年を参照されたい。
10) 福祉政策には，解決しなければならない政策課題に直面していたとしても対象課題に限定された捉え方がなされ，限られた問題しか取り扱わないという「福祉政策の内的矛盾」とも呼ぶべき性格がある。対象の設定も，必ずしも福祉を必要とする人々の実態に即して設定がなされる訳ではなく，そのときの政策的意図や財政的限界が深くかかわって規定されることになる。
　　具体的には，福祉政策がある福祉問題に対応を行う際，まずはその問題に対する統計的把握を行い，その数値に基づいて制度が組み立てられ，予算要求を行い，実施することにな

る。さまざまな福祉問題が明らかにされても，あくまで政策的意図と財政的限界の範囲内でしか対応ができないため，統計的把握の段階からその範囲内で結果が収まるようにある程度予測しながら統計項目は設計され，集計されることになる。このことを別の角度から捉えると，統計的把握の段階でどのような統計項目が設定され，どんな回答を得ていたかを探ることで，制度設計の根拠に加え，制度設計者の意図や関心を具体的に探ることができることを意味する。

11) 福利課主管「傷痍者保護対策中央委員会資料」【28・006-025】。
12) 松本征二編『身体障害者福祉法解説』中央社会福祉協議会，1951年，21頁。
13) 佐藤・前掲注1）21頁。
14) 矢嶋里絵「身体障害者福祉法の制定過程　その2」『人文学報』第300号，首都大学東京，1999年3月，42頁。
15) 高齢者福祉分野と障害者福祉分野との分離のはじまりは，「更生」が分水嶺となっていた可能性がある。本法は後に「職業能力の損傷」規定が削除されることになり，その時点で高齢者と障害者を区別する論理を失ってしまったといえる。そこから現在まで続く障害者と高齢者との不明瞭な制度的分断の問題が引き起こされ，今日では介護保険サービスの優先適用によって現場に混乱がもたらされているともいえる。
16) 寺脇隆夫「身体障害者福祉法（1949.12）の立案過程の検討（上）――木村文書中の法律案過程の史資料を通して」『浦和論叢』第39号，浦和大学・浦和大学短期大学部，2008年7月，21頁。
17) 寺脇隆夫「身体障害者福祉法（1949.12）立案過程の史資料（中）――木村文書中の身体障害者福祉法制定関係基本資料」『浦和論叢』第40号，浦和大学・浦和大学短期大学部，2009年2月，126-127頁。
18) 各委員からの提案では，対象の設定にバラツキがあり，「盲者」「聾唖者」「四肢切断者」「肢体機能障害者」には一致が見られたが，「結核・永久排菌者」および「精神薄弱者」「中枢神経（機能）障害者」は委員によって解釈が分かれていたようである。この解釈が分かれた部分が，その後の本法制定過程でも揺れ動きが見られる。寺脇・前掲注16）38頁および寺脇隆夫「身体障害者福祉法（1949.12）立案過程の史資料（上）――木村文書中の身体障害者福祉法制定関係基本資料」『浦和論叢』第39号，浦和大学・浦和大学短期大学部，2008年7月，158-161頁。
19) 寺脇隆夫「身体障害者福祉法（1949.12）の立案過程の検討（中）――木村文書中の法律案過程の史資料を通して」『浦和論叢』第40号，浦和大学・浦和大学短期大学部，2009年2月，53頁。
20) 寺脇・前掲注17）133頁。なお，史資料からは精神病をめぐる概念として「精神薄弱」や「精神疾患」，「精神障害」といった文言が見られるが，より正確にその変遷を原典から詳しく検討する必要があり，これは今後の課題としたい。
21) 寺脇・前掲注19）53頁。
22) その変遷を簡略に列挙すると，1949年7月頃の修正で「（結核性疾患・精神障害）」が追加されるものの，8月1日の修正で定義のところで「精神上又は」が削除される。秋の臨時国会での法案提出の動きは均衡財政による予算引き締めの前に立法自体が危ぶまれる事態になる。しかも9月頃の修正では本法の目的を規定した箇所から「国及び地方公共団体が，」の文言が削除されるとともに，対象規定では「（結核性疾患・精神障害）」が削除される。10月初旬頃にはドッジラインによる影響を受け，全体的には財政面の配慮による修正がなされるものの，対象規定では「結核性疾患で別に政令により定めるもの」が復活した。寺脇はこの

背景には患者運動の存在を指摘している。10月下旬の修正でやはり対象から結核性疾患は削除され、これで確定する。寺脇隆夫「身体障害者福祉法（1949.12）の立案過程の検討（下）――木村文書中の法律案過程の史資料を通して」『浦和論叢』第41号、浦和大学・浦和大学短期大学部、2009年8月、22-38頁。

23) 結核の特効薬となったストレプトマイシンの普及は、日本患者同盟による運動の影響が強い。その意味で、日本患者同盟が身体障害者福祉法で結核の対象化・非対象化をめぐる動向にどのような影響を与えたかは検証される必要があるだろう。

24) 寺脇隆夫「身体障害者福祉法（1949.12）立案過程の史資料（下）――木村文書中の身体障害者福祉法制定関係基本資料」『浦和論叢』第42号、浦和大学・浦和大学短期大学部、2010年1月、56-79頁。

25) 健康保険組合連合会編『社会保障年鑑 1951』東洋経済新報社、1950年、200-203頁。今村譲「身体障害者福祉法について」『雇用研究』第4巻第4号、雇用問題研究会、1950年4月、21-25頁。厚生省社会局「身体障害者福祉法について」『月刊刑政』10月号、刑務協会、1950年10月、54-56頁。厚生省監修、身体障害者保護協会編『身体障害者福祉法の話』身体障害者保護協会、1951年。厚生省社会局更生課編『身体障害者福祉法更生指導の手引（改訂版）』、1956年、19-30頁。

26) 佐藤・前掲注1）29-32頁。
27) 佐藤・前掲注1）31頁。
28) 佐藤・前掲注1）32頁。
29) 健康保険組合連合会編『社会保障年鑑 1952』東洋経済新報社、1951年、122頁。
30) 1950年にストレプトマイシンの国内製造が認められるとともに社会保険の給付対象となり、1951年には結核予防法が施行され、その後結核患者の死亡率が激減していった。川上武他編『戦後日本病人史』農山漁村文化協会、2002年、63-64頁。

31) 医学史についてはたとえば中川米造『医学をみる眼』日本放送出版協会、1979年や川喜多愛郎『近代医学の史的基盤 上』岩波書店、1977年。小俣和一郎『精神医学の歴史』第三文明社、2005年などを参照されたい。『軍医団雑誌』では、たとえば川島慶治「新兵ノ精神状態検査ノ要義」『軍医団雑誌』第29号、1912年2月による研究報告がある。

32) このとき軍事保護院による療養所でさえ、精神障害にかかわる施設は3施設（全施設数の5.7％）にすぎなかった。西川薫『日本精神障礙者政策史――戦前期を中心として』考古堂書店、2010年、274頁。

33) ただし、前述したように経済給付については恩給や年金保険制度などによる精神疾患への対応は等級表で登場していた。どのように判別していたのかは定かでなく、その経験が厚生省にどう蓄積されていたかは検討する必要がある。

34) 寺脇・前掲注22）39-40頁。
35) 厚生省社会局「傷痍者保護更生対策要綱案」【28・264-268】。
36) しかもこの文書では保護は政府の責任で行い、半官半民や民間に責任を転嫁しないという内容が示されていることが特徴的である。なぜなら、この時期にGHQは公私分離を明確にし、「公的扶助の実施に当たってはこれを民間団体等の私的機関に委ねてはならず、政府自らがこれを実施すべき」（これを江口隆裕は「公的実施責任」と呼んでいる）という態度にあり、それが公的扶助領域のみならず身体障害者福祉領域にまで及んでいる形跡が認められるからである。江口隆裕『社会保障の基本原理を考える』有斐閣、1996年。

37) 「身体障害者福祉法案参考資料」【5・211-301】。
38) 「■算」の■は読み取りが不能な箇所を意味する。

39) 社会局「身体障害者福祉法逐條解説」【28・403-453】。
40) なお，本法は身体障害者に職業復帰のための技術提供を行うことが主旨であるから，その給付に経済条件は問われないとされていた。ところが，実際には経済条件が問われようとした可能性を示す文書がある。厚生省事務次官「(案) 各都道府県知事殿　身体障害者福祉法の施行に関する件（厚生省発社第　号　昭和二十五年四月一日）」(「第　号」の空白は原資料のママ) は，都道府県知事への通知文書（案）の資料であり，本法の運用をどのように検討したかを示す文書である。このなかで実際の「収容者台帳」では過去の職業はもちろん，世帯の家計（収入，支出），資産（土地，貸付地，牛馬など），住居の形態（普通家屋，バラック，寮，アパート，所有関係，家賃，部屋数，畳数など）に至るまで詳しく調査を行う様式となっており，サービスの給付に伴い経済状況が詳細に収集される仕組みとなっていた。
41) 「身体障害者福祉法の一部を改正する法律案逐条説明」【29・016-130】。
42) 傍点は原文のままである。なお，この別表中にある「厚生大臣の指定するもの」は，1950年５月６日「身体障害者福祉法別表中厚生大臣の指定する障害」(厚生省告示第134号) によって内容が次の通り示されている。この規定は1954年５月17日厚生省告示第125号によって廃止された。

　　　一　身体障害者福祉法（以下「法」という。）別表第四号第八に規定する障害
　　　　せきつい結核，せきつい骨折その他によるせき柱の障害で，原病の症状が固定し，且つ，その障害のために職業能力が著しく損傷されているもの
　　　二　法別表第四号第九に規定する障害
　　　　胸かく形成術その他による胸かくの変形で，原病の症状が固定し，且つ，その変形のために職業能力が著しく損傷されているもの
　　　三　法別表第四号第十に規定する障害
　　　　股関節結核その他による骨盤の変形で，原病の症状が固定し，且つ，その変形のために，職業能力が著しく損傷されているもの
　　　四　法別表第四号第十一に規定する障害
　　　　熱傷，外傷等の原因による軟部組織のはんこん欠損等で，肢体の運動機能に著しい障害があり，且つ，その障害のために職業能力が著しく損傷されているもの

43) 佐藤久夫は，対象となる範囲の拡大の途が開かれた一方，障害を評価する科学的な根拠がなくなり，医学的・生物学的な機能障害中心主義へと定着させ，職業能力の損傷を基準にするという理念を放棄したことが，その後の障害者規定に根本問題を背負わせたとしている。佐藤・前掲注１) 22頁。
44) しかも，この年に示された厚生事務次官依命通知では，「職業能力の損傷」を削ったことは，「本法の対象について，何等実質的な変更をもたらすものではない」との解釈を示していた。1951年10月８日「身体障害者福祉法の一部を改正する法律の施行に関する件」(厚生事務次官依命通知, 厚生省発社第89号)。
45) 1951年10月８日「身体障害者福祉法の一部を改正する法律の施行に関する件」(厚生事務次官依命通知, 厚生省発社第89号) には次のように示されている。すなわち，「新たに身体障害者等級表による級別を記入することにされたのであるが，これは所得税法施行規則第６条〔所得税法施行令第10条〕に規定する『不具者』〔『障害者』と改正〕に該当するか否かの認定について徴税機関の利便を図るためのものであるから，特に留意されたいこと」であ

り，所得税による税制措置に関連しての配慮であった。
46）1954年5月14日「身体障害者福祉法の一部を改正する法律の施行について」（厚生省社会局長通知，発社第73号）。
47）たとえば，社会保障制度史の体系的かつ通説的なものとして代表的なものが厚生省五十年史編集委員会編『厚生省五十年史　記述篇』厚生問題研究会，1988年である。身体障害者への対策にはGHQからの批判があったものの，実質的には元傷痍軍人が中心とされ，その対策としてつくられた歴史が述べられている。具体的には占領政策初期は元傷痍軍人ではなく，傷痍者対策すら認められないデリケートなものであったが，1947年になると態度が軟化し，傷痍者保護を推進するように転換し，傷痍者保護対策が実施され，それが身体障害者福祉法の制定につながっていった。そして，身体障害者福祉法は「傷痍軍人の生活援護対策として機能した」としている（586-587頁）。

　このような論調は今日の行政解釈にも引き継がれているようである。たとえば国の行政的立場の色彩が強い厚生労働統計協会編『厚生の指標』では，「生活保護法の救済のみの対象とされていた多数の傷痍軍人（＝障害者）に対し，同法の救済では満たされない援助を行うことが制定の契機であった。」（「社会福祉の歴史」厚生労働統計協会編『国民の福祉と介護の動向 2014/2015・厚生の指標　増刊』第61巻第10号，2014年，61頁）と述べている。

　また，身体障害者福祉法が元傷痍軍人対策としてつくられたと見られてきたことを説明する文献も多々見られる。たとえば秦安雄・鈴木勉・峰島厚編『講座発達保障3　障害者福祉学』全国障害者問題研究会出版部，1998年では，「身体障害者福祉法は，内部障害と精神障害を除外し，比較的軽度の障害者の社会復帰を想定したもので，重度の障害も事実上はずされているとされ，戦傷病者を主として想定したものと批判されてきた」（41頁）と述べている。障害者福祉の歴史でよく参考にされている杉本章『障害者はどう生きてきたか──戦前戦後障害者運動史』ノーマライゼーションプランニング，2001年でも次のように説明している。「実は，政府が当初考えていたのは『傷痍者保護法』，つまり傷痍軍人に対する保護ということだったのです」（40頁），これに対しGHQは受け入れられなかったが，「日本政府は『旧軍人であろうとなかろうと，区別無く身体障害者の保護・更生を行うためには法の制定がぜひ必要』という論法でGHQの関係者を説得することに成功したのです」（41頁）と，元傷痍軍人への保護が前提であった認識が見られる。障害者福祉論のテキストにも同様の認識が見られ，たとえば村井龍治編『シリーズ・はじめて学ぶ社会福祉5　障害者福祉論〔改定版〕──障害者自立支援の制度と方法』ミネルヴァ書房，2013年では，「1949（昭和24）年には，身体障害者福祉法が制定された。……しかし，政府の関心は主に傷痍軍人に対する保護にあったとされている。」（43頁）と説明している。

# 第5章
# 障害概念はどこから来たか

## はじめに

　本章では，身体障害者福祉法の障害分類を具体的に定めた身体障害者障害程度等級表が，どのような経緯でつくられてきたものであるかを明らかにする。

　この等級表は，今日の身体障害者福祉施策の対象を規定する具体的法規として根幹を成しているものである。この等級表にどのような障害分類が規定されるかによって，身体障害者福祉法が対象とする範囲が変化する。等級表は，第1章で見たような徴兵制の体格等位基準のように，障害の種類を詳細に羅列し，その程度を等級毎にランク付けした一覧表の形式になっている。その等級によって障害者が受けられる福祉施策の内容が変わることもあり，どのような障害ならどの程度の福祉施策が適用されるかといった行政上の基礎資料とされている。つまり，実質的にこの等級表が身体障害者福祉法の障害の範囲や中身を決めているものであり，具体的な障害概念を示すものである。

　ところが，等級表がいかなる根拠に基づいてつくられてきたのかは明らかにされていない。障害者にとって生活を維持・継続させていくうえで根幹となる福祉施策の基礎部分が，どういった論理や経緯で成り立っているのかは不明なのである。これでは，今日の障害概念がどういった論理で範囲が規定されているのかが曖昧となり，今後の対象規定がどうあるべきかを考える場合に重大な歴史事実を欠いているといわざるを得ない。

　前章では，身体障害者福祉法の対象規定がどのようにして登場してきたか，身体障害者福祉法で対象が規定された別表にはどのような論理や経緯があったのか，また，その制定過程で用いられた統計から福祉政策はどういった障害を対象として想定していたのかを述べた。

本章では，身体障害者福祉法別表の具体的な内容として登場してきた等級表を取り上げ，等級表が何を参考につくられたかを明らかにし，また，等級表の特徴について他の社会保障関係法との比較を通じて考察を行いたい。

## 1　身体障害者福祉法の障害概念

　身体障害者福祉法（以下，本章では本法と略す）の具体的な対象を規定している身体障害者障害程度等級表（以下，本章では等級表と略す）は次のように登場した。

　1954年6月21日の省令[1]により，身体障害者手帳に記載する事項に「障害名及び障害の級別」が加えられる。そして，1954年9月2日に出された「身体障害者福祉法施行規則の一部を改正する省令」（厚生省令第52号）により，本法施行規則に等級表が規定されたのである。このときの等級表は**表5-1**に示すとおりである。

　この表の最下級の規定と，本法別表で規定された内容とを比較すると，やはり基本的には別表で示された程度を最低ラインとして組み立てられていることが確認できる。

　この等級表の趣旨について，厚生省は次のような説明を行っている[2]。「この等級は，身体障害者の更生援護に当つてその障害の程度を判断し，その措置の公平と適正を期すために重要であるばかりでなく，国鉄運賃の割引，税の減免等の措置に当つても必要とされるものであるので，その法的根拠を明らかにするため，今般，別紙1の通り，身体障害者福祉法施行規則の改正（昭和29年9月2日厚生省令第52号）によつて，同規則中に規定された」。つまり，等級表は更生援護だけでなく，国鉄運賃や税制の減免といった措置に際してその公平性や適正を期すためのものとしても必要とされたとのことである。

## 2　等級表の登場

　この等級表は何を参考につくられたものなのだろうか。

　本法制定過程では，1949年1月の段階で，対象とする障害の具体的な種類や程度が論議されていた。具体的には，1949年1月10日付の「傷痍者の保護更生に関する法律案について推進委員会各委員より提案あった事項」では，本法を

表5-1 身体障害者福祉法施行規則別表5号の2 身体障害者障害程度等級表

| 級別 | 視覚障害 | 聴覚又は平衡機能の障害 | | 音声機能又は言語機能の障害 |
|---|---|---|---|---|
| | | 聴覚障害 | 平衡機能障害 | |
| 1 | 両眼の視力（万国式試視力表によって測ったものをいい，屈折異常のある者については，きょう正視力について測ったものをいう。以下同じ。）の和が0.01以下のもの | | | |
| 2 | 両眼の視力の和が0.02以上0.04以下のもの | 両耳の聴力損失それぞれ90デシベル以上のもの（両耳全ろう） | | |
| 3 | 両眼の視力の和が0.05以上0.08以下のもの | 両耳の聴力損失が80デシベル以上のもの（耳介に接しなければ大声語を理解し得ないもの） | 平衡機能の極めて著しい障害 | 音声機能又は言語機能のそう失 |
| 4 | 1 両眼の視力の和が0.09以上0.12以下のもの<br>2 両眼の視野がそれぞれ5度以内のもの | 1 両耳の聴力損失が70デシベル以上のもの（耳介に接しなければ話声語を理解し得ないもの）<br>2 両耳による普通話声の声量の語音明瞭度が50パーセント以下のもの | | 音声機能又は言語機能の著しい障害 |
| 5 | 1 両眼の視力の和が0.13以上0.2以下のもの<br>2 両眼の視野がそれぞれ10度以内のもの<br>3 両眼による視野の2分の1以上が欠けているもの | | 平衡機能の著しい障害 | |
| 6 | 一眼の視力が0.02以下，他眼の視力が0.6以下のもので，両眼の視力の和が0.2を越えるもの | 1 両耳の聴力損失が60デシベル以上のもの（40センチメートル以上の距離で発声された会話語を理解し得ないもの）<br>2 一側耳の聴力損失が80デシベル以上，他側耳の聴力損失が40デシベル以上のもの | | |
| 7 | | | | |

| 級別 | 肢体不自由 | | |
|---|---|---|---|
| | 上肢 | 下肢 | 体幹 |
| 1 | 1 両上肢の機能を全廃したもの<br>2 両上肢を手関節以上で欠くもの | 1 両下肢の機能を全廃したもの<br>2 両下肢を大腿の2分の1以上で欠くもの | 体幹の機能障害により坐っていることができないもの |
| 2 | 1 両上肢の機能の著しい障害<br>2 両上肢のすべての指を欠くもの<br>3 一上肢を上腕の2分の1以上で欠くもの<br>4 一上肢の機能を全廃したもの | 1 両下肢の機能の著しい障害<br>2 両下肢を下腿の2分の1以上で欠くもの | 1 体幹の機能障害により坐位又は起立位を保つことが困難なもの<br>2 体幹の機能障害により立ち上る事が困難なもの |

| 級 | 上肢 | 下肢 | 体幹 |
|---|---|---|---|
| 3 | 1 両上肢のおや指及びひとさし指を欠くもの<br>2 両上肢のおや指及びひとさし指の機能を全廃したもの<br>3 一上肢の機能の著しい障害<br>4 一上肢のすべての指を欠くもの<br>5 一上肢のすべての指の機能を全廃したもの | 1 両下肢をショパー関節以上で欠くもの<br>2 一下肢を大腿の2分の1以上で欠くもの<br>3 一下肢の機能を全廃したもの | 体幹の機能障害により歩行が困難なもの |
| 4 | 1 両上肢のおや指を欠くもの<br>2 両上肢のおや指の機能を全廃したもの<br>3 一上肢の肩関節,肘関節又は手関節のうち,いずれか一関節の機能を全廃したもの<br>4 一上肢のおや指及びひとさし指を欠くもの<br>5 一上肢のおや指及びひとさし指の機能を全廃したもの<br>6 おや指又はひとさし指を含めて一上肢の三指を欠くもの<br>7 おや指又はひとさし指を含めて一上肢の三指の機能を全廃したもの<br>8 おや指又はひとさし指を含めて一上肢の四指の機能の著しい障害 | 1 両下肢のすべての指を欠くもの<br>2 両下肢のすべての指の機能を全廃したもの<br>3 一下肢を下腿の2分の1以上で欠くもの<br>4 一下肢の機能の著しい障害<br>5 一下肢の股関節又は膝関節の機能を全廃したもの<br>6 一下肢が健側に比して10センチメートル以上又は健側の長さの10分の1以上短いもの | |
| 5 | 1 両上肢のおや指の機能の著しい障害<br>2 一上肢の肩関節,肘関節又は手関節のうち,いずれか一関節の機能の著しい障害<br>3 一上肢のおや指を欠くもの<br>4 一上肢のおや指の機能を全廃したもの<br>5 一上肢のおや指及びひとさし指の機能の著しい障害<br>6 おや指又はひとさし指を含めて一上肢の三指の機能の著しい障害 | 1 一下肢の股関節又は膝関節の機能の著しい障害<br>2 一下肢の足関節の機能を全廃したもの<br>3 一下肢が健側に比して5センチメートル以上又は健側の長さの15分の1以上短いもの | 体幹の機能の著しい障害 |
| 6 | 1 一上肢のおや指の機能の著しい障害<br>2 ひとさし指を含めて一上肢の二指を欠くもの<br>3 ひとさし指を含めて一上肢の二指の機能を全廃したもの | 1 一下肢をリスフラン関節以上で欠くもの<br>2 一下肢の足関節の機能の著しい障害 | |
| 7 | 1 一上肢の機能の軽度の障害<br>2 一上肢の肩関節,肘関節又は手関節のうち,いずれか一関節の機能の軽度の障害<br>3 一上肢の手指の機能の軽度の障害<br>4 ひとさし指を含めて一上肢の二指の機能の著しい障害<br>5 一上肢のなか指,くすり指及び小指を欠くもの<br>6 一上肢のなか指,くすり指及び小指の機能を全廃したもの | 1 両下肢の全ての指の機能の著しい障害<br>2 一下肢の機能の軽度の障害<br>3 一下肢の股関節,膝関節又は足関節のうち,いずれか一関節の機能の軽度の障害<br>4 一下肢のすべての指を欠くもの<br>5 一下肢のすべての指の機能を全廃したもの<br>6 一下肢が健側に比して3センチメートル以上又は健側の長さの20分の1以上短いもの | |

審議する各委員による対象規定案がまとめられている³⁾。「視力障害」では0.02以下を基準とするものや，0.04以下も含むものなど，委員によって程度の見解が分かれ，対象とする障害種も「結核・永久排菌者」「精神薄弱者」「中枢神経（機能）障害者」「その他命令で定めるもの」で意見の不一致があった⁴⁾。以降，このような論議を出発点に本法の具体的な対象規定が検討されていったことは前章で述べたところである。

その4日後となる1949年1月14日付で，労働省は「身体障害者職業補導事業の厚生省移管の反対理由（二四・一・一四）」を出していた⁵⁾。この添付資料として示されていたと見られる資料が「P. H. W. からの質問事項に対する答」である⁶⁾。これは1949年1月12日付でP. H. W. から「質問事項」と題する厚生省，労働省，文部省に質問された文書への回答書で，「身体障害者分類」の質問に次のような回答をしていた⁷⁾。

> 職業安定法において，身体障害者は広く就業の負因となる身体又は精神に障害のある者をいう。併し実際的には恩給法施行令（24條31條）及び労働基準法施行規則第40條別表第1身体障害等級表の障害程度を意味している。

身体障害者とは就業にとってマイナスとなるような身体障害や精神障害のある者を指しており，具体的な対象を恩給法や労働基準法の等級表を持ち出して説明していたのである。

さらに，「木村文書⁸⁾」ではこの資料の後に「身体障害者範囲案⁹⁾」（以下，A等級表とする）が収められている。A等級表の出所や年月日は不明であるが，内容からおそらくは上記文書と同時期か，少なくとも最終的な本法案がまとめられる段階にある1949年11月までの資料であると思われる。その内容を**表5-2**のA等級表（1949年1-11月「身体障害者範囲案」）に示す。

つまり，1954年に本法施行規則に登場する「身体障害者障害程度等級表」の原型ともいえる等級表が，明確な形で1949年のどこかの段階に示されていたことになる。さらに同じような等級表で，より出所と年月が明らかな資料として1949年11月の「身体障害者福祉法案参考資料」における「身体障害者範囲案」（以下，B等級表とする）がある¹⁰⁾。このときの内容を**表5-3**のB等級表（1949年

表5-2　A等級表（1949年1-11月「身体障害者範囲案」）

| 級別 | 視力障害 | 聴力障害 | 言語機能障害 | 上肢切断又は不自由 | 下肢切断又は不自由 | 体不自由 | 中枢神経機能障害 | 結核性疾患 |
|---|---|---|---|---|---|---|---|---|
| 1 | 両眼の視力が明暗を弁別し得ない者 | | | 両上肢を肘関節以上にて失った者 両上肢の用を全廃した者 | 両下肢を膝関節以上にて失った者 両下肢の用を全廃した者 | | 常に就床を要し複雑な介護を要する者 | |
| 2 | 一眼失明他眼0.02以下の者 両眼視力0.02以下の者 | | | 両上肢を腕関節以上にて失った者 | 両下肢を足関節以上にて失った者 | | 半身不随の者 | |
| 3 | 一眼失明し他眼0.06以下の者 | | 言語の機能を廃した者 (厚) 3級 (労) 3級 | 十指を失った者 | | | | |
| 4 | 両眼視力0.06以下の者 (厚) 4級 (労) 4級 | 両耳を全く聾した者 (厚) 4級 (労) 4級 | 言語の機能に著しく障害のある者 (厚) 4級 (労) 4級 | 一上肢を肘関節以上にて失った者 (厚) 4級 (労) 4級 | 一下肢を膝関節以上にて失った者 | | | |
| 5 | 一眼が失明し他眼が0.1以下の者 | | | 一上肢を腕関節以上にて失った者 一上肢の用を全廃した者 | 一下肢を足関節以上で失った者 一下肢の用を全廃した者 両足をリスフラン関節以上にて失った者 | | | |
| 6 | 両眼視力0.1以下になった者 (厚) 6級 (労) 6級 | 両耳の聴力が耳殻に接しなければ大声を解し得ない者 (厚) 6級 (労) 6級 | | 一上肢の三大関節の中、二関節の用を全廃した者 一手の五指又は拇指示指を併せ四指を失った者 | 一下肢の三大関節の中二関節の用を廃した者 | 脊柱に障害のある者 胸廓に変形ある者 骨盤に変形ある者 軟部組織のはんこん、欠損等により機能に著しい障害のある者 | | |
| 7 | 一眼が失明し他眼の視力0.6以下になった者 (労) 7級 (厚) 手当1級 | 両耳の聴力が40種以上で尋常の話声の解しえない者 (労) 7級 (厚) 手当1級 | | 一手の拇指及示指を失った者 拇指又は示指を併せ三指以上を失った者 一手の五指又は拇指及示指を併せて四指以上の用を全廃した者 | 一足をリスフラン関節以上で失った者 | | | 結核性疾患者であって過去6ヶ月間1日2時間の軽作業に耐え病状悪化せず且つ排菌のない者 |

第5章　障害概念はどこから来たか

表 5-3　B 等級表（1949年11月「身体障害者福祉法案参考資料」）

| 級別 | 視力障害 | 聴力障害 | 言語機能障害 | 上肢切断又は不自由 | 下肢切断又は不自由 | 体不自由 | 中枢神経機能障害 |
|---|---|---|---|---|---|---|---|
| 1 | 両眼の視力が明暗を弁別し得ない者 | | | 両上肢を肘関節以上にて失った者 両上肢の用を全廃した者 | 両下肢を膝関節以上にて失った者 両下肢の用を全廃した者 | | 常に就床を要し複雑な介護を要する者 |
| 2 | 一眼失明他眼0.02以下の者 両眼視力0.02以下の者 | | | 両上肢を腕関節以上にて失った者 | 両下肢を足関節以上にて失った者 | | 半身不随の者 |
| 3 | 一眼失明し他眼0.06以下の者 | | 言語の機能を廃した者 (厚) 3 級 (労) 3 級 | 十指を失った者 | | | |
| 4 | 両眼視力0.06以下の者 (厚) 4 級 (労) 4 級 | 両耳を全く聾した者 (厚) 4 級 (労) 4 級 | 言語の機能に著しく障害のある者 (厚) 4 級 (労) 4 級 | 一上肢を肘関節以上にて失った者 (厚) 4 級 (労) 4 級 | 一下肢を膝関節以上にて失った者 | | |
| 5 | 一眼が失明し他眼が0.1以下の者 | | | 一上肢を腕関節以上で失った者 一上肢の用を全廃した者 | 一下肢を足関節以上で失った者 一下肢の用を全廃した者 両足をリスフラン関節以上にて失った者 | | |
| 6 | 両眼視力0.1になった者 (厚) 6 級 (労) 6 級 | 両耳の聴力が耳殻に接しなければ大声を解し得ない者 (厚) 6 級 (労) 6 級 | | 一上肢の三大関節の中，二関節の用を全廃した者 一手の五指又は拇指示指を併せ四指を失った者 | 一下肢の三大関節の中二関節の用を廃した者 | せき柱に障害のある者 胸かくに変形ある者 骨盤に変形ある者 軟部組織のはんこん，欠損等により機能に著しい障害のある者 | |
| 7 | 一眼が失明し他眼の視力0.6以下になった者 | 両耳の聴力が40種以上で尋常の話声の解しえない者 | | 一手の拇指及示指を失った者 拇指又は示指を併せ三指以上を失った者 一手の五指又は拇指及び示指を併せて四指以上の用を全廃した者 | 一足をリスフラン関節以上で失った者 | | |

11月「身体障害者福祉法案参考資料」）に示す。

　A等級表とB等級表の違いを見ると，A等級表には「結核性疾患」のカテゴリーがあり，7級に「結核性疾患者であって過去六ヶ月間一日二時間の軽作業に耐え病状悪化せず且つ排菌のない者」と規定していた部分が挙げられるが，それ以外は完全に一致する。そのため，B等級表はA等級表を引き継いだものであるといえる。本法制定過程では結核を本法の対象とするかが揺れており，結果的に除外されるが，B等級表ではその状況が反映されたものと思われる。

## 3　等級表はどこから来たか

　では，このAおよびB等級表は何を参考にしてつくられたものなのだろうか。それを探る手がかりに次の4点が挙げられる。

　第一は，前述したように，「P. H. W. からの質問事項に対する答」で身体障害者概念の説明に恩給法や労働基準法の等級表を持ち出していたことである。この文章が本法と関係するものであるならば，恩給法に加え，労働基準法という労働分野の等級表が挙げられていたことは，やはり労働分野との強い結びつきがあったことが示唆される。

　第二は，同じく前述したように，本法別表では国際労働会議の「労働能力損傷度」を参照してつくられたとの記述である。本法別表にこのような論理があったとすれば，等級表の作成においても労災分野との結びつきがあった可能性がある。

　第三は，AおよびB等級表には「(厚)」と「(労)」との記載があり，そこに等級を示すような数値が記入されていることである。おそらくは「(厚)」とは厚生年金保険法であり，「(労)」とは労働者災害補償保険法を意味するものと思われる。そこで，「(労)」の部分を労働者災害補償保険法の等級表と照らし合わせたところ，一致した。ところが，「(厚)」については当時の厚生年金保険法では4級の障害等級は存在しないので，一致しない。

　厚生年金保険法の戦後の法改正を見ると，1946年，1947年，1948年，1949年，1950年と小刻みに法改正を繰り返すが，1948年7月10日の「厚生年金保険法等の一部を改正する法律」で障害等級が大幅に修正されていた。そこで示さ

れた等級表は2級までしか存在しないのである。

　第3章で明らかにしたように，そもそも厚生年金保険法で障害等級が登場したのは，それまで工場法や鉱業法，労働者災害扶助法によって使用者による扶助を定めていた業務上の災害への対応を，1944年の改正で厚生年金保険法に肩代わりさせたときである。そのとき，厚生年金保険法では障害年金を業務災害によるものとそれ以外によるものと扱いを差別化し，業務災害によるものに限って等級表が導入されたのである。このときの厚生年金保険法には障害等級が6級まであった。したがって，「(厚)」の部分は，1944年の厚生年金保険法で業務上の災害に対して用いられていた障害年金の等級表を参照した可能性がある。

　そこで，B等級表で示された「(厚)」の部分とこのときの業務災害による障害年金の等級表を比較してみたところ，一致した。したがって，B等級表の「(労)」と「(厚)」は労働者災害補償保険法と厚生年金保険法を意味し，その部分に関してはそこから参照されたものであることがいえる。

　さらに，1944年の厚生年金保険法の業務上の災害の障害等級は，戦後再び厚生年金保険法から分離してつくられた労働者災害補償保険法の等級表とある種一体のものである。したがって，B等級表の「(厚)」と「(労)」の部分はあくまで労災による障害等級を参考にしたものであるといえる。

　第四に，後に改めて述べるが，1950年3月付の社会局更生課「身体障害者福祉法施行に関する打合せ会議資料」[11]にある「障害程度等級区分表案」には，「恩給法，厚生年金保険法，労働者災害補償保険法による障害程度区分」の資料が添付されていた。つまり，等級表を検討する際の資料として厚生年金保険法と労働者災害補償保険法，恩給法が参照されていたことを示唆している。

　以上から，労働者災害補償保険法や厚生年金保険法，恩給法を参照してAおよびB等級表が作成されたことが推定できる。

## 4　等級表の比較検証

　そこで，このことを検証するためB等級表と，1944年の厚生年金保険法，当時の労働者災害補償保険法および恩給法における等級表との比較を行った。このとき比較のため作成したものを**巻末資料2**に示す。

表中の各マスでは，左側がB等級表の内容を示し，右側の上段が厚生年金保険法，中段が労働者災害補償保険法，下段が恩給法を示す。たとえば，視力障害の1級では，「両眼の視力が明暗を弁別し得ない者」がB等級表で，「両眼ヲ失明シタルモノ」が厚生年金保険法，「両眼が失明したもの」が労働者災害補償保険法，「両眼ノ視力ガ明暗ヲ弁別シ得ザルモノ」が恩給法である。その際，比較がし易いよう，内容から見て左側のB等級表と右側の上段・中段・下段のいずれかと類似すると判断できる部分には網掛けをしている。濃い網掛けは類似しているもの，薄い網掛けはほとんど類似しているものを示す。
　この表から比較を行うと，次の4点が指摘できる。
　第一に，B等級表の全28項目中，厚生年金保険法，労働者災害補償保険法，恩給法のいずれかと類似する項目は26項目（92.9％）であり，ほとんど類似する項目を含めると実に27項目（96.4％）に及ぶ。したがって，B等級表は厚生年金保険法，労働者災害補償保険法，恩給法を参考にして作成したことは明らかである。
　第二に，厚生年金保険法，労働者災害補償保険法，恩給法のいずれを参考にしているかに注目すると，とりわけ労働者災害補償保険法との一致率が高く，加えて厚生年金保険法との一致率も高かった。厚生年金保険法も労災による障害等級であったことを踏まえると，B等級表は主に労災による障害等級を参考につくられたものといえる。
　第三に，厚生年金保険法，労働者災害補償保険法，恩給法ではいずれも精神障害と内部障害が対象に入れられ，精神障害の規定が重度に位置づけられているが，B等級表ではそれらが一切無視されていることである。これは本法では精神障害や内部障害が対象から除外された事情が反映されたものと思われる。
　第四に，障害等級4が，B等級表と厚生年金保険法，労働者災害補償保険法，恩給法の等級表と極めて一致していることである。これはおそらくB等級表が4級を中心に程度が吟味され，それぞれ上級と下級の障害程度を振り分けていったことを示すものと思われる。
　このように，B等級表は精神障害や内部障害の部分を除きながら，厚生年金保険法，労働者災害補償保険法，恩給法を参考にしてつくられたことは明らかであり，とりわけ，労災による障害等級を参考にしてつくられたことが指摘で

きる。

　なお，本法は1949年12月に成立するが，その施行準備の段階で等級表が再度現れる。それが1950年３月の社会局更生課「身体障害者福祉法施行に関する打合会議資料」(以下，Ｃ等級表とする)である。その内容を**表5-4**のＣ等級表(1950年３月社会局更生課「身体障害者福祉法施行に関する打合会議資料」)に示す。

　本法が成立した後，等級表にどのような修正が加えられたかを比較するため**表5-4**ではＣ等級表に色分けをした。濃い網掛けがＢ等級表と一致したもの，薄い網掛けは部分的に一致したものを示す。やや修正されている項目が見られるが，「体不自由」以外は基本的にＢ等級表を引き継いだものであったことがわかる[12]。

　では，このように登場してきた等級表は，実際に本法施行規則で規定された等級表とどのような関係になるだろうか。Ｃ等級表と1954年から本法施行規則として規定された前述の**表5-1**の「身体障害者障害程度等級表」と比較した場合，特徴として次の点が挙げられる。

　まず，「視力障害」は「視覚障害」に名称を変更し，単に視力だけでなく視野の障害も含んだ内容となり，１級の規定も数値で表記され，２級以下についても若干数値が修正された。

　「聴力障害」は「聴覚又は平衡機能の障害」とし，「平衡機能」が新たに含まれるようになった。

　「言語機能障害」は「音声機能又は言語機能の障害」となり，新たに音声機能が含められた。

　「上肢切断又は不自由」「下肢切断又は不自由」「体不自由」の障害分類は，「肢体不自由」として，そのなかをそれぞれ「上肢」「下肢」「体幹」とし，それぞれの規定内容が詳細になった。「上肢」では６・７級に新たに詳細な規定が加えられ，１から５級では共通する部分は見られるが，それぞれ等級が一つ程度繰り上げられている。「下肢」では５・７級に新たな規定が詳細に加えられ，足の指についての規定も登場しているが，それ以外は基本的に共通している。「体幹」ではＣ等級表の「体不自由」に対応したものと思われるが，規定内容の表現が大きく変わっている。おそらくは，Ｃ等級表の「中枢神経機能障害」の具体的規定が**表5-1**の等級表では「肢体不自由」と共通すると判断し，

表5-4　C等級表（1950年3月社会局更生課「身体障害者福祉法施行に関する打合会議資料」）

| 級別 | 視力障害 | 聴力障害 | 言語機能障害 | 上肢切断又は不自由 | 下肢切断又は不自由 | 体不自由 | 中枢神経機能障害 |
|---|---|---|---|---|---|---|---|
| 1 | 両眼の視力が明暗を弁別し得ないもの | | | 両上肢を肘関節以上で失ったもの　両上肢の用を全廃したもの | 両下肢を膝関節以上で失ったもの　両下肢の用を全廃したもの | 常に就床を要し複雑な介護を要するもの | 常に就床を要し複雑な介護を要するもの |
| 2 | 一眼が失明し他眼の視力が0.02以下のもの　両眼の視力が0.02以下のもの | | | 両上肢を腕関節以上で失ったもの　十指を失ったもの | 両下肢を足関節以上で失ったもの | 半身不随のもの | 半身不随のもの |
| 3 | 一眼が失明し他眼の視力が0.06以下のもの | 両耳を全く聾したもの | 言語の機能を廃したもの | 一上肢を肘関節以上で失ったもの　一上肢の用を全廃したもの | 一下肢の用を全廃したもの　両足をリスフラン関節以上で失ったもの | せき柱胸かく骨盤軟部組織の高度の障害変形等で職業能力の著しく阻害されているもの | |
| 4 | 両眼の視力が0.06以下のもの | | 言語の機能に著しく障害のあるもの | 一上肢を腕関節以上で失ったもの　一上肢の三大関節の中二関節の用を廃したもの　一手の五指又は拇指示指を併せて四指を失ったもの | 一下肢を膝関節以上で失ったもの　一下肢の三大関節の中二関節の用を廃したもの | せき柱に障害のあるもの　胸かくに変形あるもの　骨盤に変形あるもの　軟部組織のはんこん欠損等により機能に著しい障害のあるもの | |
| 5 | 一眼が失明し他眼の視力が0.1以下のもの | 両耳の聴力が耳殻に接しなければ大声を解し得ないもの | | | 一手の拇指及び示指を失ったもの　拇指又は示指を併せ三指以上を失ったもの　一手の五指又は拇指及び示指を併せて四指以上の用を廃したもの | | |
| 6 | 両眼の視力が0.1以下になったもの | 両耳の聴力が40糎以上で尋常の話声の解し得ないもの | | | 一下肢を足関節以上で失ったもの　一足をリスフラン関節以上で失ったもの | | |
| 7 | | | | | | | |

「体幹」のなかに吸収させたと思われる。

　このように，基本的にはC等級表を土台としつつ，個別の部分で詳細な規定を盛り込みながら修正を加え，**表5-1**の等級表が作成されていったことが指摘できる。ただし，C等級表から**表5-1**の等級表への変更点は障害分類も含めやや広汎に及ぶため，この過程でどういった論議がなされ，障害分類が再構成されていったのかは，より具体的な検証が必要である。

　また，本法別表は産業災害における「労働能力損傷度」の50％以上の損傷が考慮されたとあるが，実際にその基準を日本の実態に当てはめて決めようとした場合に，日本で実際に用いてきた労災による障害等級が参考にされたことは十分予想できることである。それが厚生年金保険法や労働者災害補償保険法であった可能性が指摘できる。

## 5　等級表の特徴とは

　以上のようにして登場してきた等級表は，どのような特徴を有していたのだろうか。また，他の社会保障制度とはなにかしら関連性は持っているのだろうか。これを検討するため，ここでは社会保障制度の中心となる厚生年金保険法，労働者災害補償保険法，戦傷病者戦没者遺族等援護法（対象は恩給法の規定に求めているため実際には恩給法となる），そして国民年金法を取り上げ，その比較を通して本法等級表の特徴を整理したい。

　本法の等級表の内容と，これら関係法の内容を具体的に比較するため，視覚障害，聴覚・言語障害，肢体不自由（より比較のしやすいように指とその他の肢体不自由を便宜的に分けている）に分類し，並べた表を作成した。それを**巻末資料3**に示す。

　視覚障害の表の各法の下には年月日を記載しているが，これは，表に用いた法律の改正年を示している（国民年金法については成立年月日）。そして，それぞれ法に規定された3級までと，最下級の部分を掲載している。精神や内臓の機能障害といった内容が他の社会保障制度では規定されているが，その部分は省略した。

　この表を概観すると，共通する点に各法とも身体障害を捉えるポイントが視力，聴力，上肢，下肢，指にあることである。これは徴兵制で用いられてきた

体格等位基準と共通するものであり，各法とも身体機能の障害に注目し，その各機能の障害程度を基準にして並べていく方法を採用していることがわかる。

たとえば，肢体不自由に着目すると，各法とも体の部位の欠損状態，関節の可動状態，指の欠損数といったところで障害程度を考え，配置している。障害をできるだけ詳細に並べたり，指の本数や関節の状況などから判別したりするなど，徴兵制のなかで体格等位基準として培われてきた選別の方法や手続きが，今度は社会保障制度のなかに展開されていった歴史が確認できる。

また，障害程度についても本法等級表と厚生年金保険法，国民年金法において関連性が見いだせる。必ずしもすべてが一致するわけではないが，たとえば本法等級表と国民年金法全体を比較すると，おおよそ本法等級表の1・2級が国民年金法では1級，3・4級が2級に該当しているといった，規則的とも思える関係性が見える。

異なる点には，各法とも障害程度や範囲に差があることである。たとえば本法の等級表を基準にすると，労働者災害補償保険法では倍の第14級にまたがって程度を規定し，かなり細かく分類している。そしてその対象とする障害の範囲も本法等級表に比べてはるかに広い。反対に，厚生年金保険法では等級が3級までしか設定されておらず，本法等級表に比べ障害の範囲が約半分に圧縮され，国民年金法はさらにその範囲が狭い。つまり，同じ機能障害に着目した障害の捉え方であっても，各法によってその範囲はまったく異なるのであり，年金保険制度ではその対象を限定し，労働者災害補償保険法では広汎な障害を対象に設定し，本法等級表ではその中間的な位置づけになってくることになる。

厚生省課長補佐として本法成立の中心人物であった左野利三郎は，本法での対象規定は「恩給法や厚生年金とも考え方が違う。身障法では社会的に更生し，復帰するためにどれくらいの努力が必要かを標準に作ったんです[13]」と証言していた。また，前出の「身体障害者福祉法別表『身体障害の範囲』の解釈について」(社乙発116号)では，「機能障害の範囲はあくまで職業能力の損傷の程度を基準にして定められるべきもので，労働者災害補償保険法の如く，賠償的観念を加味した判定によるべきでない」との見解が示されていた。

確かに各法とも，対象とする障害程度の範囲には違いが見られる。しかし，身体機能障害を基準にした仕組み自体はほぼ同じで，質的な違いがあるとは思

第5章　障害概念はどこから来たか　　135

えない。とくに，本法等級表では社会的な更生に着目して復帰をするためにつくったとするが，その意図が，等級表がつくられた経緯を見ても，他の等級表と見比べても見えてこないのである。

本法等級表と他の等級表との関連性が見られる背景には，本法等級表が厚生年金保険法や労働者災害補償保険法を参考につくられた経緯があったことが指摘できる。国民年金法でも，ある程度厚生年金保険法を参考につくられたことは容易に予測できる。本章で明らかにしてきたように，別々に定められている社会保障制度でも何かしら関連性を持って展開されてきた歴史があり，本法等級表もそのなかの一つとして位置づけられるものである。そこに通底している論理とはいったいなんだろうか。この問題についてはあらためて次章で述べたい。

## 6　等級表のその後

本法が施行された後，厚生省は障害の範囲や種類の解釈を拡大していく。1956年には当初の「職業能力の損傷」が削られたのは，職業更生以外を否定するものではない趣旨からとみるべきで，「生活能力の更生をも含めた意味に解するのが適当である[14]」とした。したがって，高齢者や重度障害者も日常生活における能力の回復の見込みがあれば対象に含めても差し支えないとした。

また，「障害の固定」の解釈をめぐっては，1956年では「『永続』とは，身体諸組織の単に一時的な障害或は比較的早期に変化の来る障害を含めない趣旨である[15]」と，医学的に急速に変化する見通しのつく場合は「永続」とみるべきでないと解釈していたのに対し，1959年には「手帳交付の要件である障害の固定とは，一応臨床症状が消退しその障害が相当長期間にわたつて持続するものであれば足りるとする趣旨であつて，将来にわたつて障害程度が不変のもの例えば上下肢切断の如きに限られるものではない[16]」との柔軟な解釈に変化している。

さらに1966年には，筋ジストロフィーのような「障害の固定」しないものについて，「身体上の機能障害については，症状が固定しない場合であつても，当該障害が永続すると認められるときには，その時点において，身体障害の認定を行なつてさしつかえない[17]」との見解を示している。

しかし，このような解釈の拡大はあっても，より根本的な部分，すなわち機

表5-5 等級表の変遷

| 年 | 法令 | 主な改変 |
|---|---|---|
| 1954年 | 厚生省令第52号 | 別表第5号の二に身体障害者障害程度等級表を加えた。 |
| 1963年 | 厚生省令第43号 | 別表第5号の二を別表第5号へ。 |
| 1967年 | 厚生省令第26号 | 「心臓又は呼吸器の機能の障害」を加えた。 |
| 1972年 | 厚生省令第44号 | 「心臓又は呼吸器の機能の障害」に,「じん臓機能障害」を加えた。 |
| 1984年 | 厚生省令第53号 | 聴覚障害の欄中「聴力喪失」を「聴力レベル」に修正し,各デシベルの数値を改めた。<br>「又は言語機能」を「,言語機能又はそしゃく機能」に改めた。<br>「肢体不自由」に「乳幼児期以前の非進行性の脳病変による運動機能障害」（上肢機能,移動機能）が加えられた。<br>「心臓,じん臓又は呼吸器の機能の障害」に,「ぼうこう又は直腸の機能障害」が加えられた。<br>備考中3を改め,「異なる等級について二以上の重複する障害がある場合については,障害の程度を勘案して当該等級より上の級とすることができる」とした。 |
| 1986年 | 厚生省令第45号 | 「心臓,じん蔵若しくは呼吸器又はぼうこう若しくは直腸の機能の障害」に,「小腸機能障害」を加えた。 |
| 1995年 | 厚生省令第29号 | 視覚障害の2級と3級の内容に,視野の視能率による損失率の条件を加え,4級の5度を10度に,5級の「2 両眼の視野がそれぞれ一〇度以内のもの」を削除した。 |
| 1998年 | 厚生省令第2号 | 「心臓,じん臓若しくは呼吸器又はぼうこう若しくは直腸若しくは小腸の機能の障害」に,「ヒト免疫不全ウイルスによる免疫機能障害」を加えた。 |
| 2009年 | 厚生労働省令第157号 | 「心臓,じん臓若しくは呼吸器又はぼうこう若しくは直腸若しくは小腸の機能の障害若しくはヒト免疫不全ウイルスによる免疫機能障害」に,「肝臓機能障害」を加えた。 |

※1 各年の施行規則から筆者が作成した。

能障害を列挙する方式が見直されることはなかった。等級表の主要な動きを時系列的にまとめたものを表5-5に示す。

　表5-5に示されるように，等級表は障害のとらえ方そのものには変更を加えず，主には内臓疾患など機能障害を付け加えていくことに終始していった。「職業能力の損傷」や「生活能力」といった根拠を失ったなかでは，その後の展開は個別の障害の解釈をより広げていくか，機能障害を個別に付け加えていくことに終始する他なかったのである。もはや障害の捉え方に人間の存在を忘れ，単に厚生省が決めた機能障害の一覧表に該当するかどうかというものに

なってしまった。

　つまり，「職業能力の損傷」が削除された一方で，「生活能力」といった別の根拠を据えなかったことは，依って立つべき理論や基準を失わせ，障害を一面的にしか捉えられなくなり，障害の判定を画一的な機能障害による判定に固執させ，個別に障害を判定していくための現場裁量を奪い，官僚的な支配を強める結果を招いた。その判定には本来考慮すべき生活をしている人間の姿が捨象されてしまっているのである。生活の実態に即して対象を設定していくためには障害の捉え方を見直し，生活実態が反映されるための根拠を明確に据えることが求められるといえよう。

　なお，この等級表による障害程度の規定はどのような影響力を持っていたのだろうか。本法による措置は，身体障害者更生援護施設での処遇をはじめ，補装具の交付・修理，介護者とともに乗車・乗船費の半額免除，売店やたばこ小売りの優先的許可，施設で製作したホウキなどの官公庁による買い取りといった職業更生があった。

　ところが，施行当時これらの措置に等級表の程度に基づく規定は見受けられない。等級表が影響していった措置は，むしろ本法に基づかない部分，たとえば国立保養所への入所（1級に該当し，且つ常に複雑な介護を要する者）や地方税法上の特別障害者控除（1〜2級の者），相続税法上の障害者控除の取扱い（一般障害者3〜6級，特別障害者1〜2級），また，生活保護法による身体障害者加算といった関係法において見られる。等級表は，生活問題の最終的な受け皿となる生活保護による最低生活の基準を算定するところにまで影響していった。

## おわりに

　本章では，戦後の障害者福祉の本格的なスタートとなる身体障害者福祉法を取り上げ，障害の範囲や中身を具体的に規定した身体障害者障害程度等級表がどのような経緯で登場してきたかを明らかにしてきた。

　その結果，等級表の起源を探っていくと少なくとも1949年の法案段階で登場していたことが明らかとなった。このときの等級表が何を参考につくられたものであるかを探る手がかりとして，次の4点が考えられた。第一に「P. H. W.からの質問事項に対する答」の文書で恩給法や労働基準法の等級表を持ち

出して説明を行っていたこと，第二に本法別表が国際労働会議の「労働能力損傷度」を参考にしたとの記述があり，労災分野との結びつきが示されていたこと，第三に法案段階で示された等級表に「(厚)」と「(労)」との記載があり，等級を示すような記入があったが，これは労働者災害補償保険法と前章で明らかにした戦時の厚生年金保険法の障害等級と一致したこと，第四に法制定後に等級表を検討する際の資料として厚生年金保険法と労働者災害補償保険法，恩給法が参照されていたことである。

このような手がかりをもとに，実際に法案段階で登場した等級表と，厚生年金保険法，労働者災害補償保険法，恩給法における等級表と比較検証を行った結果，次の４点が明らかになった。第一に法案段階の等級表は厚生年金保険法，労働者災害補償保険法，恩給法を参考にして作成したことは明らかであること，第二に，そのうち労働者災害補償保険法や厚生年金保険法との一致率が高く主に労災分野を参考につくられたものであること，第三に法案段階の等級表は精神障害や内部障害を除外していたこと，第四に，とりわけ４級の一致率が高くそこを中心に障害程度を振り分けて作成していった可能性が指摘できることである。

さらに，実際に規定された身体障害者障害程度等級表の特徴に着目し，当時の厚生年金保険法や労働者災害補償保険法，戦傷病者戦没者遺族等援護法，国民年金法との比較を行うと，次のような点が明らかになった。すなわち，本法等級表と各法の等級表とは障害範囲の程度に差が見られ，労働者災害補償保険法では幅広い範囲で細かく程度を規定する一方で，厚生年金保険法や国民年金法では非常に狭い範囲に限定し，本法等級表はおよそその中間に位置するものとなっていたこと，しかし，各法とも障害程度や身体機能の障害そのもののとらえ方には共通性が見られたことである。

具体的には，それぞれに共通するものとして，身体障害を把握する場合に視機能や聴覚，上肢，下肢，指といった各身体機能や欠損の状態に着目し，とりわけ視機能や四肢の状態・機能，指の状態を詳細に測定していた。これは，徴兵制の体格等位基準によって確立してきた選別の方法や手続きが，戦後は社会保障制度のなかにも展開されてきた歴史性が看取できるものでもあった。さらに，障害の程度に対する考え方も，本法等級表と厚生年金保険法，国民年金法

では規則的とも見える関連性が見られた。つまり，各法とも障害の捉え方や等級表の設定には一定の共通性を持って行われてきたことを意味するものであった。

　このような経緯で登場してきた本法等級表のその後を観察すると，「障害の固定」をめぐって拡大解釈がなされる動きが見られた。1956年では早期に変化が予測されるような障害は含めないとする解釈が示されていたが，1959年からは柔軟な姿勢が示され，1966年には筋ジストロフィーのように症状が固定しない障害に対する障害認定への配慮が示されていたのである。しかし，「職業能力の損傷」が障害の捉え方から削除された一方で，「生活能力」といった別の根拠をその後も据えることがなかったため，障害の判定に現場裁量の余地を奪い，あくまで機能障害を足していくことにこだわる結果となったといえる。

　戦前の恩給法や戦時の労働者年金保険法に見られたような，等級表をあくまで例示として位置づけ，他の障害であっても同程度と判断できる場合は対象に含めるという幅を持たせた規定は今日でも登場していない。[19] たとえば何千種類あるとされる難病を一つずつ規定することは手続き上でも限界があり，たとえ等級表で障害を定めて認定していく方法であっても，ある程度現場に裁量の余地を残す規定が必要であると思われる。そのような規定は未だ実現されていないところに注意を要する。

1)　1954年6月21日「身体障害者福祉法施行規則の一部を改正する省令」(厚生省令第24号)。
2)　1954年9月2日「身体障害者障害程度等級表について」(厚生省社会局長通知，社発第685号)。
3)　具体的には次の通りである。「傷痍者の保護更生に関する法律案について推進委員会各委員より提案あった事項」【28・269-274】。なお，前章と同様，「マイクロフィルム版　木村忠二郎文書資料」を引用する場合は発行者（不明の場合は省略）「文書名」【リール番号・頁】の順番で表記している。

　　　　盲
　　視力矯正器を用いても眼前一米の距離にあって指数を弁し得ないもの（視力〇・〇二以下）とする。
　　視力障害により視力を要する一般生業に従事することの出来ない者（視力〇・〇四以下）を準盲人とする。（盲人部委員）
　　両眼の視力が視標〇・一を二米以上では弁別しえない者，但し屈折異常の者については矯正視力により，視標は万国共通視力標による。（青木委員）

聾唖者
　両耳の聴力が〇・〇五米以上では大声を解することが出来ず且つ言語の機能に大いに妨げのある者
　　肢体不自由
　原因の如何を問わず、骨関節・筋・腱・神経・脳・脊髄の疾患又は四肢における欠損（四肢若しくはその一部の欠損）によって肢体に不自由なるところあるため生業能力逓減者となり或はそれとなる虞れある者。（高木委員）
　　四肢切断者
　腕関節以上にて一上肢を失った者又は足関節以上にて一下肢を失った者並びにこの二者の中何れかを伴った傷痍を受けた者。（青木委員）
　　機能障害者
　頭部・脊髄等に傷痍をうけ精神的又は身体的作業能力を著るしく妨げる者。（青木委員）

4）　また、「傷痍者の保護更生に関する法律内容としての要望事項（国立療養所提案）」【28・296-299】では、対象に結核性疾患のなかで永久排菌者を対象とすることが明記されている。
5）　労働省「身体障害者職業補導事業の厚生省移管の反対理由（二四・一・一四）」【28・259】。
6）　「P. H. W. からの質問事項に対する答」【28・260】。
7）　P. H. W.「質問事項」【28・262】。
8）　「マイクロフィルム版　木村忠二郎文書資料」のことである。
9）　「身体障害者範囲案」【28・263】。
10）　「身体障害者福祉法案参考資料」【5・223-264】。
11）　社会局更生課「身体障害者福祉法施行に関する打合せ会議資料」【28・494-575】。
12）　具体的には、「上肢切断又は肢体不自由」では、B等級表では3級に「十指を失った者」を位置づけていたものをC等級表では一つ級を繰り上げたり、B等級表で4級以下に位置づけていたものをC等級表では部分的に一つ級を繰り上げたりなど、全体を5級以上に圧縮した。また、「下肢切断又は不自由」では、B等級表で5級に位置づけていた「一下肢の用を全廃した者」と「両足をリスフラン関節以上にて失った者」を、C等級表では3級に繰り上げるなど、B等級表で4～7級に位置づけていた部分をそれぞれ一つ程度繰り上げた。「体不自由」では著しい修正が行われ、B等級表で6級に位置づけていた者をC等級表では4級に位置づけ、C等級表では「常に就床を要し複雑な介護を要する者」など新たな内容を1～3級にそれぞれ設けた。「聴力障害」では、B等級表の内容をC等級表ではそれぞれ一つずつ級を繰り上げた。「体不自由」の修正は目立つものではあるが、それでも全体的には微調整というレベルでの修正といえよう。
13）　左野利三郎・實本博次・仲村優一「［特集鼎談］身体障害者福祉法制定時の思い出」『月刊福祉』第72巻第11号、全国社会福祉協議会、1989年10月、25頁。
14）　厚生省社会局更生課編『身体障害者福祉法更生指導の手引〔改訂版〕』1956年、133頁。
15）　厚生省社会局更生課編・前掲注14）132頁。
16）　1959年7月16日「身体障害者手帳交付に関する疑義について」（厚生省社会局更生課長回答、更発第90号）。
17）　1966年8月19日「進行性筋萎縮症患者に対する身体障害者手帳の交付等について」（厚生省社会局長更生課長通知）。
18）　1963年4月1日の厚生省告示（第158号）では、生活保護法による保護の基準を改正し、

加算の部分で「身体障害者加算」を新設した。その対象は等級表に基づき次のように規定された。等級表に掲げる1級もしくは2級に該当する身体障害者，等級表の3級に該当する身体障害者であって国民年金法別表に定める1級に該当する者，等級表の3級に該当する身体障害者で介護を要する状態にあるもの，疾病等のため日常の起居動作に著しい障害のある者であって病院又は診療所に入院していないものである。

19) たとえば，労働者災害扶助法における障害扶助料の対象を別表の身体障害等級表によって定めた労働者災害扶助法施行令では，第6条の条文中に「別表ニ掲グルモノ以外ノ身体障害ヲ存スル者ニ付テハ障害ノ程度ニ応ジ別表ニ掲グル身体障害ニ準ジ障害扶助料ヲ支給スベシ」との規定がなされている。

第6章

# 戦争と障害

## はじめに

　社会は障害に対してどのように向き合ってきたのか。戦争の記憶では，障害が社会や国家にとって「コスト」や「負担」として扱われ，排除対象として広く認識されてきた一方で，障害への保障的な対応にはその原因を厳しく問いながら差別化をしたり限定的な対応にとどまったりしてきたことが観察できる。具体的には次の4点が指摘できるだろう。

　第一は，障害を組織集団の保持・保全の手段として障害を排除対象として捉える場合はかなり積極的に障害がピックアップされてきたことである。軍事政策では障害の存在が具体的に浮き彫りにされ，戦時になると障害は戦争のための人的資源の観点から問題視され，日中戦争勃発後は国家政策の課題として障害への対策が進められていった。軍事政策にとって障害は徴兵検査成績を悪化させる阻害要因であり，人的資源を安定的に確保するためにいかにふるい分けるか，戦争の維持遂行にとっていかに排除していくか，という観点から捉えられ，そのために医学が積極的に導入され，障害を排除したり発生を減らしたりするための対策が国家的な規模で進められていったのである。

　第二は，社会政策では障害への対策が戦争を通して展開してきた過去があり，戦後の身体障害者福祉法が対象にした障害もそれまでの社会政策とつらなることである。障害への保障的な対応には恩給や労災保険，年金保険などが準備されてきたが，障害は労働を基準に考えられ，障害原因が問われ，その背後には国家や産業社会に貢献した者への特権や恩恵といった論理が見られた。戦後につくられた身体障害者福祉法では非軍事化・民主化政策によって障害原因を問う障害観は解消されたものの，「職業能力の損傷」が基準にされたことで，

職業的に復帰できない障害は対象から外された。そこには社会政策的な論理が強く見られ，社会政策的障害観といえる障害の捉え方が見出せる。

　第三は，国家政策では排除対象として障害を捉える場合と，保障を行う場合に障害を捉える場合とではずいぶんな開きが観察できることである。戦時では，戦争の維持遂行という国家的な要請によって網羅的に障害が取り上げられていた。人的資源をいかに動員していくのか，という観点ではかなり広範な障害が取り上げられていたのである。反対に，保障といった観点から障害が捉えられる場合は，障害原因がまず問われ，労働力として使えるかどうかといった論理で対象を限定してきた傾向が見られる。

　第四は，戦争は障害者のイメージや捉え方に影響を与えたことである。障害は人間全体からすれば部分的なものであり，一つの違いにすぎない。ところが，戦争を通して障害の捉え方に「社会的負担」や「コスト」といったマイナスのイメージが付着し，それが障害者のイメージに大きな影響を与えていった過程が見られる。その背景には国家が定める，あるべき人間の姿や枠組みといった人間モデルが形作られ，それが全面に強く出された戦時ファシズム体制では，障害者はそこから除外される典型的な存在として浮き彫りにされ，あるいは矢面に立たされていったプロセスが見られる。

　以下では，その具体的内容について述べたい。

## 1　排除対象としての障害

　集団のなかで障害をマイナスのものとして捉え，排除する論理として登場したのが軍事政策であり，徴兵制である。徴兵制では障害を注意深く広範にわたって取り上げていったこと，そしてその障害の捉え方が極めて静学的であったことが特徴である。

　軍事政策では障害をかなり敏感に，そして重大な問題として捉え，軍隊組織の入り口にあたる徴兵制や，出口にあたる除役のところではつぶさに統計を採って観察していた。そして，それらの動向は軍事政策だけでなく，国家政策全体に影響を及ぼし，戦争に突入すると障害の存在が国家や民族にとって負の問題として扱われていった。徴兵制の現場で課題視された障害の存在は，戦時体制によって広く国家政策の課題として認識され，保健国策や断種法の制定な

どにつながっていった。断種法としてつくられた国民優生法では，障害は固定されたものであり，遺伝によって世代的にも固定されたものと断定したのである。

　徴兵制が本格的にスタートしたのは1889年の新徴兵令からであった。新徴兵令下で医学的に細かく壮丁（徴兵検査を受ける者）をふるい分ける仕組みが登場し，兵士としてどの程度役立つかをモノサシに綿密な診断基準がつくられ，甲・乙・丙・丁種にランク付けしていった。甲種は最も優秀で，乙種は合格，丙種は虚弱で，兵隊として合格ではあるが前線からは外される存在とした。一方で丁種は不合格とされ，その多くは障害者であった。当然ながら，戦時になるとその成績が軍部にとって重大な関心事となった。なお，細かく機能障害をリストに並べた障害分類を作成し，医師が判定する仕組み自体は今日の身体障害者福祉法などの障害判定の仕組みと基本的には同じであり，その意味で障害分類によって判定する行政的仕組み自体は徴兵制によって確立したと見ることができるだろう。

　軍部は1928年以降，徴兵検査成績が「悪化」し，国民の体力が低下していると捉えてそのことを重大視した。その対策として軍部が要求するようになったのが，国民の健康状態の改善であった。当時，徴兵検査成績で甲種・乙種が高い割合を示していたのが農村で，軍部は「人的資源の供給源」として重宝していた。ところが，昭和恐慌を通して農村の健康状態は悪化し，軍部は危機感を募らせ，さまざまな国策が進められていった。その全体像が政策として示されたのが1940年の「人口政策確立要綱」である。要綱では，主に乳幼児死亡率と結核死亡率の改善，結婚・出産奨励，医療保険の大改正を求めた。

　要綱のねらいを掘り下げると，国民を3つに分類して対策を進める意図が見受けられた。つまり，甲種・乙種に該当するような健康者には，その維持ができるように医療や年金を強化すること。丙種に該当するような虚弱の者には医療を充実させ，とくに国民体力法で幼少期から健康管理を行い，できるだけ徴兵検査成績を甲種に引き上げていくこと。一方で，丁種に該当するような先天性の障害者に対しては国民優生法によって断種の対象とする，という意図である。

　このように，軍事政策が国家政策の中心になると徴兵制で行われていたふるい分けの基準とその結果が，戦争によって国家政策全体に影響を及ぼしていったプロセスが見られるのである。そこでは国家による国民への関心が，あくま

で戦争の遂行にとって戦力たりうるかどうかに集約されてしまう。そのモノサシで国民は細かく測定され，ふるい分けられていく。そうなると，今度は国民生活を支える年金や医療，社会事業などの存在意義が，軍事にどう役立てるかという観点に集約され，それら制度設計や仕組みに強く影響を与えていくことになる。一方で，そういった対策をしても効果が見込めないとされた国民には断種法が準備されることになった。

　戦時は障害原因によって差別化し，たとえば先天性の知的障害者には国民体力法によっても注意深く排除し，なんら対応が準備されなかった。戦時体制ではより多くの労働力や兵士を必要とし，虚弱であったり障害を負ったりした場合には健兵・健民政策によってその程度を注意深くふるい分け，兵士として期待できる者には国民体力法によって錬成の対象とし，治癒不可能と見なした者には国民優生法による断種が準備された。

　国民優生法に典型的に見られるように，障害は国民の健康を害するものと捉え，先天性の障害などを「治らないもの」とし，かつ「遺伝するもの」として世代を超えて固定化したものとして断定した。そのため断種による生殖防止の対象として位置づけていったのである[1]。

## 2　保障対象としての障害

　反対に，保障の対象として障害に着目した対策を見るとどのような歴史があるのか。

　制度的には障害概念の近代的用語に相当するのが「不具廃疾」である。「不具廃疾」が政策で取り上げられ，制度において程度に基づき具体的に中身が規定されていったのが徴兵制や恩給制度であった。とくに徴兵制では「不具廃疾」のある者を丁種不合格者としてふるい分け，少なくとも1910年から登場した体格等位基準によって程度別に詳細に選別する行政的仕組みが登場した。このような手法は恩給法とも共通し，恩給制度では少なくとも1923年の恩給法制定の段階で「不具廃疾」を等級によって分類し，処遇していく仕組みが導入されていたのである。

　障害について程度を含めて評価する場合に，視機能や言語・聴覚機能，四肢の状態・運動機能，精神疾患，内臓疾患，手足の指の状態といった部分に着目

し，とりわけ視機能や四肢の状況，指について詳細に分類した表を作成し，それを基に現場の医師が診査するという行政手法は，戦前から戦後にかけてどの社会政策の制度においても基本的に一貫している。その身体を測定する方法が確立したのは徴兵検査であったといえる。

この徴兵検査結果から浮き上がってきた課題の代表格が結核であり，結核問題を中心に国民の健康状態の「悪化」が政策課題とされ，戦時にさまざまな社会政策立法が整備されるきっかけになった。つまり，徴兵制のなかで体格等位基準として用いられてきた選別の方法や手続きから浮き上がってきた問題が，今度は社会政策の問題として取り扱われ，その対策が展開されてきた歴史が確認できる。

このとき社会政策における「廃疾」は，当然ながら労働の観点から捉えられていた。たとえば年金保険制度をめぐる論議では，年金保険制度が認識する「廃疾」とは生理学的な「廃疾」ではなく，「廃疾」による一般的労働不全，職業的労働不能であり，それによる従前の給与との差を考慮した「経済的廃疾」が対象になるといった見解が示されていた。

また，「廃疾」用語から障害用語への変遷について次のような歴史が見られた。労災分野ではすでに障害用語が労働者災害扶助責任保険法などで用いられていたが，これが厚生年金保険法へと移行する段階で労災分野から年金保険分野に広がった。そのとき「廃疾」用語から障害用語へと変更されたが，その理由に次のような事情があった。

それは，廃疾年金は「産業戦士」として国に貢献した結果障害を負った者に給付するものであるにもかかわらず，「廃疾」用語ではいかにも「不具廃疾」らしく陰惨な感じを与えるため，なるべく心地よく給付が受けられるようにとの配慮から障害用語へと変更したとのことであった。つまり，「廃疾」用語から障害用語へと切り替わっていった歴史には，国家に貢献した者に対して先天性など他の障害者との差別化を行う手段として用いられた経緯が見られる。つまり，戦時では戦力たりうるかどうかを細かくふるい分けていた一方で，戦力たりうる者には優先的な保障を与え，戦力ならざる者には注意深く保障を限定していたのである。

このような歴史を前提に登場したのが戦後の身体障害者福祉法であった。戦

後，憲法第25条に生存権が明確に定められ，非軍事化・民主化政策がGHQを中心に進められた。福祉制度の存立根拠に生存権が据えられ，福祉政策では絶えずその整合性が問われることになった。一般生活困窮者対策のなかで援護が行われていた障害者対策は，傷痍者問題を念頭に障害に着目した特別な対策へと展開する。そして1949年に登場したのが身体障害者福祉法であった。一般生活困窮者対策しかない対応から，障害に着目した社会福祉サービスを本格的にスタートさせたのが身体障害者福祉法といえる。

　身体障害者福祉法の制定過程に着目すると，非軍事化・民主化政策の下，「無差別平等」の原則によってGHQから身体障害者福祉法が軍人優遇策とならないよう厳しいチェックが行われていた。その影響から，先天性など，従来ほとんど保障の対象とされてこなかった障害者層に光が当てられ，障害原因を問わない普遍的な対象規定となった。しかも，身体障害者福祉法の制定過程では，あくまで対象として想定していた者は先天性を含む疾病に基づき障害を負った者を中心に据えており，元傷痍軍人はわずか15％でしかなかった。このことは従来身体障害者福祉法が元傷痍軍人対策であったとする見解に修正を加えざるを得ないものであった。つまり，「無差別平等」の原則により，身体障害者福祉法では国家や産業などへの貢献度で排除と保障を明確に分けていた論理が軽減され，国家に貢献できない戦力ならざる者として見なされてきた障害者にも光が当てられていく契機になったといえる。

　身体障害者福祉法では法の目的として職業的自立が目指され，その理念にしたがって対象規定に現れたのが「職業能力が損傷されている」という文言であった。そのため，更生の可能性がまったくないとされる者ははじめから対象から除外されることになった。あえて年齢制限が定められなかったのも，更生を前提にしている限り，その可能性が見込まれないとされる高齢者は必然的に除外されると考えたからである。[2]

　身体障害者福祉法でより具体的な障害分類を規定したのが身体障害者障害程度等級表である。身体障害者障害程度等級表は法運用上の参考資料として作成されたといわれながらも，いつどのようにして登場してきたかは定かではなかったが，遅くとも1949年の身体障害者福祉法案段階で登場していたことが明らかとなった。さらにその源流を探っていくと，法案段階の等級表は厚生年金

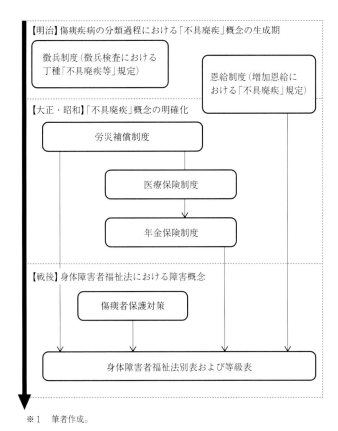

※1　筆者作成。
図6-1　身体障害者福祉法に至る障害概念の変遷

保険法，労働者災害補償保険法，恩給法を参考にして作成したことは明らかであること，そのうち労働者災害補償保険法や厚生年金保険法の等級表との一致率が高く，主に労災分野を参考につくられたものであることなどが確認できた。つまり，等級表は労災保険や年金保険からつくられたものであり，身体障害者福祉法は社会福祉サービスを規定したものではあるが，実際には労働分野の障害を参考にしてつくられたもので，とりわけ戦時の労災分野で用いられていた障害分類に行き着くことになるのである。

　その後，「職業能力が損傷されている」との規定は対象を限定するものとして批判があり，法改正によって文言の削除が行われた。そのことが，職業能力

に囚われない障害認識を可能とした。しかし一方で，「生活能力の減少」といった「職業能力の損傷」に替わる論理が規定されずに障害認識の理論的支柱を失ったことで，厚生省が施行規則として定める身体障害者障害程度等級表に病類を並べて障害の中身を管理する方法がより強化されてしまった。戦前から見られたような，官僚が厳しく対象をコントロールしていく仕組みは身体障害者福祉法ではより強化されたのである。それは概念的にも広がりを生み出す余地を奪い，社会運動などによって解釈を広げる歴史的契機をも奪ってきたともいえる。

このような障害概念の変遷について，試験的に図式化を行うと図6-1のようになると思われる。本図はあくまで試験的なものであり，より検証と修正を必要とすることはいうまでもない。[3]

## 3　社会政策的障害観

このような保障的な観点からの障害認識の歩みを振り返ると，その障害の捉え方は「社会政策的障害観」と呼ぶべき性格が見られる。

たとえば，疾病観をめぐっては次のような特徴が指摘されている。近代社会では疾病に対して社会政策による対応が整備され，さまざまな社会保険を準備してきた。社会保険では疾病をどのように扱ってきたのかを探ると，ビスマルクの疾病保険に行き着く。かつてビスマルクの疾病保険ではその対象を13週以内に治癒可能な者とし，障害はその対象から除外した。産業に貢献できそうな者には医療を提供し，治癒が見込めない者には医療の枠から外したのである。労働への復帰が可能かどうか，という観点から捉える疾病観は社会政策的疾病観と呼ばれ，今日の社会保険制度の疾病観の基礎を構成してきた。[4]

つまり，この場合の疾病観の特徴は労働を基準にした捉え方であり，医学水準や産業構造の変化に影響を受けながら，基本的には労働力として復帰できるかどうかによって保険給付が決められた。まさにこのような労働を基準にした捉え方は，戦後に登場した身体障害者福祉法における障害の捉え方にも当てはまるものと考える。

身体障害者福祉法第4条に規定された「職業能力が損傷されている」という文言には，法による措置を通じて将来的に職業復帰が可能な場合だけを身体障

害者として規定しようとした趣旨があった[5]。さらにこの文言は法の目的で規定された更生概念と関連しており，あくまで職業的自立に限定されて用いられたものであった[6]。つまり，法の目的に職業的自立が目指され，その理念にしたがって設定されたのが「職業能力が損傷されている」という文言であった。そのため，更生が見込めない場合はその対象から除外したのである。そして，身体障害者福祉法で具体的に障害分類を示した身体障害者障害程度等級表は，労働分野を参考につくられたものであった。

「職業能力が損傷されている」との規定は1951年の改正によって削除された。佐藤久夫も指摘していたように，対象を制限するものとして機能していた規定を失ったことは，一時的に対象を広げる側面があったが，新たに依拠すべき根拠，たとえば身体障害者福祉法の成立過程で見られた「生活能力の減少」といった規定が盛り込まれなかったため，その後の対象規定を機能障害へ一層固執させ，障害者の生活実態を反映させる論理的根拠を著しく損なわせたといえる。結局その後の動きでは，たとえば「障害の固定」をめぐって柔軟な解釈へと変化を見せるものの，機能障害を適宜加えていくだけの改正が繰り返されて今日に至っている。障害の捉え方に人間の存在を忘れ，官僚が定めた機能障害の一覧表に該当するかどうかという一面的なものになってしまったのである。

なお，社会政策的疾病観の特徴のもう一つは，疾病の社会的な側面が無視されやすく，本来資本の責任で対応すべき疾病までを労働者の負担に求めていくことである。多くの労働者の疾病には生活条件や労働条件に起因することがすでにウィルヒョウによって明らかにされていたが，ビスマルクの疾病保険はそれを無視し，過長労働時間や低賃金など労働条件への譲歩をできるだけ避け，労働者による拠出，つまり労働者の負担で最低限の医療負担を迫ったのがビスマルクの疾病保険であったといわれている[7]。実際に，戦時につくられた年金保険制度における障害年金はそれまで労災の枠組みで対応していたものを吸収したものであり，ある意味で資本の責任を労働者に肩代わりさせたといえる[8]。

その点を踏まえると，障害もまたすべての対応を社会福祉サービスに委ねていくのではなく，国民も負担する租税によってまかなわれる身体障害者福祉法が対応すべき範囲と，本来労災保険が対応すべき範囲とを注意深く検討すべきことが指摘できる。

第6章　戦争と障害　151

たとえば今日増えている精神障害が論点にあげられる。増える精神障害の背後にはブラック企業に代表される労働条件の問題が横たわっているが，労災として認められるケースは極めて少なく，結局は生活保障に年金保険制度や社会福祉サービスが対応しているか，生活保護に頼らざるを得ない人たちを生み出している構図がある。ある種資本がつくり出す障害に対して，その対応に資本が全面的に負担する労災保険はあまり機能せず，労働者にも負担を求める年金保険制度や社会福祉サービスに対応を依存させることには注意が必要と思われる。とくに，労災保険は生活保護などとはまったく性格が異なり，障害の発生をつぶさに観察できる現場であり，障害を入口にした貧困を最前線で予防できる機能や役割が果たせる。その意味で労災保険の予防的，あるいは防貧的な役割や機能を今一度評価し直すことが福祉政策全体にとっても重要に思われる。

　また，戦時の記憶を通して社会政策的障害観を捉えると，「二重のふるい分け」の問題が浮かび上がってくる[9]。戦時では，障害者本人にとって障害の発生は何を意味してきたのか。一つは排除の論理としてであり，もう一つは保障の対象となるきっかけであった。しかし本人からすれば，排除対象としては広い範囲で捉えられ，保障の対象としてはかなり限定した捉え方に変貌して見えていた状況が推測できる。

　たとえば知的障害者の立場から戦時を眺めた場合，排除対象としては，徴兵制で丁種不合格者として兵役の義務を果たし得ない存在としてレッテルを貼られるばかりか，戦時体制が深まると今度は国民優生法によって断種の対象として矢面に立たされていった。その一方で，障害に対する保障を受けたい場合は障害原因が厳しく問われ，戦時に準備されたさまざまな社会政策立法や国民体力法などからは注意深くふるい落とされてしまった。つまり，社会からマイナスの存在としてふるい分けられる一方で，今度は社会政策によってもふるい落とされてしまうという二重のふるい分けに遭っていた状況が見られる。これは過去の問題ではなく，形を変えながら今日でも見られることである[10]。

　また，社会政策的疾病観の観点からより労働者の生活実態に目を向けようと試みたのがアメリカ医療費委員会（CCMC）による一連の報告書である。1920年代から1930年代のはじめにかけて出されたアメリカ医療費委員会の報告書では，疾病の定義として，1日ないしそれ以上にわたって完全，あるいは部分的

にしか働けないという労働不能に加え，1日50セント以上の医薬品を購入する状態や症状という広い範囲をあげている。さらにこの報告書では，医療が必要だが高額の費用負担を前にして諦めざるを得ない階層が存在していることに注意が向けられ，デマンドの視点では消される部分があり，受療に結びつかない医療ニードがあり，低所得階層ほど医療ニードが潜在化しやすいことを示したことが示唆的であった。[11]

　このような点を踏まえると，障害の定義も「潜在障害」，あるいは「顕在障害」といった捉え方が必要で，福祉政策では障害が潜在化している，あるいは潜在化しやすい層に向き合う努力が必要に思われる。

　たとえば，障害者自立支援法では応益負担を求め，多くの障害者にとって社会福祉サービスの利用に多額の自己負担が請求される事態を招いた。そこで生じたのが，多額の自己負担を回避するために社会福祉サービスの利用そのものを控える動きである。福祉政策としてはサービス利用に結びつかない限りニーズとして把握されず，それ以外は「自立したもの」として片付けられかねない。つまり，社会福祉サービスの自己負担の引き上げはデマンドの視点のみでは消される部分が出てしまう。障害者自立支援法の施行にともない応益負担の影響を生活実態から捉えようとする社会調査が行われたが，これはまさに潜在化する障害に丹念に目を向けていこうとする取り組みといえる。

　しかし，このような障害が潜在化する動きはICFに示されている障害モデルでは見えにくい部分であり，ICFが福祉政策や社会階層の問題などをはじめ，常に変動する資本主義に規定される現実社会の実態把握にはほとんど太刀打ちできないことに注意が必要である。

　福祉政策ではあくまで制度が定めた障害に当てはまるかどうかで判定しているため，実際にはそこから機械的に漏れていく層が発生することに注意が必要である。さらにこれに障害受容という複雑な問題を踏まえた場合，なおさらである。意識的にせよ，無意識的にせよ，社会福祉サービスの利用につながらない事態は多数存在しているはずである。その指標として参考になるのが生活保護制度の動向だろう。

　いま，生活保護における保護開始世帯に傷病・障害者世帯が上位になっている。障害が貧困の入口になっている構造が見られることは，予防的な福祉施策

が上滑りし，十分機能できていないことを示すものでもある。予防的な福祉施策や障害への対応が十分に機能せず，結果として生活保護制度で事後的に対応している構図があり，福祉制度全体から障害にかかわる福祉施策を今一度問い直していく必要性が見えてくる。

### 4　障害原因による差別化

　戦時の障害認識の特徴に，障害原因による差別化が指摘できる。国家や産業社会への貢献が厳しく問われ，同じ障害であっても原因によって国家的な対応に差がつくられていた。

　軍人や官吏に対しては恩給制度が早くから整備され，その組織集団に属する者が障害を負った場合は増加恩給の対象として手厚い保障を行ってきた。また，工場や鉱業現場などが排出する労災によって障害を負った者には，「産業戦士」への恩給として障害年金が用意された。このとき制度上で「廃疾」用語から障害用語への転換があったが，そこには「産業戦士」に対して「廃疾」用語は陰惨なイメージが伴う不適切な表現であるとし，その配慮として障害用語を用いたという事情が見られた。その一方で，国家や産業社会に貢献できないとされた先天性の障害者などには国民優生法によって淘汰されるべき対象として位置づけられていった。

　つまり，戦時の障害への対応はあくまで国家や軍隊組織，工場といった組織集団の維持や保全を目的とした範囲内でしか行われず，そのような組織集団に参加できなかったり，貢献できないと見なされたりした障害者は，国民の健康を害するものとして排除対象として認識されていったといえる。

　このような差別化の政策的意図をより明確に観察できるのが，国民体力法と国民優生法を並べた場合であった。国民優生法は障害者への断種を合法化し，「劣等」とした素因の出生の排除や抑制をはかるものであった。障害は遺伝によるものであり，それが国民の健康を害するものであり，それを排除していくことはやむを得ないとした。一方で，少しでも戦力たりうると捉えた者には国民体力法が準備されたのである。将来戦争に役立つ可能性のある虚弱児に対しては保護を，その可能性がないとした障害児には排除を，という線が明確に引かれたところに国家的な姿勢が露骨に示されている。

※1　筆者作成。
図6-2　戦時下の障害者対策

　さらに、戦闘の結果障害を負った兵士は傷痍軍人として手厚い援護が準備されていたが、徴兵検査を通り抜けた知的障害者には「冷遇」が待ち構えていたことが清水寛らの研究で明らかにされている。[12] 障害原因を厳しく問う国家の姿勢はここにも貫かれていたといえる。

　このように、戦時体制では障害の原因によって保障の対象か、排除の対象かが明確に分けられていたところに特徴がある。その差別化は軍隊組織や工場、あるいは国家にとって「戦力」たりうるかどうかで決定づけられ、一貫した姿勢を持っていた。それを図式化したものが図6-2である。

　このような障害の捉え方に一定の修正を迫ったのが戦後の福祉改革であったといえる。戦後に成立した身体障害者福祉法では内実ともに差別化は解消された。それは非軍事化・民主化政策が強固に進められたために元傷痍軍人への特権的な対応が防がれ、障害原因を問わない普遍的な制度になった。ただし、身体障害者福祉法ではかなり限定された障害の範囲しか対象にせず、戦時に軍事政策や優生政策で大きく取り上げられていた精神障害や知的障害は対象から除外してしまった。一方で優生政策は戦後に拡大し、結局は遺伝的かどうかは問わない対象規定に変化し、多くの障害者に優生手術が施されていったのである。

## 5　生存権にとっての障害

　このような歴史を踏まえると、今後の福祉政策における障害認識で重要となってくる視点が、障害を動学的な視点で捉えること、その判定をできるだけ現場裁量に委ね、障害原因を問わないこと、そして「戦力」の観点に向き合うことである。

　障害が排除の論理として登場する場合、極めて静学的であり、障害を固定したものとして捉えてきた。徴兵制では障害を一覧表に並べ、それに該当するか

を判断する仕組みがつくられた。その範囲は政策的な都合によって恣意的にコントロールされ、本人の状況は考慮されず、兵力が不足した場合は知的障害者をも兵士として動員していったのである。

　一方で障害は遺伝するとの捉え方が広がり、国民優生法では障害は世代を超えて固定するものと断定して断種の対象とした。戦時政策が生み出した国民優生法は戦後に優生保護法として存続し、より強固に優生政策が進められた。生存権と対峙する優生政策が戦後に大きく展開した歴史は、障害を固定的なものと見なし、排除対象とする捉え方がより強化された側面があることを示している。

　このような静学的な捉え方は部分的にせよ社会政策にも共通して見られる。官僚が指定した機能障害を一覧にして並べ、それに該当するかどうかで判断する仕組みが労災保険や年金保険制度にも登場し、それが戦後の身体障害者福祉法に引き継がれていった。このような判定の仕組み自体は必ずしも否定されるべきものではないが、障害を固定したものとして扱い、官僚が細かく障害範囲をコントロールする仕組みが、むしろ身体障害者福祉法で強まったことに注意が必要である。

　戦前や戦時では労働者災害扶助責任保険法による障害扶助料や恩給法による増加恩給に等級表が用いられていたが、そこでは等級表に例示としての意味合いを含めており、等級表に規定されていない障害であってもそれに準じて認定する途が用意されていた。これは労働者年金保険法でも同様であった。ところがこれは身体障害者福祉法では完全に無視され、今日においてもこのような規定は実現していない。より障害者の生活実態を反映させていくためには、身体障害者福祉法における別表や身体障害者障害程度等級表に例示としての性格を付与し、本人を含めた現場裁量を増やし、できるだけ柔軟に運用していく途を拓けていくことが必要に思われる。

　そもそも、障害の状況は身体的にも社会的にも絶えず変化し、重くなったり軽くなったりするものであり、障害がまた別の障害の発生につながったりすることも多い。とくに産業構造が大きく変わりつつある今日では労働条件も大きく変わり、それによって障害の発生状況も変動する。

　たとえば、いま50歳代の障害者がかつて20歳代であった1980年代と現在とではまったく時代状況が異なる。産業の空洞化が叫ばれる前の1980年代はまだ工

場労働も多々あったが，いまではサービス労働が雇用の多くを占めるようになり，サービス労働ではコミュニケーション能力が問われ，たとえば発達障害者にとっては不利な状況が生み出されてきた。反対に，いま50歳代の障害者は30年後には80歳代となり，障害状況も身体的な衰えが加わってくる。長いライフサイクルで考えると障害状況は大きく様変わりする。したがって，福祉行政など第三者が障害の判定をしようとする場合，そもそも障害を固定したものとして見ること自体無理があり，障害を動態的なものとして捉え，個別的に見ていく仕組みでなければ精確な障害判定は不可能である。

　とりわけ障害者福祉では障害を原因に貧困に陥る状況に目を向け，早い段階で社会福祉サービスへとつなげる発想が求められる。「潜在障害」に目を光らせ，障害がわかったらできるだけ早い段階で社会福祉サービスへとつなげ，細やかな配慮やケアを届けていくことが必要となる。ところが，知的障害などで障害者本人の意思が現れにくかったり，障害の受容といった複雑な問題を抱えていたりしたときは，生活で何を必要としているかの把握はまずは本人と関係性をつくるところから進めざるを得ない。生活に必要なものは生活に寄り添ってはじめて理解されていくものであり，かかわりのなかではじめて必要な援助が見えてくることも多い。そのためにもできるだけ障害を柔軟に捉え，やはりその判定には本人を含めた現場裁量に委ねていく姿勢が求められる。画一的に「指が何本欠いているか」といった発想で障害を捉えていては，どうしても対応が後手に回ってしまうどころか，障害の発見そのものが見過ごされ，潜在化してしまう。障害の発見が潜在化すると，障害者福祉からも脱落し，そのまま放置されてしまいかねない。

　なお，現在も障害原因によって受けられる保障には大きな差が設けられている。たとえば国民年金だけの場合と厚生年金がある場合，さらに労災保険とでは保障される生活水準に大きな差があり，ここに恩給を加えるとさらに差が際立ってくる。この差自体はいま必ずしも否定されるべきものではないが，この差が生み出されてきた背景には「国家に貢献したかどうか」や「障害者は社会にとってのコスト」といった論理があったことに注意が必要である。このような論理が強調されると，引き起こされるのが障害者間の分断なのである。

## 6　戦争と障害者観

　障害の捉え方は障害者の捉え方，すなわち障害者観に大きく影響を及ぼす。歴史を振り返ると，今日の障害者観が形成された背景に戦争が深くかかわってきた過程が指摘できる。

　国家政策では障害者をどのように想定し，あるいは前提としてきたのか。本書で扱ってきた軍事政策と社会政策を俯瞰すると，ある種の一貫性が見出せる。その一貫性を示すキーワードが人的資源である。

　人的資源を考える場合，国家が国民をどう評価するかが前提となる。その評価の歴史を探ると命価説がキーワードになると思われる。命価説とはいわゆる国民の生命を経済的な観点から評価する学説で，ウィリアム・ペティが農地の売価が20年分の収穫額で行われていることから類推した「人間の資本価値」を算出したことにはじまる[13]。このような命価説を人口統計や経済統計で精密化したのがウィリアム・ファーで，このような社会統計から人の死に向き合おうとしたのがジョン・グラントになる。その歴史の中で，疾病や不潔が国家や共同体，あるいはマンパワーにとって何かしらの損失をもたらすという発想にたどり着き，医療や公衆衛生の必要性に目線が注がれるきっかけにもなっていった。この発想は後藤新平を筆頭に日本に輸入され，日本の医療保険制度の想起につながっていった。

　この歴史に障害者へ焦点を当てると，社会統計学では少なくともマヨー・スミスの業績から「障害者は優秀ならざる国民」「身体・精神の不具の存在は，社会の負担となり，経済上は損失」といった発想で採られた障害者統計が登場する[14]。この着想の歴史的な前後関係は未だ不明であるが，国家にとって有用な人的資源という目線から国民を眺めた場合，人的資源たり得ない存在として障害者が取り上げられ，「社会的負担」や「コスト」を与える存在として顕在化されていった過程がうかがえる。これがより目に見える形で具現化されていったのが軍事政策であり，徴兵制であったといえる。

　第1章で述べたように，徴兵制では壮丁を甲・乙・丙・丁種にランク付けし，詳細な基準に基づいてふるい分けが行われていった。そこで前提とされていた人間モデルが，近代的な兵器が扱える兵士として有用な健康な肉体と精神であった。障害者は丁種に位置づけられることになり，いわばその対極に置か

れていた。

　戦時ファシズム体制になるとこのような人間モデルが社会に影響力，あるいは支配力を持つことになる。第**2**章で取り上げたように，昭和恐慌を経て農村の健康状態は悪化し，農村を「人的資源の供給源」として重宝していた軍部は危機感を募らせていた。戦時に突入し，軍事政策が国家政策の中心になると，徴兵制で行われていたふるい分けの基準や結果が国家政策全体に影響を与えていった。そこでは，国家による国民への関心があくまで戦争の遂行にとって有用かどうかに集約されてしまう。そのモノサシで国民は細かく測定され，ふるい分けられていく。そうなると，今度は国民生活を支える年金や医療などの存在意義が，軍事にどう役立てるか，という観点に集約され，それら制度設計や仕組みに強く影響を与えていくことになった。いわば，軍事政策で求める人間モデルが，戦争によって今度は国家が求める人間モデルとなり，社会政策にまで影響を与えていったのである。

　一方で，それに当てはまらない障害者には対応が図られないどころか，むしろ排除対象として考えられていった歴史が見られる。その典型が国民優生法である。これまで述べてきたように，今日まで続く重要な福祉制度の土台が戦時につくられ，いずれもそのねらいには戦争継続に向けた人的資源の確保があった。そのような観点から断種法，すなわち国民優生法の登場を眺めると，ある種の必然性を見出すことができる。

　戦時に突入すると前線で活躍できる「健康」な兵士が求められるようになる。兵士になれない障害者は「臣民の義務を果たし得ない」として，断種を求める主張が医学者や軍部を中心に出されるようになり，1934年に断種法である民族優生保護法案が国会に出されるに至った。

　そして1940年につくられた国民優生法では障害者への断種を合法化し，障害は遺伝によるものであり，それが国民の健康を害するものとして排除対象にしたのである。戦争にとって人的資源たりえる存在には，できるだけその保全・培養のため社会政策を適用するが，はじめから人的資源にとってふさわしくないとした人間には，出生そのものの抑制を目指し，国家が直接その出生に介入する仕組みを導入していったプロセスが見えてくる。つまり，かつてマヨー・スミスが取り上げたように，障害者の存在は「社会的損失」であり「コスト」

であり、その出生の抑制手段として優生政策が用いられ、国民優生法へと結実していったのである。

　注意すべきは、国民優生法がつくられた1940年は、ナチス・ドイツがAktion T4（T4計画）を本格的に実施した年と重なることである。「安楽死」の名の下におよそ7万人を超える障害者が殺害されたAktion T4では、公式的な計画終了後にも殺害が現場レベルで続けられ、犠牲者総数は20万人に及ぶとされる[15]。ヒトラーは断種手術を大規模に実施していたが、それを「慈悲の行為」と呼んでいた。Aktion T4が現場レベルで殺害が続行されていた背景にはこれと共通した論理が見られ、障害者に対する殺害を「殺害」として捉えていなかった問題が看取できる。いずれにせよ、戦前・戦時に日本が目指していたドイツでは、断種はおろか殺害にまで及んでいたのである。

　また、この時代の社会事業に目を向けると、国家にとって役立つことを名目にさまざまな陳情や請願が行われていた。視覚障害者に焦点を合わせると、なんとか国家に役立つことをアピールしようと、鍼や按摩を通した治療奉仕や耳を活かした防空監視、盲人団体から寄付を集めて航空機を献納する活動など、積極的に戦争に「協力」、あるいは利用されていた歴史が岸博実によって明らかにされている[16]。「戦力」たりうることを示しながら、国家が求める人間モデルの枠内に入ろうと苦心していた障害者の歴史としても読み取れる。

　このように戦時では、軍事政策と社会政策の両者に「人的資源をどのように確保するのか」という目的のところで共通性が見られ、その人的資源として有用でない存在、つまり国家が定めた人間モデルに当てはまらない典型的な存在として障害者が矢面に立たされてきたといえる。障害者は「戦力」ならざる者とレッテルを貼られるばかりか、「社会的負担」や「コスト」を与える存在として顕在化させられてきた戦時の障害者観は、戦後どのように変わっていったのか、果たしてどこまで解消されたのだろうか、それに福祉はどう向き合ってきたのだろうか。

## おわりに

　本章では、前章までの内容を踏まえながらこれからの障害を考えるための素材として社会政策的障害観や二重のふるい分け、障害原因を問うことや障害者

観の問題などを提起してきた。ここでは本書のまとめとして筆者なりの障害の定義について述べたい。

　歴史的に見ると，国民は「戦力」たりうるかを基準に細かくランク付けて管理されてきたこと，保障の観点からも国民の権利水準の向上や保障義務の拡大に応じながらも，そこにもランク付けによる「戦力」としての一貫した論理を見出すことができる。このような歴史から障害を捉えた場合，障害とは労働力を含む広義の「戦力」の行使と消耗と，国民の権利水準とのあいだで起こる葛藤の心身的表現であり，先天的障害についてもその多くは先行世代，つまり親の葛藤である場合が多い。ただし障害は貧困と同様に感染しないため，国民が無自覚であれば支配者や権力者にとって放置可能となってしまう。

　注意すべき点は，「戦力」概念の拡張による保障義務の軽減という視点が欠落していることである。戦時では軍事的健康と産業的健康といった「戦力」の複線化が進行した。兵隊としては不適合でも軍需工場労働者としては適合というクラスの定立である。たとえば扁平足は兵隊としては不適合となるが，軍需工場労働者としては適合し，労働能力の喪失は「労働能力の喪失」として保障されていた。

　戦後の日本では労働能力を日常生活能力と差し替えることで，稼得能力をともなわない日常生活能力の保持者を「戦力」の方に組み入れて保障義務を放棄してきた側面が見られる。障害者は親が介護すべきであるとして家族を「戦力」として動員し，いまでは「老老介護」の「老」まで介護能力を持った「戦力」とされている。2021年度介護報酬改定ではいよいよ軽度者が利用する生活援助サービスの打ち切りが現実味を帯びつつある。その状況を控えながら，いま厚生労働省が検討を進めている障害者や高齢者などの互助の仕組みを進める「地域共生社会」構想も，地域社会の互助に携わる地域住民たちをある種「戦力」と位置づけて動員しようとしている姿に見えてしまう。介護保険などで進められるこのような「戦力」概念の拡張に，私たちはどう向き合うべきなのだろうか。

1）　これはハンセン病者への隔離政策でも同様にいえることである。
2）　前述したように，高齢者福祉分野と障害者福祉分野との分離のはじまりは，「更生」が分

水嶺となっていた可能性がある。
3） このような障害認識の歩みのなかで，特徴なのが結核と障害の関係である。結核は戦後の身体障害者福祉法でも対象とするかどうかが論議の的となっていたが，結核はストレプトマイシンによって医学的に治癒可能となり，医療の対象へと変わっていった。結核と聞くと今日ではあまりイメージとして障害と結びつかないかも知れないが，制度的には障害年金がつくられた歴史を見ても，当時としては「廃疾」の代表格であったと思われる。

　身体障害者障害程度等級表は労災分野の等級表を参考につくられてきたものであったが，その労災による障害で最も深刻な衛生問題となり，政策課題とされていたのが結核であった。前述の通り，身体障害者障害程度等級表の源流はいずれも労災分野に行き着くものであった。そこで労災による障害で何が問題になっていたのか，その歴史をたぐり寄せると壮丁や軍隊，工場などの間で蔓延し，長期療養を必要としていた結核が引き寄せられるのである。

　著しく労災対策が遅れていた時期に成立した健康保険法（1922年）は，労災による結核対策としても期待されていた。結局は保険技術などの問題から実現せず，年金保険制度にその対策が託されることになった。そして成立したのが，労働者年金保険法のなかに登場した「不具廃疾」を対象とする廃疾年金であった。廃疾年金は政策的には結核対策をねらいとしてつくられた側面が考えられ，少なくとも労災対策としてつくられた経緯があった。その廃疾年金が，1944年に労災分野の各法と結合して登場したのが厚生年金保険法における障害年金であり，障害等級表であった。

　また，結核は戦時になると徴兵検査成績の結果を通して重大視され，軍事的課題となっていった。軍部は結核の蔓延が減少するどころかむしろ拡大していたことに危機感を抱き，その対策として国民健康保険法や国民体力法，結核予防法，兵役法改正など，軍事政策から社会政策に至るまで横断的な対策を進めていった。戦後になると身体障害者福祉法では結核を対象とするかが争点となり，結果的には財政的理由などから対象から除外された。後に特効薬が開発され，結核は治癒可能な疾病として医療制度の対象へと移されていったのである。

　つまり，労災分野で問題となっていた結核は，徴兵検査を介して軍事政策の課題としても認識され，さまざまな社会政策にも影響を与えた。その一つが障害年金であった可能性があり，戦後では結核の取扱いをめぐり身体障害者福祉法の対象とするかどうかが争点となっていった。このように，軍事政策と社会政策を横断して論議の対象となっていた障害の中身が結核であったことが指摘できるのである。
4） 具体的には，13週以内の休業は業務上の災害であっても疾病と見なし，疾病保険からの給付対象とした。その給付対象はあくまで治癒可能なものであり，医学的治癒を必要とするか，あるいは労働を不能にさせる心身の不規則な状態としたため，労働に支障のないレベルの苦痛や治療の余地がない労働不能者は対象外となった。あくまでその時代の医学的な水準のなかで，比較的短期間で治癒できるものを疾病とみなす社会政策的疾病観が形成されていったのである。社会政策的疾病観については，たとえば日野秀逸・野村拓『医療経済思想の展開』医療図書出版社，1974年および野村拓『医療政策論攷Ⅰ』医療図書出版社，1976年。野村拓『新版　講座医療政策史』桐書房，2009年などを参照されたい。
5） 佐藤久夫「身障福祉法における対象規定の成立と展開に関する覚書(1)」『日本社会事業大学社会事業研究所年報』第18号，1983年，17-40頁。
6） 矢嶋里絵「身体障害者福祉法の制定過程　その2」『人文学報』第300号，首都東京大学，1999年3月，37-60頁。
7） 野村・前掲注4）『医療政策論攷Ⅰ』148頁。

8）　同時に導入されたのが年金保険制度における障害用語であり，等級の仕組みであった。その意味で，障害用語の導入は資本の責任をカモフラージュする側面もあったのかも知れない。
9）　疾病をめぐる二重のふるい分けについては，たとえば野村拓『国民の医療史　医学と人権〔新版〕』三省堂，1977年および野村・前掲注4）『新版　講座医療政策史』などを参照されたい。
10）　たとえば，先ほど例にあげた労災と精神障害の問題を再び取り上げると，過長労働やハラスメントによってうつ病など精神疾患を患い，やがて労働ができない程度に達した場合に欠勤が続くと自主退職を余儀なくされるケースがある。本人としては過長労働やハラスメントによって精神障害を負って退職し，その後も生活にさまざまな不利益を受けることになるが，実際に労災保険が適用されることはむしろめずらしい。そして，国民年金や厚生年金による障害年金を申請しても，障害が軽度と判定された場合は対象外とされてしまう。
11）　アメリカ医療費委員会の疾病の定義および潜在疾病把握については日野・野村・前掲注4）165-193頁を参照されたい。
12）　精神障害兵士のための病院である国府台陸軍病院では，太平洋戦争期に入院者数が激増し，知的障害者の比率が高率になっていた。その退院した人のほとんどが軍人恩給受給資格を否認されていた。詳しくは，清水寛編著『日本帝国陸軍と精神障害兵士』不二出版，2006年を参照されたい。
13）　命価説の登場や歴史的変遷については日野・野村・前掲注4）を参照されたい。
14）　リチモンド・マヨー・スミス著，呉文聰訳『社会統計学』東京専門学校出版部，1900年。
15）　Ernst Klee, *Dokumente zur Euthanasie*, Fischer Taschenbuch Verlag, 2007. なお，Aktion T4についてまとまった日本への紹介は1990年代から見られ，たとえばフランツ・ルツィウス著，山下公子訳『灰色のバスがやってきた──ナチ・ドイツの隠された障害者「安楽死」措置』草思社，1991年。ヒュー・G. ギャラファー著，長瀬修訳『ナチスドイツと障害者「安楽死」計画』現代書館，1996年などがある。また，Aktion T4に関する最近の成果に，Maike Rotzoll（Hg.）, *Die nationalsozialistische >>Euthanasie<<-Aktion >>T4<< und ihre Opfer — Geschichte und ethische Konsequenzen für die Gegenwart*, Ferdinand Schöningh 2010がある。それによれば，障害者のなかでも，より障害が軽度であったり働ける見込みがあったりすることで生存率が変わっていたとの報告も見られる。
16）　この歴史を含め，研究の概要を示したものに岸博実「『障害の受容』も『身辺の自立』も〈御国〉がからめとろうとした」『ノーマライゼーション』第35巻第8号，日本障害者リハビリテーション協会，2015年8月，25-27頁がある。

## あとがき

　本書では戦争の記憶を通して障害の捉え方を検討してきた。しかし，実証内容として不完全な部分も多く，とりわけ研究課題に次の4つを指摘せざるを得ない。

　第一に，労災分野の障害等級表の検討である。本書では身体障害者福祉法における身体障害者障害程度等級表が，労災分野の障害等級表を参考にされたものであることを明らかにした。戦時の労災補償制度には，労働者災害扶助法や労働者災害扶助責任保険法，鉱業法，工場法などがあった。では，このような労災補償制度のなかで，障害等級表がいつ，どのようなねらいで，どんな論理に基づいてつくられたかについては本書では立ち入っていない。障害用語も，本書ではその源流が労災補償制度に行き着くことを指摘したが，労災補償制度ではなぜ「不具廃疾」から障害を用いていたのかについて取り上げていない。したがって，身体障害者障害程度等級表の源流をさらに掘り下げる余地は残されており，今後労災補償制度をひもとくことで新たな歴史事実が明らかになる可能性がある。

　第二に，身体障害者福祉法の対象について，現場レベルにおける検証作業である。本書では制度運営を管轄する行政が，障害をどのように認識してきたか，その実態を示す事例検討を行っていない。身体障害者福祉法を運営する行政官庁が，現場ではどのような行政手続きで行っていたのか，認定された障害等級に対する異議申し立てにどのように対応したかを検証することで，より精度の高い検証が可能となる。また，本書では身体障害者福祉法が法案段階で想定していた対象には，元傷痍軍人がほとんど含められていなかったことを明らかにした。では，法施行後，法案段階で想定した通りになっていたかを統計資

料等を通して確認することが求められるが，その部分にまでは立ち入ることができなかった。その意味で，身体障害者福祉法が元傷痍軍人対策ではなかったとする論拠は完全には提示できていないといわざるを得ず，今後の検証を必要とする。

　第三に，本書では戦時の傷痍軍人対策については余り取り上げなかったことである。その理由は，傷痍軍人対策と戦後の身体障害者福祉法の身体障害者障害程度等級表との直接的な関連性は見られないと判断したからである。しかし，戦後の身体障害者福祉法の土台となる傷痍者保護対策の対象規定に，戦時の傷痍軍人対策が影響を与えた可能性は否定できない。したがって，身体障害者福祉法の対象規定の歴史をより明確にしていくためには，傷痍軍人対策を具体的に探っていくことが求められる。

　第四に，本書では障害に対応する社会政策に着目したため，戦前・戦時の社会事業を体系的に取り上げられず，部分的にしか検討できなかったことである。社会事業については個別バラバラに篤志家による活動や救済事業が行われ，国家政策としては救護法が昭和恐慌期にスタートしている。それらが戦時に厚生事業へ変化し，一定の役割を果たしていったことは事実である。このなかで障害はどのように扱われていったのか，とくに戦前・戦時に現場の実践レベルでは障害はどのように捉えられ，それが戦後に糸賀一雄をはじめ実践家によってどう捉え直しがなされ，制度・政策へと影響を及ぼしていったかは重大な論点である。

　なお，本書ではさまざまな種類の障害や疾病を取り上げてきたが，筆者は生理学など身体構造の医学的知識に乏しい。本書は社会科学からのアプローチであるが，障害や疾病を取り上げる本研究テーマでは生理学的な分野からの検討も必要に思われる。

　このように，本書で示した成果には今後の検証によって修正が加えられる可能性が多々残されている。これらについては今後一つ一つ取り組みながら，より精確な歴史認識に努めていきたい。

※　　　※　　　※

筆者は大学の講義等でよく障害者観を引き合いに宿題を出している。出典は清水寛先生が小川政亮編『障害者と人権』時事通信社（1974年）で指摘されたものを少しアレンジしたもので、政策ではこれまで4つの障害者観が見られるというものである。
　一つ目は慈善的障害者観で、「かわいそう」や慈悲の対象といった観点で見られてきたもの。二つ目は慈恵的障害者観で、障害者は善政をアピールするための存在として、あるいは手段として見られ、用いられてきたものである。三つ目は社会防衛的障害者観で、障害者は怖い存在、あるいは危害を与える存在だとして社会を障害者から守る、という見方である。四つ目は社会効用的障害者観で、サバン症候群など障害によっては何か特殊な能力が発揮される場合があり、社会にとって有用な場合がある、という見方である。これらの見方は今日的な問題と照らし合わせてもいろいろと論議ができるが、どれも何か引っかかるものがある。では、これら4つの捉え方に共通して欠けているものとは何だろうか、という問いを学生に投げかけるようにしている。
　意外と、その答えはいま一層見えにくくなっているのかも知れない。本書を執筆している最中に相模原事件が起こってしまった。あまりにも巨大な事件を前にして、犯人の優生思想を示す言説がメディアでセンセーショナルに取り上げられる一方で、犠牲となった方々は匿名で報道され、リオオリンピック・パラリンピックを経て世間では早くも忘れ去られようとしている。
　犠牲となった方々はこれまでどんな暮らしをしてこられ、どのような楽しみや好きなことがあり、どんな記憶を大切にされ、友達や仲間、そして家族との想い出、もしかしたら旅行を控えて準備をしていた姿もあったのかも知れないし、好きな歌手のライブを控えていたのかも知れない。そしてこれからをどう生きようとされていたのか。障害者という言葉だけが一人歩きし、そういった人柄や生身の人間の姿は一切見えてこないのである。
　歴史研究の役割は、忙殺され、振り回される日常のなかで狭まっていく視野を、もう一度丁寧に広げていくことにあると思う。見失われがちだが、俯瞰して見ると大切なところにいまいちど目が向けられるための気付きになる研究を心掛けたい。

なお，本書出版に対しては，まことに個人的なことがらではあるが次のような思い入れがある。筆者が戦争にこだわって障害者福祉の問題を取り上げようとしたのは，個人的な体験がきっかけになっている。

　筆者は幼少期にドイツで暮らしていたとき，ナチス・ドイツによるKZ（強制収容所）に触れた経験があり，大量の人たちが無残に殺され，「処理」されていく様をポカンと眺めていた。次第に物心がつき，自分自身にいろんな葛藤や悩みを抱く年齢になってくると，KZでの出来事の「痛み」を少しずつ感じるようになった。KZのガス室にある，うっすらと残されていた爪痕をどうしても忘れることができない。真っ暗なガス室に，裸にされ，大量に詰め込まれた人たちが逃げ惑いながら壁を引っ掻いた姿を何度も思い浮かべるようになった。いくら大義名分や正義を並べ立てたとしても，戦争というのはその「爪痕」のようなものだと思っている。

　いま筆者の目の前では，戦争の記憶を伝えようとしているご高齢なボランティアの方々と，その話を聞く子どもたちの姿がある。原爆が落とされ，一瞬にして多くの人のいのちをあっけなく奪った現場の記憶を前に，熱心に聞き入る子どもやポカンとした表情を浮かべる子ども，学校が出した課題を意識しながら聞く子ども，ひょっとしたらバーチャルな物語やゲームを連想する子ども，ただそこに居合わせているだけの子どももいるのかも知れない。子どもが大人になったとき，原爆記念碑はどう映っているのだろうか。

　戦争の記憶を家族から教えられる機会を欠くこれからの子どもたちは，成長の過程で戦争をどのようにイメージするのだろうか。時代によって戦争のイメージは変わるし，戦争の現場を思い浮かべる想像力も変わる。大事なのは，そのイメージがこれからの社会の方向を大きく左右することである。本書は，「爪痕」の記憶を少しでも精確に伝えられる仕事として貢献できればという思いで作成した。

　本書は，2015年3月に四天王寺大学大学院から学位授与された博士学位論文「身体障害者福祉法における対象規定の源流に関する研究」に大幅な加筆，修正をして作成したものである。本書では曖昧であったり不正確であったりするところや，理論的な根拠に乏しい部分が多々あり，歴史研究としての未熟さがどうしても払拭できなかった。しかし，まずは問題提起を，という趣旨で拙速

とは自覚しながらも刊行を優先した。

　本書の刊行までには，たくさんの方々から貴重なご指導・ご支援をいただいた。工学部を出た筆者にとって，はじめに福祉のイロハを教えていただいたのが深澤敦先生，そしていまは亡き深澤和子先生であった。大学院では中垣昌美先生に師事し，社会福祉の理論や学問そのものへの取り組む姿勢を指導いただいた。その過程で上林茂暢先生を通して清水寛先生にお逢いでき，戦争の問題に取り組むことの重要性を気付かせていただいた。また，野村拓先生が主宰される「医療政策学校」との出逢いは筆者にとって重大であった。そこで多くの知見を得ただけでなく，鎌谷勇宏君をはじめ研究仲間やさまざまな貴重な資料と出逢えることができた。その一つが故・小松良夫先生が遺された資料を保管した杏医療資料館（大阪府寝屋川市。現在は閉館）である。膨大な軍関係資料や結核資料が収められ，そこにこもらせていただきさまざまな資料と触れあうことができた。野村拓先生からは常に叱咤激励されながらも医学史や医療政策の知見だけでなく社会科学の方法を教授いただいた。

　とくに，博士課程では愼英弘先生に師事し，多くのことを学ばせていただいた。歴史研究の方法，実証研究の重要性，研究の組み立て方など，歴史研究の知見は先生から得たものである。とくに，全盲で在日朝鮮人であることも含め，歴史家の立場から的確に鋭く社会を捉える姿は筆者にとって理想であり，実に多くを教えていただいた。墨字を点字にする作業や，音読いただく手間を省みず，先生にはいろいろな無理をお願いしてきたが，終始丁寧に指導いただいたことが本書を刊行できた最大の要因である。

　末筆ながら本書出版にあたり，貴重な機会をお与え下さった法律文化社様ならびに掛川直之様に大変お世話になった。多くの方から多大な支援をいただき，この場を借りてあらためて感謝申し上げたい。

　　2016年11月6日　広島平和公園にて

　　　　　　　　　　　　　　　　　　　　　　　　　　　藤井　渉

## 巻末資料1　陸軍身体検査における体格等位基準

| 部位 | 疾病異常[※2] | 法規種類[※3] | 第一乙種 | 第二乙種 | 第三乙種 | 丙種 | 丁種 | 不合格者に対する割合（合計）[※5] |
|---|---|---|---|---|---|---|---|---|
| 全身及各部 | 一　全身畸形 | A | | | | | 全身畸形 | 1.2 |
| | | B | | | | | 全身発育不全（0.7）[※4]　全身畸形（0.5） | |
| | | C | | | | | 全身畸形 | |
| | | D | | | | | 全身畸形 | |
| | 二　筋骨薄弱 | A | 筋骨僅ニ薄弱 | 筋骨稍薄弱 | | 筋骨薄弱 | 筋骨甚薄弱 | 5.1 |
| | | B | | 筋骨稍薄弱ナルモノ | | 筋骨薄弱ナルモノ | 筋骨甚タ薄弱ナルモノ（5.1） | |
| | | C | 筋骨僅薄弱 | 筋骨稍薄弱 | | 筋骨薄弱 | 筋骨甚薄弱 | |
| | | D | 筋骨僅薄弱 | 筋骨稍薄弱 | 筋骨薄弱 | 筋骨甚薄弱 | | |
| | 三　脂肪過多 | A | | | | 脂肪過多ニシテ歩行ニ妨アルモノ | 脂肪過多ニシテ内臓ノ機能障碍ヲ伴フモノ | 0.1 |
| | | B | 脂肪過多徒歩及乗馬ニ妨ナキモノ | | | 脂肪過多ニシテ歩行ニ妨アルモノ | 脂肪過多ニシテ内臓ノ機能障碍ヲ伴フモノ（0.1） | |
| | | C | | | | 脂肪過多ニシテ歩行ニ妨ゲアルモノ | 脂肪過多ニシテ内臓ノ機能障碍ヲ伴フモノ | |
| | | D | | | | 脂肪過多ニシテ動作ニ妨ゲアルモノ | 脂肪過多ニシテ内臓ノ機能障碍ヲ伴フモノ | |
| | 四　軟部ノ炎症潰瘍等 | A | | | | 軟部ノ炎症潰瘍等ニシテ機能障碍ヲ貽スモノ | | 0.1 |
| | | B | | | | 急治スヘカラサル軟部ノ大ナル炎症潰瘍等（0.1） | | |

| | | | | | | |
|---|---|---|---|---|---|---|
| | | C | | | 軟部ノ炎症,潰瘍等ニシテ機能障碍ヲ貽スモノ | |
| | | D | | | 重キ軟部ノ炎症潰瘍等ニシテ機能障碍ヲ貽スモノ | |
| 五　良性腫瘍 | | A | | | 手術スヘカラサル大ナル良性腫瘍ニシテ動作ニ妨アルモノ | |
| | | B | 動作ニ妨ナキ良性腫瘍 | | 手術スヘカラサル大ナル良性腫瘍ニシテ動作ヲ妨クルモノ (0.4) | 0.4 |
| | | C | | | 手術スベカラザル大ナル良性腫瘍ニシテ動作ニ妨ゲアルモノ | |
| | | D | | | 手術スベカラザル大ナル良性腫瘍ニシテ動作ニ妨ゲアルモノ | |
| 六　悪性腫瘍 | | A | | | 悪性腫瘍 | |
| | | B | | | 悪性腫瘍 (0.2) | 0.2 |
| | | C | | | 悪性腫瘍 | |
| | | D | | | 悪性腫瘍（手術ニ依リ治癒スベキモノヲ除ク） | |
| 七　骨,骨膜,関節ノ慢性病及其ノ機能障碍 | | A | | | 重キ骨,骨膜,関節ノ慢性病及機能障碍 | |
| | | B | 機能障碍ナキ軽キ骨贅生 | 慢性関節「レウマチス」(0.0) 軽キ関節慢性病,強剛及畸形 | 不治ノ骨,骨膜関節慢性炎及其ノ継発病 (3.6) 重キ関節慢性病,強剛畸形及習癖脱臼 (8.7) | 12.3 |

| | | | | | | |
|---|---|---|---|---|---|---|
| | C | | | | 骨，骨膜，関節ノ慢性病ニシテ其ノ程度重キモノ及其ノ継発症 | |
| | D | | 軽キ骨，骨膜，関節ノ慢性病及其ノ継発症 | 中等度ノ骨，骨膜，関節ノ慢性病及継発症 | 骨，骨膜，関節ノ慢性病ニシテ其ノ程度重キモノ及其ノ継発症 | |
| 八　瘢痕，母斑等 | A | | | 瘢痕母斑等ニシテ醜形甚シキモノ | 動作ニ妨アル大ナル瘢痕 | |
| | B | 瘢痕母斑等ノ著キ醜形ヲ呈セス且動作ニ妨ナキモノ | 瘢痕母斑等ノ著キ機能障碍ナク醜形甚シカラサルモノ | 瘢痕母斑ノ醜形甚シキモノ | 動作ニ妨アル大ナル瘢痕（1.9） | 1.9 |
| | C | | | 瘢痕，母斑等ニシテ醜形著シキモノ | 動作ニ妨ゲアル大ナル瘢痕 | |
| | D | | 瘢痕，母斑等ニシテ醜形著シキモノ | 大ナル瘢痕ニシテ動作ニ妨ゲアルモノ | 大ナル瘢痕ニシテ動作ニ著シキ妨ゲアルモノ | |
| 九　精神病 | A | | 魯鈍 | | 痴鈍 | 白痴 不治ノ精神病 | |
| | B | | | | 遅鈍 | 精神病（4.7） | 4.7 |
| | C | | 魯鈍 | | 痴鈍 | 不治ノ精神病 | |
| | D | | | | 治癒ノ見込アル精神病 | 不治ノ精神病，精神発育制止症（白痴，痴愚，魯鈍） | |
| 一〇　神経系病 | A | | | | | 不治ノ神経系病 | |
| | B | | | | | 不治ノ慢性神経病（1.0） 癩癇（0.5） 慢性脳脊髄病（1.4） | 2.9 |
| | C | | | | | 不治ノ神経系病 | |

| | | | | | | | |
|---|---|---|---|---|---|---|---|
| | | D | | | | 神経系病ニシテ症状重キモノ | 不治ノ精神系病 | |
| 一一 栄養失常 | | A | | | | | 不治ノ栄養失常（糖尿病，白血病，尿崩，悪性貧血等） | |
| | | B | | | | | 不治ノ栄養失常（糖尿病白血病尿崩悪性貧血等）(0.1) | 0.1 |
| | | C | | | | | 不治ノ栄養失常（糖尿病，白血病，尿崩，悪性貧血等） | |
| | | D | | | | | 内分泌障碍，新陳代謝障碍，血液病ニシテ症状重キモノ | |
| 一二 癩 | | A | | | | | 癩 | |
| | | B | | | | | 癩 (1.6) | 1.6 |
| | | C | | | | | 癩 | |
| | | D | | | | | 癩 | |
| 一三 皮膚病 | | A | 著シキ腋臭 | | | | 不治ノ皮膚病ニシテ兵業ニ堪ヘサルモノ | |
| | | B | 著シキ腋臭 | | | 不治ノ慢性皮膚病 | 狼瘡 (0.1) 機能障碍アル象皮腫 (0.1) | 0.2 |
| | | C | 著シキ腋臭 | | | | 不治ノ皮膚病ニシテ兵業ニ堪ヘザルモノ | |
| | | D | | | | | 不治ノ皮膚病ニシテ兵業ニ堪ヘザルモノ | |
| | | A | | | | | 不治ノ筋腱変常ニシテ動作ニ妨アルモノ | |
| | | B | | | | | | |

| | | | | | | | |
|---|---|---|---|---|---|---|---|
| | 一四 筋，腱ノ変常等 | C | | | | 不治ノ筋，腱変常ニシテ動作ニ妨アルモノ | |
| | | D | | | | 筋，腱ノ疾病異常ニシテ兵業ニ堪ヘザルモノ | |
| 頭部 | 一五 禿頭，頭蓋，顔面ノ変形 | A | | | | 全禿頭 甚シキ頭蓋顔面ノ変形 | |
| | | B | 著帽ニ妨ナキ頭蓋ノ変形 | 大ナル禿頭 著帽ニ大ナル妨ナク醜形甚シカラサル頭蓋変形 | | 甚シキ頭蓋ノ変形，全禿(0.0) | 0.0 |
| | | C | | | | 全禿頭 著シキ頭蓋，顔面ノ変形 | |
| | | D | | | 全禿頭，頭蓋，顔面ノ変形著シキモノ | | / |
| | 一六 眼瞼内外翻症，睫毛乱生症，瞼球癒著症，兎眼，涙嚢膿漏，眼球震盪症，眼筋麻痺，夜盲，視野狭窄欠損 | A | | 著シキ眼瞼下垂症 斜視ニシテ一眼直視スルトキ他眼ノ角膜縁内皆若ハ外皆ニ接スルモノ | | 眼瞼内外翻症，著シキ睫毛乱生症，瞼球癒著症，兎眼，涙嚢膿漏，重キ眼球震盪症 | 不治ノ眼筋麻痺，不治ノ夜盲 著シキ視野ノ狭窄欠損 | |
| | | B | 軽キ眼瞼下垂症 視力ニ妨ナキ交換性斜視及潜伏斜視 角膜翳ニテ左眼ノ視力「〇・四」以上ノモノ | 斜視ニシテ一眼直視スルトキ他眼ノ角膜縁内皆ニ接スルモノ 角膜翳ニテ左眼ノ視力「〇・二」以上ノモノ | | 眼瞼内外反，著キ睫毛乱生，瞼球癒著，兎眼，涙嚢膿漏(0.0)眼球震盪症 角膜翳ニテ両眼ノ視力減スルモ良キ方ノ視力「〇・三」以上ノモノ | 両眼ノ用ヲ妨クル不治ノ眼筋麻痺(0.5) 角膜翳ニシテ両眼ノ視力減シ良キ方ノ視力「〇・三」ニ満タサルモノ(6.0) | 6.5 |

| | | | | | | | |
|---|---|---|---|---|---|---|---|
| | | C | 著シキ眼瞼下垂症,斜視ニシテ一眼直視スルトキ他眼ノ角膜緑内皆ニ接スルモノ | | 眼瞼内外翻症,著シキ睫毛乱生症,眼球癒著症,兎眼,涙嚢膿漏,重キ眼球震盪症 | 不治ノ眼筋麻痺,不治ノ夜盲,著シキ視野ノ狭窄,欠損 | |
| | | D | | | 重キ視器ノ疾病異常ニシテ兵業ニ著シキ妨ゲナキモノ | | |
| 一七 トラホーム | | A | 病変軽キ中等症「トラホーム」 | 病変重キ中等症「トラホーム」 | 重症「トラホーム」ニシテ視力良キ方ノ眼ニテ「〇・三」以上ノモノ | 重症「トラホーム」ニシテ視力良キ方ノ眼ニテ「〇・三」ニ満タサルモノ | |
| | | B | 組織ノ変化軽キ中等度ノ「トラホーム」 | 組織ノ変化比較的重キ中等度ノ「トラホーム」 | 継発症ヲ有スル重症「トラホーム」 | 「トラホーム」継発症ノタメ視力障碍ヲ貽シ良キ方ノ視力「〇・三」ニ満タサルモノ(0.7) | 2.7 |
| | | C | 病変■（軽か―筆者）キ中等症「トラホーム」 | 病変重キ中等症「トラホーム」 | 重症「トラホーム」ニシテ視力良キ方ノ眼ニテ「〇・三」以上ノモノ | 重症「トラホーム」ニシテ視力良キ方ノ眼ニテ視力「〇・三」ニ満チザルモノ | |
| | | D | | 病変重キ中等症「トラホーム」 | 重症「トラホーム」 | | |

| | | | | | | | | |
|---|---|---|---|---|---|---|---|---|
| 一八　近視，近視性乱視 | A | 近視又ハ近視性乱視ニシテ視力右眼「〇・五」左眼「〇・四」以上ノモノ及五「ヂオプトリー」以下ノ球面鏡ニ依ル各眼ノ矯正視力「〇・八」以上ノモノ | 近視又ハ近視性乱視ニシテ視力右眼「〇・四」左眼「〇・三」以上ノモノ及五「ヂオプトリー」以下ノ球面鏡ニ依ル各眼ノ矯正視力「〇・六」以上ノモノ | | 近視又ハ近視性乱視ニシテ球面鏡ニ依ル各眼ノ矯正視力良キ方ノ眼ニテ「〇・三」以上ノモノ | 近視又ハ近視性乱視ニシテ球面鏡ニ依ル各眼ノ矯正視力良キ方ノ眼ニテ「〇・三」ニ満タサルモノ | |
| | B | 左眼近視ニシテ視力「〇・四」以上ノモノ | 左眼近視ニシテ視力「〇・二」以上ノモノ | | 両眼近視ニシテ矯正視力良キ方ノ眼ニテ「〇・三」以上ノモノ | 両眼近視ニシテ矯正視力ハ良キ方ノ眼ニテ「〇・三」ニ満タサルモノ(2.7) | 2.7 |
| | C | 近視又ハ近視性乱視ニシテ視力右眼「〇・五」左眼「〇・四」以上ノモノ及五「ヂオプトリー」以下ノ球面鏡ニ依ル各眼ノ矯正視力「〇・八」以上ノモノ | 近視又ハ近視性乱視ニシテ視力右眼「〇・四」左眼「〇・三」以上ノモノ及五「ヂオプトリー」以下ノ球面鏡ニ依ル各眼ノ矯正視力「〇・六」以上ノモノ | | 近視又ハ近視性乱視ニシテ球面鏡ニ依ル矯正視力良キ方ノ眼ニテ「〇・三」以上ノモノ | 近視又ハ近視性乱視ニシテ球面鏡ニ依ル矯正視力良キ方ノ眼ニテ「〇・三」ニ満チザルモノ | |
| | D | 近視又ハ近視性乱視ヲ有シ各眼ノ矯正視力「〇・八」以上ノモノ | 近視又ハ近視性乱視ヲ有シ各眼ノ矯正視力「〇・五」以上ノモノ | 近視又ハ近視性乱視ヲ有シ各眼ノ矯正視力「〇・三」以上ノモノ | 近視又ハ近視性乱視ヲ有シ矯正視力良キ方ノ眼ニテ「〇・三」以上ノモノ | 近視又ハ近視性乱視ヲ有シ各眼ノ矯正視力「〇・三」ニ満チザルモノ | |

| | | | | | | | |
|---|---|---|---|---|---|---|---|
| 一九　遠視，遠視性乱視 | A | 遠視又ハ遠視性乱視ニシテ視力右眼「〇・五」左眼「〇・四」以上ノモノ及五「ヂオプトリー」以下ノ球面鏡ニ依ル各眼ノ矯正視力「〇・八」以上ノモノ | 遠視又ハ遠視性乱視ニシテ視力右眼「〇・四」左眼「〇・三」以上ノモノ及五「ヂオプトリー」以下ノ球面鏡ニ依ル各眼ノ矯正視力「〇・六」以上ノモノ | | 遠視又ハ遠視性乱視ニシテ球面鏡ニ依ル各眼ノ矯正視力良キ方ノ眼ニテ「〇・三」以上ノモノ | 遠視又ハ遠視性乱視ニシテ球面鏡ニ依ル各眼ノ矯正視力良キ方ノ眼ニテ「〇・三」ニ満タサルモノ | |
| | B | 左眼乱視又ハ遠視ニシテ視力「〇・四」以上ノモノ | 左眼乱視又ハ遠視ニシテ視力「〇・二」以上ノモノ | | 両眼乱視又ハ遠視ニシテ良キ方ノ視力「〇・三」以上ノモノ | 両眼乱視又ハ遠視ニシテ良キ方ノ視力「〇・三」ニ満タサルモノ（3.4） | 3.4 |
| | C | 遠視又ハ遠視性乱視ニシテ視力右眼「〇・五」，左眼「〇・四」以上ノモノ及五「ヂオプトリー」以下ノ球面鏡ニ依ル各眼ノ矯正視力「〇・八」以上ノモノ | 遠視又ハ遠視性乱視ニシテ視力右眼「〇・四」，左眼「〇・三」以上ノモノ及五「ヂオプトリー」以下ノ球面鏡ニ依ル各眼ノ矯正視力「〇・六」以上ノモノ | | 遠視又ハ遠視性乱視ニシテ球面鏡ニ依ル矯正視力良キ方ノ眼ニテ「〇・三」以上ノモノ | 遠視又ハ遠視性乱視ニシテ球面鏡ニ依ル矯正視力良キ方ノ眼ニテ「〇・三」ニ満チザルモノ | |
| | D | 遠視又ハ遠視性乱視ヲ有シ各眼ノ矯正視力「〇・八」以上ノモノ | 遠視又ハ遠視性乱視ヲ有シ各眼ノ矯正視力「〇・五」以上ノモノ | 遠視又ハ遠視性乱視ヲ有シ各眼ノ矯正視力「〇・三」以上ノモノ | 遠視又ハ遠視性乱視ヲ有シ矯正視力良キ方ノ眼ニテ「〇・三」以上ノモノ | 遠視又ハ遠視性乱視ヲ有シ各眼ノ矯正視力「〇・三」ニ満チザルモノ | |

| | | | | | | | |
|---|---|---|---|---|---|---|---|
| 二〇 其ノ他ノ眼病ニ依ル視力障碍 | A | 其ノ他ノ眼病ニシテ視力右眼「〇・五」左眼「〇・四」以上ノモノ | 其ノ他ノ眼病ニシテ視力右眼「〇・四」左眼「〇・三」以上ノモノ | | 其ノ他ノ眼病ニシテ視力良キ方ノ眼ニテ「〇・三」以上ノモノ | 其ノ他ノ眼病ニシテ視力良キ方ノ眼ニテ「〇・三」ニ満タサルモノ | |
| | B | 其ノ他ノ眼病ニヨル左眼ノ視力障碍アルモ視力「〇・四」以上ノモノ | 其ノ他ノ眼病ニヨル左眼ノ視力障碍アルモ視力「〇・二」以上ノモノ | | 其ノ他ノ眼病ニシテ両眼ノ視力障碍アルモ良キ方ノ視力「〇・三」以上ノモノ | 其ノ他ノ眼病ニヨル両眼ノ視力障碍アルモ良キ方ノ視力「〇・三」ニ満タサルモノ及不治ノ夜盲 (3.6) | 3.6 |
| | C | 其ノ他ノ眼病ニシテ視力右眼「〇・五」左眼「〇・四」以上ノモノ | 其ノ他ノ眼病ニシテ視力右眼「〇・四」,左眼「〇・三」以上ノモノ | | 其ノ他ノ眼病ニシテ視力良キ方ノ眼ニテ「〇・三」以上ノモノ | 其ノ他ノ眼病ニシテ視力良キ方ノ眼ニテ「〇・三」ニ満チザルモノ | |
| | D | 各眼ノ視力「〇・五」以上ノモノ | 各眼ノ視力「〇・三」以上ノモノ | 視力良キ方ノ眼ニテ「〇・三」以上ノモノ | 各眼ノ視力「〇・三」ニ満チザルモノ | 各眼ノ視力「〇・一」ニ満チザルモノ | |
| 二一 盲 | A | | | | 一眼盲 | 両眼盲 | |
| | B | | | | | 一眼盲,両眼盲 (18.1) | 18.1 |
| | C | | | | 一眼盲 | 両眼盲 | |
| | D | | | 一眼盲ニシテ他眼ノ視力「〇・三」以上ノモノ | 一眼盲ニシテ他眼ノ視力「〇・三」ニ満チザルモノ | 一眼盲ニシテ他眼ノ視力「〇・一」ニ満チザルモノ及両眼盲 | |
| 二二 難聴,聾 | A | | 対話ニ妨ナキ両耳ノ難聴 | | 両耳ノ難聴片耳聾 | 両耳高度ノ難聴両耳聾 | |
| | B | 偏耳軽度ノ難聴 | 対話ニ妨ナキ両耳ノ難聴 | | 両耳ノ難聴 (片耳聾) | 両耳聾 (0.5) | 0.5 |

| | | | | | | |
|---|---|---|---|---|---|---|
| | C | | 対話ニ妨ゲナキ両耳ノ難聴 | | 両耳ノ難聴片耳ノ聾 | 両耳ノ著シキ難聴両耳聾 | |
| | D | | 片耳ノ聾 | | 両耳ノ著シキ難聴 | 両耳ノ聾 | |
| 二三　耳殻ノ欠損, 畸形 | A | | 耳殻大部ノ欠損及高度ノ畸形 | | | | |
| | B | 耳殻一部ノ欠損畸形 | | | 耳殻大部ノ欠損 (0.0) | | 0.0 |
| | C | | | | 耳殻大部ノ欠損及著シキ畸形 | | |
| | D | | | | 両耳殻ノ全欠損ニシテ醜形著シキモノ | | |
| 二四　鼓膜穿孔, 中耳ノ慢性病, 内耳病 | A | 片耳ノ鼓膜穿孔ニシテ聴力妨ケナキモノ | 両耳ノ鼓膜穿孔ニシテ聴力ニ妨ケナキモノ | | 中耳ノ慢性病, 両耳ノ鼓膜穿孔ニシテ機能障碍アルモノ | 内耳病 | |
| | B | 外耳慢性病又ハ一耳ノ鼓膜穿孔ニシテ聴力ニ妨ナキモノ | 両耳ノ鼓膜穿孔ニシテ聴力ニ妨ナキモノ | | 中耳ノ慢性病, 新生物若ハ鼓膜穿孔ニシテ機能障碍アルモノ (0.1) | | 0.1 |
| | C | 片耳ノ鼓膜穿孔ニシテ聴力ニ妨ゲナキモノ | 両耳ノ鼓膜穿孔ニシテ聴力ニ妨ケナキモノ | | 中耳ノ慢性病, 両耳ノ鼓膜穿孔ニシテ機能障碍アルモノ | 内耳病 | |
| | D | | 両耳ノ鼓膜穿孔ニシテ其ノ聴力対話ニ稍妨ゲアルモノ | | 慢性中耳炎ニシテ著シキ聴力障碍アルモノ | | |
| 二五　鼻ノ畸形欠損 | A | | | | 鼻ノ畸形ニシテ機能障碍甚シキモノ | 鼻ノ欠損 | |
| | B | | | | | (0.1) | 0.1 |

| | | | | | | |
|---|---|---|---|---|---|---|
| | C | | | | 鼻腔ノ奇形ニシテ機能障碍著シキモノ | 鼻ノ欠損 | |
| | D | | | | 鼻ノ醜形著シキモノ | 鼻ノ全欠損 | |
| 二六 鼻腔,副鼻腔ノ慢性臭鼻症 | A | | | | 鼻腔副鼻腔ノ慢性病ニシテ機能障碍著シキモノ | 真生臭鼻症 | |
| | B | 軽キ鼻腔又副鼻腔病 | | | (鼻腔副鼻腔ノ慢性病) | 鼻腔副鼻腔ノ慢性病ニシテ呼吸言語ヲ妨クルモノ (0.1) | 0.1 |
| | C | | | | 鼻腔,副鼻腔ノ慢性病ニシテ機能障碍著シキモノ | 真生臭鼻症 | |
| | D | | 稍痩性鼻炎ニシテ臭気著シキモノ | | | | |
| 二七 吃,唖 | A | | | | 重キ吃 | 唖 | |
| | B | 軽キ吃 | | | (吃) (0.0) | 唖, 聾唖 (3.8) | 3.8 |
| | C | | | | 重キ吃 | 唖 | |
| | D | | | | 重キ吃 | 唖 | |
| 二八 唇瘉着, 欠損, 兎唇, 口蓋破裂, 穿孔 | A | 手術ニヨリ治癒シタル単兎唇ニシテ機能障碍ナキモノ | | | 唇瘉著欠損若ハ単兎唇 | 甚シキ唇瘉著欠損若ハ兎唇又ハ口蓋ノ破裂穿孔 | |
| | B | | | | (軽キ唇瘉著欠損若ハ単兎唇) | 重キ唇瘉著欠損若ハ兎唇又ハ口蓋ノ破裂穿孔 (0.4) | 0.4 |
| | C | | | | 唇瘉著, 欠損又ハ単兎唇 | 甚シキ唇瘉著, 欠損若ハ兎唇又ハ口蓋ノ破裂, 穿孔 | |
| | D | | | | 著シキ唇瘉着, 欠損, 若ハ兎唇 | 口蓋ノ破裂, 穿孔 | |

| | | | | | | | |
|---|---|---|---|---|---|---|---|
| 二九 歯牙ノ疾病欠損 | | A | | | 歯牙ノ中耳疾病欠損ニシテ咀嚼言語ニ著シキ妨アルモノ | | |
| | | B | | 歯牙ノ疾病欠損ニシテ咀嚼ニ著キ妨アルモノ (0.1) | | | 0.1 |
| | | C | | | 歯牙ノ疾病欠損ニシテ咀嚼，言語ニ著シキ妨ゲアルモノ | | |
| | | D | | | 歯牙ノ疾病，欠損ニシテ咀嚼，言語ニ著シキ妨ゲアルモノ | | |
| 頭部及脊柱骨盤 | 三〇 斜頸 | A | 軽キ斜頸 | | 斜頸ニシテ運動障碍ヲ有セサルモノ | 斜頸ニシテ運動障碍著シキモノ | |
| | | B | | 軽キ斜頸 | （斜頸ニシテ運動障碍ヲ有セサルモノ） | 著キ斜頸ニシテ運動障碍ヲ有スルモノ (0.5) | 0.5 |
| | | C | 軽キ斜頸 | | 斜頸ニシテ運動障碍ナキモノ | 斜頸ニシテ運動障碍著シキモノ | |
| | | D | | | 重キ斜頸ニシテ運動障碍アルモ兵業ニ著シキ妨ゲナキモノ | 斜頸ニシテ著シキ運動障碍アルモノ | |
| | | A | | | 咽頭，喉頭ノ慢性病ニシテ著シキ機能障碍アルモノ | | |
| | | B | | | 喉頭気管支慢性病 (0.0) | | 0.0 |

| | | | | | | | |
|---|---|---|---|---|---|---|---|
| | 三一 喉頭,咽頭ノ慢性病 | C | | | | 咽頭,喉頭ノ慢性病ニシテ著シキ機能障碍アルモノ | | |
| | | D | | | | 喉頭ノ慢性病ニシテ機能障碍アルモ兵業ニ著シキ妨ゲナキモノ | 咽頭,喉頭結核 | |
| | 三二 脊柱彎曲骨盤変形 | A | | | | 脊柱側彎又ハ前後彎等著シキモ運動ニ妨ナキモノ | 脊柱骨盤ノ変形ニシテ運動ニ妨アルモノ | |
| | | B | | | | 脊柱側彎又ハ前後彎等著シキモ運動ニ妨ナキモノ | 脊柱骨盤ノ変形ニシテ運動ニ妨アルモノ（1.4） | 1.4 |
| | | C | | | | 脊柱側彎又ハ前後彎等著シキモ運動ニ妨ゲナキモノ | 脊柱骨盤ノ変形ニシテ運動ニ妨ゲアルモノ | |
| | | D | | | | 脊柱彎曲,骨盤傾斜等ニシテ兵業ニ著シキ妨ゲナキモノ | 脊柱,骨盤ノ変形ニシテ兵業ニ堪ヘザルモノ | |
| 胸部及腹部 | 三三 胸廓変形 | A | 胸郭変形ニシテ呼吸ニ妨ナキモノ | | 著シキ胸廓変形ニシテ呼吸ニ妨ナキモノ | 胸廓変形ニシテ呼吸ニ妨アルモノ | | |
| | | B | 胸郭変形ニシテ呼吸ニ妨ナキモノ | | 著シキ胸廓変形ニシテ呼吸ニ妨ナキモノ | 胸廓変形ニシテ呼吸ニ妨アルモノ（0.5） | 0.5 |
| | | C | 胸郭変形ニシテ呼吸ニ妨ゲナキモノ | | 著シキ胸廓変形ニシテ呼吸ニ妨ゲナキモノ | 胸廓変形ニシテ呼吸ニ妨ゲアルモノ | | |
| | | D | | | 著シキ胸廓変形アルモ呼吸ニ妨ゲナキモノ | 著シキ胸廓変形ニシテ呼吸ニ妨ゲアルモノ | | |

| | | | | | | | |
|---|---|---|---|---|---|---|---|
| 三四　気管支，肺，胸膜ノ慢性病 | A | | | | 気管支，肺，胸膜ノ慢性病ニシテ一般栄養状態ニ妨ナキモノ | 気管支，肺，胸膜ノ慢性病ニシテ一般栄養状態ニ妨アルモノ | |
| | B | | | | 肺，胸膜ノ慢性病ニシテ一般栄養状態ニ妨ナキモノ | 肺，胸膜ノ慢性病ニシテ一般栄養状態ヲ妨クルモノ (5.7) | 5.7 |
| | C | | | | 気管支，肺，胸膜ノ慢性病ニシテ一般栄養状態ニ妨ゲナキモノ | 気管支，肺，胸膜ノ慢性病ニシテ一般栄養状態ニ妨ゲアルモノ | |
| | D | | | | 気管支，肺，胸膜ノ慢性病ニシテ兵業ニ著シキ妨ゲナキモノ | 気管支，肺，胸膜ノ慢性病ニシテ兵業ニ妨ゲアルモノ | |
| 三五　心，心囊，大血管ノ疾病 | A | | | | 心，心囊ノ疾病ニシテ一般栄養状態ニ妨ナキモノ | 重キ器質的変化アル心，心囊又ハ大血管ノ疾病 | |
| | B | | | | 心，心臓又ハ大血管ニシテ一般栄養状態ニ妨ナキモノ | 器質的変化アル心，心臓又ハ大血管ノ疾病 (3.1)　動脈瘤 (0.1) | 3.2 |
| | C | | | | 心，心囊ノ疾病ニシテ一般栄養状態ニ妨ゲナキモノ | 重キ器質的変化アル心，心囊又ハ大血管ノ疾病 | |
| | D | | | | 心，心囊ノ疾病ニシテ兵業ニ著シキ妨ゲナキモノ | 重キ器質的変化アル心，心囊又ハ大血管ノ疾病 | |
| | A | | | | 慢性腹内蔵器病ニシテ一般栄養状態ニ妨ナキモノ | 慢性腹内蔵器病ニシテ一般栄養状態ニ妨アルモノ | |

| | | | | | | |
|---|---|---|---|---|---|---|
| 三六 腹内臓ノ慢性病 | B | | | | 慢性腹内蔵器病ニシテ一般栄養状態ニ妨ナキモノ | 慢性腹内蔵器病ニシテ一般栄養状態ニ妨クルモノ（0.6） | 0.6 |
| | C | | | | 慢性腹内蔵器病ニシテ一般栄養状態ニ妨ゲナキモノ | 慢性腹内臓器病ニシテ一般栄養状態ニ妨ゲアルモノ | |
| | D | | | | 慢性腹内臓器病ニシテ兵業ニ著シキ妨ゲナキモノ | 慢性腹内臓器病ニシテ兵業ニ妨ゲアルモノ | |
| 三七 ヘルニア | A | 軽キ「ヘルニア」 | | | 重キ「ヘルニア」 | | |
| | B | 腹輪ノ拡張 | | | 軽キ「ヘルニア」 | 重キ「ヘルニア」(2.9) | 2.9 |
| | C | 軽キ「ヘルニア」 | | | 重キ「ヘルニア」 | | |
| | D | | | | 重キ「ヘルニア」（手術ニ依リ治癒スベキモノヲ除ク） | | |
| 三八 脱肛，痔瘻，痔核，肛門畸形 | A | | 軽キ脱肛，痔瘻又ハ中等度ノ痔核 | | | 重キ脱肛，痔瘻又ハ肛門ノ畸形 | |
| | B | | | | 脱肛，痔瘻又ハ重イ痔瘻 | 重キ脱肛，痔瘻又ハ肛門ノ畸形（1.0） | 1.0 |
| | C | | 軽キ脱肛，痔瘻又ハ中等度ノ痔核 | | | 脱肛，痔瘻又ハ肛門ノ畸形ニシテ其ノ程度重キモノ | |
| | D | | | | 中等度ノ脱肛，痔瘻 | 重キ脱肛，肛門畸形等ニシテ治癒困難ナルモノ | |

| | | | | | | | |
|---|---|---|---|---|---|---|---|
| 三九　泌尿生殖器ノ慢性病，欠損，畸形 | A | | | | 泌尿生殖器ノ慢性病，欠損畸形ニシテ機能障碍アルモノ | 泌尿生殖器ノ慢性病，欠損畸形ニシテ著シキ機能障碍アルモノ | |
| | B | 軽キ精系精脈怒張又ハ陰嚢水腫 | | | 著キ精系精脈怒張又ハ陰嚢水腫（0.0）睾丸，副睾丸慢性病又ハ睾丸腹輪内ニ在リテ疼痛ヲ発スルモノ | 重キ尿道ノ畸形，半陰陽，尿瘻（0.2）両睾丸ノ欠損（0.1） | 0.3 |
| | C | | | | 泌尿生殖器ノ慢性病，欠損，畸形ニシテ機能障碍アルモノ | 泌尿生殖器ノ慢性病，欠損，畸形ニシテ著シキ機能障碍アルモノ | |
| | D | | | | 泌尿生殖器ノ慢性病，欠損，畸形ニシテ著シキ機能障碍ナキモノ | 泌尿生殖器ノ慢性病，欠損，畸形ニシテ著シキ機能障碍アルモノ | |
| 四〇　下腿ノ静脈怒張 | A | | | | 重キ下腿ノ静脈怒張ニシテ著キ運動障害アルモノ | | |
| | B | 軽キ下腿ノ静脈怒張 | | | 重キ下腿ノ静脈怒張（0.0） | | 0.0 |
| | C | | | | 重キ下腿ノ静脈怒張ニシテ著シキ運動障碍アルモノ | | |
| | D | | | | 重キ下腿ノ静脈怒張ニシテ運動障害アルモ兵業ニ著シキ妨ゲナキモノ | | |

| | | | | | | | |
|---|---|---|---|---|---|---|---|
| 四一 四肢骨ノ欠損，短縮，彎曲，蹉■（蹉跌か―筆者），仮関節 | A | | | | 四肢骨ノ短縮，湾曲，蹉■等ニシテ著シキ障碍ナキモノ | 四肢骨ノ損欠，短縮，湾曲，蹉■仮関節ニシテ著シキ障碍アルモノ | |
| | B | | | | 骨幹部ノ湾曲蹉■等ニシテ著キ障碍ナキモノ | 骨幹部ノ短縮，湾曲，蹉■若ハ仮関節ニシテ大ニ其ノ用ヲ妨クルモノ（4.5） | 4.5 |
| | C | | | | 四肢骨ノ短縮，湾曲，蹉■等ニシテ著シキ障碍ナキモノ | 四肢骨ノ欠損，短縮，湾曲，蹉■，又ハ仮関節ニシテ著シキ障碍アルモノ | |
| | D | | | | 四肢骨ノ短縮，湾曲，蹉■ニシテ兵業ニ著シキ障碍ナキモノ | 四肢骨ノ欠損，短縮，湾曲，蹉■又ハ仮関節ニシテ兵業ニ妨ゲアルモノ | |
| 四二 指節ノ欠損，強剛 | A | | 示指末節，中指若ハ環指ニ節又ハ小指ノ欠損強剛ニシテ把握ニ妨ナキモノ | | 拇指末節，示指ニ節又ハ中指若ハ環指ノ欠損強剛ニシテ把握ニ妨アルモノ | 拇指若ハ示指ノ欠損強剛又ハ其ノ他ノ二指以上ノ欠損ニシテ著シク把握ニ妨アルモノ | |
| | B | 中指若ハ環指末節ノ欠損強剛 | | | （中指，環指若ハ一指ノ欠損強剛又ハ示指，拇指末節ノ強剛） | 拇指，環指，小指ヲ除キ一指以上ノ欠損強剛若ハ二指以上ノ欠損強剛（4.2） | 4.2 |
| | C | | 示指末節，中指若ハ環指ニ節又ハ小指ノ欠損，強剛ニシテ把握ニ妨ゲナキモノ | | 拇指末節，示指ニ節又ハ中指若ハ環指ノ欠損，強剛ニシテ把握ニ妨ゲアルモノ | 拇指若ハ示指ノ欠損，強剛又ハ其ノ他ノ二指以上ノ欠損ニシテ著シク把握ニ妨ゲアルモノ | |

| | | | | | | | |
|---|---|---|---|---|---|---|---|
| | D | | | 左拇指若ハ示指ノ損欠,強剛ニシテ把握ニ著シキ妨ゲナキモノ | 手指ノ欠損,強剛ニシテ把握ニ障碍アルモ兵業ニ著シキ妨ゲナキモノ | 手指ノ欠損,強剛ニシテ兵業ニ妨ゲアルモノ | |
| 四三 指ノ癒着 | A | | | | 中指ト環指又ハ環指ト小指ノ癒着 | 示指ト中指若ハ其ノ以上ノ癒着 | |
| | B | | | | (中指ト環指又ハ環指ト小指ノ癒着) | 示指ト中指若ハ其ノ以上ノ癒着 (0.3) | 0.3 |
| | C | | | | 中指ト環指又ハ環指ト小指ノ癒着 | 示指ト中指又ハ其ノ以上ノ癒着 | |
| | D | | | | 指ノ癒着ニシテ把握障碍アルモ兵業ニ著シキ妨ゲナキモノ | 指ノ癒着ニシテ兵業ニ著シキ妨ゲアルモノ | |
| 四四 剰指又ハ剰趾 | A | | | | 剰指又ハ剰趾ニシテ把握又ハ歩行ニ妨ナキモノ | 剰指又ハ剰趾ニシテ把握又ハ歩行ニ妨アルモノ | |
| | B | | | | (剰指)(0.0) 剰趾ニシテ歩行ニ妨ナキモノ | 剰趾ニシテ歩行ニ妨クルモノ (0.0) | 0.0 |
| | C | | | | 剰指又ハ剰趾ニシテ把握又ハ歩行ニ妨ゲナキモノ | 剰指又ハ剰趾ニシテ把握又ハ歩行ニ妨ゲアルモノ | |
| | D | | | | 剰指又ハ剰趾ニシテ把握又ハ歩行障碍アルモ兵業ニ著シキ妨ゲナキモノ | 剰指又ハ剰指ニシテ兵業ニ妨ゲアルモノ | |

| | | | | | | |
|---|---|---|---|---|---|---|
| 四五　趾ノ欠損,強剛 | A | | | | 第一趾若ハ他ニ趾ノ欠損強剛 | 第一趾ヲ併セ二趾以上若ハ第一趾ヲ除キ三趾以上ノ欠損強剛 | |
| | B | 第一趾ヲ除キ三趾以下ノ癒著ニシテ穿靴及歩行ニ妨ナキモノ | | | 第一趾ヲ併セ二趾以上若ハ第一趾ヲ除キ四趾ノ癒著(0.0) | | 0.0 |
| | C | | | | 第一趾又ハ他ニ趾ノ欠損,強剛 | 第一趾ヲ併セ二趾以上又ハ第一趾ヲ除キ三趾以上ノ欠損,強剛 | |
| | D | | 第一趾又ハ他ノ二趾ノ欠損,強剛ニシテ歩行ニ妨ゲナキモノ | 趾ノ欠損,強剛ニシテ歩行障碍アルモ兵業ニ著シキ妨ゲナキモノ | 趾ノ欠損,強剛ニシテ兵業ニ妨ゲアルモノ | | |
| 四六　扁足,翻足,馬足 | A | | | | 著シキ扁足 | 翻足,馬足 | |
| | B | | | | 著シキ扁足 | 翻足,馬足(0.7) | 0.7 |
| | C | | | | 著シキ扁足 | 翻足,馬足 | |
| | D | | | | 重キ扁平足ニシテ歩行障碍アルモ兵業ニ著シキ妨ゲナキモノ | 翻足,馬足 | |

※1　本表は,1910年2月の「陸軍身体検査手続」(陸達第5号),1920年の「陸軍身体検査手続」(陸達第9号),1928年3月の「陸軍身体検査規則」(陸軍省令第9号),1943年5月の「陸軍身体検査規則」(陸軍省令第9号)から筆者が作成したものである。

※2　「部位」,「疾病異常」は1943年の「陸軍身体検査規則」で示された検査区分を使用している。1943年の規則で示された検査区分は,1910年,1920年の規則で示された検査区分と順番等が異なるため,すべて1943年の区分に統一して整理を行った。ただし,1943年の区分に当てはまらない基準(1920年の「陸軍身体検査規則」の「癲癇」「慢性脳脊髄病」「動脈瘤」)が一部存在したが,疾病の性質や性格を踏まえ,該当すると思われる適当な検査区分へ整理した。

※3　Aは1910年の「陸軍身体検査手続」,Bは1920年の「陸軍身体検査手続」,Cは1928年の「陸軍身体検査規則」,Dは1943年の「陸軍身体検査規則」の検査基準を示す。

※4　選別基準の右に括弧書きで付したした数値は,該当の選別基準によって不合格となった者の割合(%)を示している。「不合格者に対する割合(合計)」は,該当の「疾病異常」によって不合格となった者の割合(%)を示している。この数値については陸軍省『大日本帝國陸軍省統計年報』(1920年)を参照した。

※5　空白部分および斜線部分については,1943年の「陸軍身体検査規則」第7条で,「規定ナキトキ又ハ其ノ程度ニ差異アルトキハ斜線ナキモノニ限リ其ノ軽重,状況並ニ兵業堪否及適否ヲ考察シ体格等

位ヲ判定スベシ」とあることから，担当する軍医が壮丁の状況によってある程度裁量の余地が認められ，斜線部分は裁量が認められない部分と思われる。なお，斜線が入れられているのは1943年の「陸軍身体検査規則」のみである。
※6　1910年の「陸軍身体検査手続」，1920年の「陸軍身体検査手続」，1928年の「陸軍身体検査規則」には第三乙種は存在しない。そのため，その部分に網掛けを施している。

**巻末資料2　身体障害者福祉法等級表案と厚生年金保険法・労働者災害補償保険法・恩給法の等級表との比較**

| 級別 | 視力障害 | | 聴力障害 | 言語機能障害 | |
|---|---|---|---|---|---|
| 1 | 両眼の視力が明暗を弁別し得ない者 | 両眼ヲ失明シタモノ | | | 咀嚼及言語ノ機能ヲ併セ廃シタルモノ |
| | | 両眼が失明したもの | | | 咀嚼及び言語の機能を廃したもの |
| | | 両眼ノ視力ガ明暗ヲ弁別シ得ザルモノ | | | |
| 2 | 一眼失明し他眼0.02以下のもの 両眼視力0.02以下の者 | 一眼失明シ他眼ノ視力0.02以下ニ減ジタルモノ又ハ両眼ノ視力0.01以下ニ減ジタルモノ | | | |
| | | 一眼が失明し他眼の視力が0.02以下になったもの 両眼の視力が0.02以下になったもの | | | |
| | | 両眼ノ視力ガ視標0.1ヲ0.5メートル以上ニテハ弁別シ得ザルモノ | | | 咀嚼及ハ言語の機能を併セ廃シタルモノ |
| 3 | 一眼失明し他眼0.06以下の者 | 両眼ノ視力0.02以下ニ減ジタルモノ | | | 咀嚼ノ機能ヲ廃シタルモノ |
| | | 一眼が失明し他眼の視力が0.06以下になったもの | | 言語の機能を廃した者<br>(厚) 3級<br>(労) 3級 | 咀嚼又は言語の機能を廃したもの |
| | | 両眼ノ視力ガ視標0.1ヲ1メートル以上ニテハ弁別シ得ザルモノ | 両耳全ク聾シタルモノ | | 咀嚼又ハ言語ノ機能ヲ廃シタルモノ |

| | | | | | | |
|---|---|---|---|---|---|---|
| 4 | 両眼視力0.06以下の者<br>（厚）4級<br>（労）4級 | 一眼失明シ他眼ノ視力0.06以下ニ減ジタルモノ | 両耳を全く聾した者<br>（厚）4級<br>（労）4級 | 鼓膜ノ全部ノ欠損其ノ他ニ因リ両耳ヲ全ク聾シタルモノ | 言語の機能に著しく障害のある者<br>（厚）4級<br>（労）4級 | 言語ノ機能ヲ廃シタルモノ<br>咀嚼及言語ノ機能ニ著シキ障害ヲ残スモノ |
| | | 両眼の視力が0.06以下になったもの | | 鼓膜の全部の欠損その他に因り両耳を全く聾したもの | | 咀嚼及び言語の機能に著しい障害を残すもの |
| 5 | 一眼が失明し他眼が0.1以下の者 | 一眼失明シ他眼ノ視力0.1以下ニ減ジタルモノ又ハ両眼ノ視力0.06以下ニ減ジタルモノ | | | | 咀嚼機能ニ著シキ障害ヲ残スモノ |
| | | 一眼が失明し他眼の視力が0.1以下になったもの | | | | |
| | | 両眼ノ視力ガ視標0.1ヲ2メートル以上ニテハ弁別シ得ザルモノ | | 両耳ノ聴力ガ0.05メートル以上ニテハ大声ヲ解シ得ザルモノ | | 咀嚼又ハ言語ノ機能ヲ著シク妨ゲルモノ |
| 6 | 両眼視力0.1以下になった者<br>（厚）6級<br>（労）6級 | 一眼失明シ他眼ノ視力0.3以下ニ減ジタルモノ又ハ両眼ノ視力0.1以下ニ減ジタルモノ | 両耳の聴力が耳殻に接しなければ大声を解し得ない者<br>（厚）6級<br>（労）6級 | 鼓膜ノ大部分ノ欠損其ノ他ニ因リ両耳ノ聴力耳殻ニ接セザレバ大声ヲ解シ得ザルモノ | | 言語ノ機能ニ著シキ障害ヲ残スモノ |
| | | 両眼の視力が0.1以下になったもの | | 鼓膜の大部分の欠損その他に因り両耳の聴力が耳殻に接しなければ大声を解することができないもの | | 咀嚼又は言語の機能に著しい障害を残すもの |
| | | 一眼ノ視力ガ視標0.1ヲ0.5メートル以上ニテハ弁別シ得ザルモノ | | | | |

| 7 | 一眼が失明し他眼の視力0.6以下になった者 | 一眼が失明し他眼の視力が0.6以下になったもの | 両耳の聴力が40糎以上で尋常の話声の解しえない者 | 鼓膜の中程度の欠損その他に因り両耳の聴力が四十センチメートル以上では尋常の話声を解することができないもの | | |
| --- | --- | --- | --- | --- | --- | --- |
| | | 一眼ノ視力ガ視標0.1ヲ1メートル以上ニテハ弁別シ得ザルモノ | | | | |

| 級別 | 上肢切断又は不自由 | | 下肢切断又は不自由 | |
| --- | --- | --- | --- | --- |
| 1 | 両上肢を肘関節以上にて失ったもの<br>両上肢の用を全廃した者 | 両上肢を肘関節以上で失ったもの<br>両上肢の用を全廃したもの | 両下肢を膝関節以上にて失ったもの<br>両下肢の用を全廃した者 | 両下肢を膝関節以上で失ったもの<br>両下肢の用を全廃したもの |
| 2 | 両上肢を腕関節以上にて失った者 | 両上肢ヲ肘関節以上ニテ失ヒタルモノ<br>両上肢ノ用ヲ廃シタルモノ | 両下肢を足関節以上にて失った者 | 両下肢ヲ膝関節以下ニテ失ヒタルモノ<br>両下肢ノ用ヲ廃シタルモノ |
| | | 両上肢を腕関節以上で失ったもの | | 両下肢を膝関節以上で失ったもの |
| | | 肘関節以上ニテ両上肢ヲ失ヒタルモノ | | 膝関節以上ニテ両下肢ヲ失ヒタルモノ |
| 3 | 十指を失った者 | 両上肢ヲ腕関節以上ニテ失ヒタルモノ | | 両下肢ヲ足関節以上ニテ失ヒタルモノ |
| | | 十指を失ったもの | | |
| | | 腕関節以上ニテ両上肢ヲ失ヒタルモノ | | 足関節以上ニテ両下肢ヲ失ヒタルモノ |
| | | 一上肢ヲ肘関節以上ニテ失ヒタルモノ<br>十指ヲ失ヒタルモノ | | 一下肢ヲ膝関節以上ニテ失ヒタルモノ |

| | | | | |
|---|---|---|---|---|
| 4 | 一上肢を肘関節以上にて失った者<br>（厚）4級<br>（労）4級 | 一上肢を肘関節以上で失ったもの<br>十指の用を廃したもの<br><br>肘関節以上ニテ一上肢ヲ失ヒタルモノ | 一下肢を膝関節以上にて失った者 | 一下肢を膝関節以上で失ったもの<br>両足をリスフラン関節以上で失ったもの<br><br>膝関節以上ニテ一下肢ヲ失ヒタルモノ |
| 5 | 一上肢を腕関節以上で失った者<br>一上肢の用を全廃した者 | 一上肢ヲ腕関節以上ニテ失ヒタルモノ<br>一上肢ノ用ヲ全廃シタルモノ<br>十指ノ用ヲ廃シタルモノ<br>一上肢を腕関節以上で失ったもの<br>一上肢の用を全廃したもの<br>腕関節以上ニテ一上肢ヲ失ヒタルモノ | 一下肢を足関節以上で失った者<br>一下肢の用を全廃した者<br>両足をリスフラン関節以上にて失った者 | 一下肢ヲ足関節以上ニテ失ヒタルモノ<br>一下肢ノ用ヲ全廃シタルモノ<br>一下肢を足関節以上で失ったもの<br>一下肢の用を全廃したもの<br>十趾を失ったもの<br>足関節以上ニテ一下肢ヲ失ヒタルモノ |
| 6 | 一上肢の三大関節の中，二関節の用を全廃した者<br>一手の五指又は拇指示指を併せ四指を失った者 | 一上肢ノ三大関節中ノ二関節ノ用ヲ廃シタルモノ<br>一手ノ五指又ハ拇指又ハ示指ヲ併セテ四指ヲ失ヒタルモノ<br>十指ヲ失ヒタルモノ<br>一上肢の三大関節中の二関節の用を廃したもの<br>一手の五指又は拇指及び示指を併せ四指を失ったもの<br>一総指ヲ全ク失ヒタルモノ | 一下肢の三大関節の中二関節の用を廃した者 | 一下肢ノ三大関節中ノ二関節ノ用ヲ廃シタルモノ<br><br>一下肢の三大関節中の二関節の用を廃したもの |
| 7 | 一手の拇指及示指を失った者<br>拇指又は示指を併せ三指以上を失った者<br>一手の五指又は拇指及び示指を併せて四指以上の用を全廃した者 | 一手の拇指及び示指を失ったもの又は拇指若しくは示指を併せ三指以上を失ったもの<br>一手の五指又は拇指及び示指を併せ四指の用を廃したもの<br>一側拇指及示指ヲ失ヒタルモノ | 一足をリスフラン関節以上で失った者 | 一足をリスフラン関節以上で失ったもの<br>十趾の用を廃したもの<br><br>一側総指ノ機能ヲ廃シタルモノ |

| 級別 | 体不自由 | | 中枢神経機能障害 | |
|---|---|---|---|---|
| 1 | | 半身不随となったもの | 常に就床を要し複雑な介護を要する者 | 常ニ就床ヲ要シ且介護ヲ要スルモノ |
| | | | | 常ニ就床ヲ要シ且複雑ナル介護ヲ要スルモノ |
| 2 | | | 半身不随の者 | |
| | | | | 複雑ナル介護ヲ要セサルモ常ニ就床ヲ要スルモノ |
| 3 | | 胸腹部臓器ノ機能ニ著シキ障害ヲ残シ終身業務ニ服スルコトヲ得ザルモノ | | |
| | | 胸腹部臓器の機能に著しい障害を残し終身労務に服することができないもの | | |
| | | 大動脈瘤, 鎖骨不動脈瘤, 総頸動脈瘤, 無名動脈瘤又ハ腸骨動脈瘤ヲ廃シタルモノ | | |
| 4 | | | | |
| 5 | | | | |
| | | 泌尿器ノ機能ヲ著シク妨ゲルモノ | | |
| | | 両睾丸ヲ全ク失ヒタルモノニシテ脱落症状ノ著シカラザルモノ | | |
| 6 | せき柱に障害のある者<br>胸かくに変形ある者<br>骨盤に変形ある者<br>軟部組織のはんこん, 欠損等により機能に著しい障害のある者 | 脊柱ニ著シキ畸形又ハ運動障害ヲ残スモノ | | |
| | | 脊柱に著しい奇形又は運動障害を残すもの | | |
| | | 頭部, 顔面等ニ大ナル醜形ヲ残シタルモノ | | |

| | | | |
|---|---|---|---|
| 7 | 胸腹部臓器の機能に障害を残し軽易な労務の外服することができないもの<br>女子の外貌に著しい醜状を残すもの<br>両側の睾丸を失ったもの | | |
| | 頚部又ハ体幹ノ運動ニ著シク妨アルモノ<br>脾臓ヲ失ヒタルモノ | | |

※1　身体障害者福祉法等級表案（1949年11月の「身体障害者福祉法案参考資料」における「身体障害者範囲案」），厚生年金保険法（1944年現在のもの），労働者災害補償保険法（1947年現在のもの），恩給法（1949年現在のもの）の等級表により筆者が作成した。なお，恩給法は総理府恩給局編纂『恩給法関係法令集（昭和二十四年一月一日現在）』印刷局，1949年で示されていたものを用いたが，これと「身体障害者福祉法施行に関する打合会議資料」【28・572-575】で示されていた恩給法の等級表を照合したところ，同じ内容であったことを確認した。

※2　表の各マスの左側はB等級表で，右側の上段から厚生年金保険法，労働者災害補償保険法，恩給法の等級表の内容を示す。たとえば，視力障害の1級では，「両眼の視力が明暗を弁別し得ない者」がB等級表で，「両眼ヲ失明シタルモノ」が厚生年金保険法，「両眼が失明したもの」が労働者災害補償保険法，「両眼ノ視力ガ明暗ヲ弁別シ得ザルモノ」が恩給法である。

※3　厚生年金保険法や労働者災害補償保険法，恩給法で規定されている精神障害や知的障害は身体障害者福祉法の対象でないため除いている。

※4　網掛け部分は，内容や表現から見て，左側と右側の上段・中段・下段のいずれかと類似すると判断できる部分を意味する。濃い網掛けは類似しているもの，薄い網掛けはほとんど類似しているものを示す。

## 巻末資料3　関係法による対象規定の比較分析

### 視覚障害

|  | 身体障害者福祉法<br>(1954年9月2日時点) | 厚生年金保険法<br>(1954年5月19日時点) | 労災保険法<br>(1947年9月1日時点) | 援護法（恩給法）<br>(1952年4月30日時点) | 国民年金法<br>(1959年4月16日時点) |
|---|---|---|---|---|---|
| 1級 | 両眼の視力の和が0.01以下のもの | 両眼の視力が0.02以下に減じたもの | 両眼が失明したもの | 両眼ノ視力カ明暗ヲ識別シ得サルモノ | 両眼の視力の和が0.04以下のもの |
| 2級 | 両眼の視力の和が0.02以上0.04以下のもの | 両眼の視力が0.04以下に減じたもの | 一眼が失明し他眼の視力が0.02以下になったもの<br>両眼の視力が0.02以下になったもの | 両眼ノ視力カ指標0.1ヲ0.5メートル以上ニテハ識別シ得サルモノ | 両眼の視力の和が0.05以上0.08以下のもの |
| 3級 | 両眼の視力の和が0.05以上0.08以下のもの | 両眼の視力が0.1以下に減じたもの | 一眼が失明し他眼の視力が0.06以下になったもの | 両眼ノ視力カ指標0.1ヲ1メートル以上ニテハ識別シ得サルモノ |  |
| 最下級 | （6級）一眼の視力が0.02以下，他眼の視力が0.6以下のもので，両眼の視力の和が0.2を越えるもの |  | （第14級）一眼の眼瞼の一部に欠損を残し又は睫毛禿を残すもの | 一眼ノ視力カ指標0.1ヲ二メートル以上ニテハ識別シ得サルモノ |  |

### 聴覚・言語

|  | 身体障害者福祉法 | 厚生年金保険法 | 労災保険法 | 援護法（恩給法） | 国民年金法 |
|---|---|---|---|---|---|
| 1級 |  |  | 咀嚼及び言語の機能を廃したもの |  | 両耳の聴力損失が90デシベル以上のもの |
| 2級 | 両耳の聴力損失がそれぞれ90デシベル以上のもの（両耳全ろう） | 両耳の聴力が，耳殻に接して大声による話をしてもこれを解することができない程度に減じたもの<br>咀嚼又は言語の機能を廃したもの |  | 咀嚼及言語ノ機能ヲ併セ廃シタルモノ | 両耳の聴力損失が80デシベル以上のもの<br>平衡機能に著しい障害を有するもの<br>咀嚼の機能を欠くもの<br>音声又は言語機能に著しい障害を有するもの |

| | | | | | |
|---|---|---|---|---|---|
| 3級 | 両耳の聴力損失が80デシベル以上のもの（耳介に接しなければ大声語を理解し得ないもの）平衡機能の極めて著しい障害 音声機能又は言語機能のそう失 | 両耳の聴力が，40センチメートル以上では通常の話声を解することができない程度に減じたもの 咀嚼又は言語の機能に著しい障害を残すもの | 咀嚼又は言語の機能を廃したもの | 咀嚼又ハ言語ノ機能ヲ廃シタルモノ 両耳全ク聾シタルモノ | |
| 最下級 | （5級）平衡機能の著しい障害 | | （第12級）一耳の耳殻の大部分を欠損したもの | 一耳全ク聾シ他耳尋常ノ話声ヲ1.5メートル以上ニテハ解シ得サルモノ | |

肢体不自由（指以外）

| | 身体障害者福祉法 | 厚生年金保険法 | 労災保険法 | 援護法（恩給法） | 国民年金法 |
|---|---|---|---|---|---|
| 1級 | 両上肢の機能を全廃したもの 両上肢を手関節以上で欠くもの 両下肢の機能を全廃したもの 両下肢を大腿の二分の一以上で欠くもの 体幹の機能障害により坐っていることができないもの | 両上肢の用を全く廃したもの 両下肢の用を全く廃したもの 両上肢を腕関節以上で失ったもの 両下肢を足関節以上で失ったもの | 半身不随となったもの 両上肢を肘関節以上で失ったもの 両下肢を膝関節以上で失ったもの 両下肢の用を全廃したもの | 常ニ就床ヲ要シ且複雑ナル介護ヲ要スルモノ | 両上肢の機能に著しい障害を有するもの 両下肢の機能に著しい障害を有するもの 両下肢を足関節以上で欠くもの 体幹の機能に座っていることができない程度又は立ち上がることができない程度の障害を有するもの |

| | | | | | |
|---|---|---|---|---|---|
| 2級 | 両上肢の機能の著しい障害<br>一上肢を上腕の二分の一以上で欠くもの<br>一上肢の機能を全廃したもの<br>両下肢の機能の著しい障害<br>両下肢を下腿の二分の一以上で欠くもの<br>体幹の機能障害により坐位又は起立位を保つことが困難なもの<br>体幹の機能障害により立ち上がる事が困難なもの | 一上肢を腕関節以上で失ったもの<br>一下肢を足関節以上で失ったもの<br>一上肢の用を全く廃したもの<br>一下肢の用を全く廃したもの | 両上肢を手関節以上で失ったもの<br>両下肢を足関節以上で失ったもの | 複雑ナル介護ヲ要セサルモ常ニ就床ヲ要スルモノ<br>肘関節以上ニテ両上肢ヲ失ヒタルモノ<br>膝関節以上ニテ両下肢ヲ失ヒタルモノ | 一上肢の機能に著しい障害を有するもの<br>一下肢の機能に著しい障害を有するもの<br>一下肢を足関節以上で欠くもの<br>体幹の機能に歩くことができない程度の障害を有するもの |
| 3級 | 一上肢の機能の著しい障害<br>両下肢をショパー関節以上で欠くもの<br>一下肢を大腿の二分の一以上で欠くもの<br>一下肢の機能を全廃したもの<br>一上肢の機能を全廃したもの<br>体幹の機能障害により歩行が困難なもの | 一上肢の三大関節のうち，二関節の用を廃したもの<br>一下肢の三大関節のうち，二関節の用を廃したもの | | 精神的又ハ身体的作業能力ノ大部ヲ失ヒタルモノ<br>腕関節以上ニテ両上肢ヲ失ヒタルモノ<br>足関節以上ニテ両下肢ヲ失ヒタルモノ | |

| | | | | | |
|---|---|---|---|---|---|
| 最下級 | （7級）一上肢の機能の軽度の障害<br>一上肢の肩関節，肘関節又は手関節のうち，いずれか一関節の機能の軽度の障害<br>一下肢の機能の軽度の障害<br>一下肢の股関節，膝関節又は足関節のうち，いずれか一関節の機能の軽度の障害<br>一下肢が健側に比して3センチメートル以上又は健側の長さの二十分の一以上短いもの | | （第14級）上肢の露出面に手掌面大の醜痕を残すもの<br>下肢の露出面に手掌面大の醜痕を残すもの | 一側足関節カ直角位ニ於テ強剛シタモノ | |

指の欠損等

| | 身体障害者福祉法 | 厚生年金保険法 | 労災保険法 | 援護法（恩給法） | 国民年金法 |
|---|---|---|---|---|---|
| 1級 | | | | | 両上肢のすべての指を欠くもの<br>両上肢のすべての指の機能に著しい障害を有するもの |
| 2級 | 両上肢のすべての指を欠くもの | | | | 両上肢のおや指及びひとさし指又は中指を欠くもの<br>両上肢のおや指及びひとさし指又は中指の機能に著しい障害を有するもの |

| | | | | |
|---|---|---|---|---|
| 3級 | 両上肢のおや指及びひとさし指を欠くもの<br>両上肢のおや指及びひとさし指の機能を全廃したもの<br>一上肢のすべての指を欠くもの<br>一上肢のすべての指の機能を全廃したもの | 一上肢のおや指及びひとさし指を失ったもの又はおや指をあわせ一上肢の三指以上を失ったもの<br>おや指及びひとさし指をあわせ一上肢の四指の用を廃したもの<br>一下肢をリスフラン関節以上で失ったもの<br>両下肢のすべての足ゆびの用を廃したもの | 十指を失ったもの | | |
| 最下級 | （7級）一上肢の手指の機能の軽度の障害<br>ひとさし指を含めて一上肢の二指の機能の著しい障害<br>一上肢のなか指，くすり指及び小指を欠くもの<br>一上肢のなか指，くすり指及び小指の機能を全廃したもの<br>一下肢のすべての指を欠くもの<br>一下肢のすべての指の機能を全廃したもの | | （第14級）一手の小指の用を廃したもの<br>一手の拇指及び示指以外の指骨の一部を失ったもの<br>一手の拇指及び示指以外の指の末関節を屈伸することができなくなったもの<br>一足の第三趾以下の一趾又は二趾の用を廃したもの | 一側拇指ヲ全ク失ヒタルモノ<br>一側示指乃至小指ヲ全ク失ヒタルモノ | |

※1　各法の等級表より筆者が作成した。
※2　ここでは精神病や内臓の機能障害，重複障害の取り扱い等は省略している。

■著者紹介

藤井　渉（ふじい　わたる）

1978年生．龍谷大学大学院社会学研究科修士課程修了／修士（社会福祉学）．四天王寺国際仏教大学大学院人文社会学研究科博士後期課程単位取得満期退学／博士（人間福祉学）．
花園大学社会福祉学部専任講師，同准教授を経て，
現在，日本福祉大学社会福祉学部准教授

〔主要業績〕
『ソーシャルワーカーのための反「優生学講座」——「役立たず」の歴史に抗う福祉実践』（現代書館，
　　2022年）
「戦争と障害・動員・福祉」『学術の動向』第27巻第12号（2022年）
「相模原障害者殺傷事件における障害者福祉の論点とその考察」『人権教育研究』第29号（2021年）
「養護学校義務化が障害者福祉政策に与えた影響」『社会政策』第 9 巻第 2 号（2017年）

Horitsu Bunka Sha

障害とは何か
──戦力ならざる者の戦争と福祉

2017年 5 月15日　初版第 1 刷発行
2023年12月15日　初版第 3 刷発行

著　者　　藤井　渉
発行者　　畑　　光
発行所　　株式会社　法律文化社

〒603-8053
京都市北区上賀茂岩ヶ垣内町71
電話 075(791)7131　FAX 075(721)8400
https://www.hou-bun.com/

印刷／製本：一進印刷㈱
装幀：白沢　正
ISBN978-4-589-03845-6
Ⓒ2017 Wataru Fujii Printed in Japan

乱丁など不良本がありましたら，ご連絡下さい．送料小社負担にてお取り替えいたします．
本書についてのご意見・ご感想は，小社ウェブサイト，トップページの「読者カード」にてお開かせ下さい．

JCOPY　〈出版者著作権管理機構　委託出版物〉
本書の無断複写は著作権法上での例外を除き禁じられています．複写される場合は，そのつど事前に，出版者著作権管理機構（電話 03-5244-5088，FAX 03-5244-5089, e-mail: info@jcopy.or.jp）の許諾を得て下さい．

鈴木 勉・田中智子編著
# 新・現代障害者福祉論
A5判・214頁・2750円

理念や政策・制度の生成と展開を解説し人権保障の立場から今日的な課題を提示。「障害者問題と障害者福祉」「生きる権利と社会福祉援助」「障害者・家族の生活問題と社会福祉援助の専門性」の3部14章編成。

---

小賀 久著
# 幸せつむぐ障がい者支援
―デンマークの生活支援に学ぶ―
A5判・180頁・2530円

「自立とは目標でなくプロセス,生き方の自由度の獲得であり,その拡大をいう」(本文より)デンマークにおける障がい者支援の変遷と実際,考え方やしくみを具体的にわかりやすく紹介。支援の本質を究明し,誰もが幸せになるための社会的諸条件を提示する。

---

畑本裕介著
# 新版 社会福祉行政
―福祉事務所論から新たな行政機構論へ―
A5判・296頁・3520円

多くの人に社会福祉サービスを提供する体制として大改革が進む社会福祉行政。社会福祉・社会政策を視座に,政治・行政・社会理論の成果も踏まえ,その原理と歴史を詳解。福祉行政全体の体系的理解を可能にし,現代的課題を考察する。

---

河野正輝著
# 障害法の基礎理論
―新たな法理念への転換と構想―
A5判・274頁・5940円

障害者権利条約の批准にともない,社会福祉法から新たな法理念を抱合した障害法への転換を迎えている。障害法の生成過程にある現在,法が対応すべき基本問題を解明するために,障害法の構成する範囲・部門・法原理など基礎理論を考察する。

---

長瀬 修・川島 聡・石川 准編
〔〈21世紀〉国際法の課題〕
# 障害者権利条約の初回対日審査
―総括所見の分析―
A5判・264頁・4180円

障害を理由とする非自発的入院や障害児と健常児の分離教育といった従来の法政策の再考を求める総括所見。審査過程と所見の内容を総論と各論に分けて解説し,日本の国内法の課題やあるべき姿を具体的に提起。

---

竹本与志人著〔社会福祉研究叢書1〕
# 認知症のある人への経済支援
―介護支援専門員への期待―
A5判・206頁・4950円

経済的理由で在宅療養のための様々なサービスを自ら利用制限する事例が少なくないが,これは社会保障制度の活用で解決が期待できる。本書は現場で支援するケアマネを対象に,認知症のある人の経済問題の実態と経済支援の対応を可視化し課題解消の方途を検討する。

---

――法律文化社――

表示価格は消費税10%を含んだ価格です